RESISTÊNCIAS NA HISTÓRIA DA EDUCAÇÃO

Dados Internacionais de Catalogação na Publicação (CIP)
(Câmara Brasileira do Livro, SP, Brasil)

Resistências na história da educação : perspectivas contra-hegemônicas / Daniel Ribeiro de Almeida Chacon, Aline Choucair Vaz (orgs.). – Petrópolis, RJ : Vozes, 2025.
Vários autores.

Bibliografia.
ISBN 978-85-326-7039-7

1. Educação – História 2. Identidade de gênero 3. LGBTQIAPN+ – Siglas 4. Prática pedagógica I. Chacon, Daniel Ribeiro de Almeida. II. Vaz, Aline Choucair.

24-243867   CDD-370.09

Índices para catálogo sistemático:
1. Educação : História   370.09

Cibele Maria Dias – Bibliotecária – CRB-8/9427

DANIEL RIBEIRO DE ALMEIDA CHACON | ALINE CHOUCAIR VAZ
ORGANIZAÇÃO

RESISTÊNCIAS NA HISTÓRIA DA EDUCAÇÃO
PERSPECTIVAS CONTRA-HEGEMÔNICAS

Petrópolis

© 2025, Editora Vozes Ltda.
Rua Frei Luís, 100
25689-900 Petrópolis, RJ
www.vozes.com.br
Brasil

Todos os direitos reservados. Nenhuma parte desta obra poderá ser reproduzida ou transmitida por qualquer forma e/ou quaisquer meios (eletrônico ou mecânico, incluindo fotocópia e gravação) ou arquivada em qualquer sistema ou banco de dados sem permissão escrita da editora.

CONSELHO EDITORIAL

Diretor
Volney J. Berkenbrock

Editores
Aline dos Santos Carneiro
Edrian Josué Pasini
Marilac Loraine Oleniki
Welder Lancieri Marchini

Conselheiros
Elói Dionísio Piva
Teobaldo Heidemann
Thiago Alexandre Hayakawa

Secretário executivo
Leonardo A.R.T. dos Santos

PRODUÇÃO EDITORIAL

Anna Catharina Miranda
Eric Parrot
Jailson Scota
Marcelo Telles
Mirela de Oliveira
Natália França
Priscilla A.F. Alves
Rafael de Oliveira
Samuel Rezende
Verônica M. Guedes

Editoração: Mariana Perlati
Diagramação: Editora Vozes
Revisão gráfica: Bianca V. Guedes
Capa: Érico Lebedenco

ISBN 978-85-326-7039-7

Este livro foi composto e impresso pela Editora Vozes Ltda.

Sumário

Prefácio 9
Apresentação 13

1 **MINORIAS SEXUAIS E DE GÊNERO NA EDUCAÇÃO:**
   Reflexões sobre a história recente do Brasil 15
   Nilson Fernandes Dinis

   Referências 32

2 **PROJETO DE NAÇÃO, DISCURSOS CONSERVADORES E HISTÓRIA DA EDUCAÇÃO:**
   Reflexões em torno da resistência de corpos LGBTQIAP+ no espaço escolar 33
   Marlon Silveira da Silva

   2.1 Introdução 33
   2.2 Invertidas e doentes: subjetivação dos(as) sujeitos(as) e medicalização das sexualidades na Primeira República .. 35
   2.3 "Ideologia de gênero": ataque conservador às questões de gênero e sexualidade na escola atual 40
   2.4 Algumas considerações sobre o resistir 45
   2.5 Algumas considerações possíveis 51
   Referências 54

3 **BIOGRAFIA DE MULHERES NA HISTÓRIA DA EDUCAÇÃO** ... 56
   Lia Machado Fiuza Fialho
Maria Aparecida Alves da Costa

   3.1 Introdução 56
   3.2 A inserção das mulheres em espaços sociais 59
   3.3 As mulheres e os estudos biográficos 65
   3.4 Considerações finais 72
   Referências 74

4 O PROTAGONISMO DAS MULHERES NA HISTÓRIA DA EDUCAÇÃO NO BRASIL 79
Antonia Marlene Vilaca

4.1 A organização escolar no Brasil e sua (re)organização ... 79
4.2 Do ambiente privado para o ambiente público: do lar para a escola. 81
4.3 Construção do ideário do profissional da educação e suas funções sociais 85
4.4 A feminização do magistério 92
4.5 Considerações finais. 95
Referências 97

5 A HISTÓRIA DA EDUCAÇÃO DOS NEGROS: *Da escravidão às políticas de ação afirmativa* 99
Marcus Vinicius Fonseca

5.1 A educação e o escravismo brasileiro 99
5.2 A educação no processo de abolição do trabalho escravo no Brasil. 106
5.3 A educação dos negros no pós-abolição da escravidão no Brasil 112
5.4 Considerações finais. 129
Referências 130

6 A (RE)DESCOBERTA DOS SABERES ANCESTRAIS: *Diálogos entre a educação e as histórias dos povos indígenas* .. 133
Adriano Toledo Paiva

6.1 O ensino de histórias e culturas indígenas 135
6.2 Potencialidades do emprego de autores indígenas na educação. 142
6.3 Pensamentos e saberes de Ailton Krenak 148
6.4 Considerações finais. 156
Referências 158

7 GUERRILHEIROS, PROFESSORES E CANTORAS DE LADAINHA: *O poder da leitura na teimosa resistência indígena* 160
Florêncio Almeida Vaz Filho

7.1 Introdução 160
7.2 Apolinário Maparajuba 162

7.3 Mulheres cantoras de ladainha, professoras e catequistas . . 165
7.4 Seu Armindo Lopes 171
7.5 O poder da apropriação da leitura e da escrita. 176
7.6 Conclusão 178
Referências 180

8 A EDUCAÇÃO ESCOLAR QUILOMBOLA:
Perspectivas e desafios 181
Ramofly Bicalho dos Santos
Guilherme Goretti Rodrigues

8.1 Introdução....................................... 181
8.2 A construção da Educação Escolar Quilombola:
perspectivas e desafios............................ 184
8.3 Considerações finais............................... 197
Referências 199

9 A EDUCAÇÃO DO CAMPO NA HISTÓRIA DO MST E DESENVOLVIMENTO DA CONSCIÊNCIA SOCIAL E CRÍTICA . . . 201
Elias Canuto Brandão

9.1 Apresentação..................................... 201
9.2 A educação na história: um olhar para o campo 202
9.3 Conclusão 220
Referências 221

10 A EDUCAÇÃO POPULAR COMO RESISTÊNCIA HISTÓRICA:
Paulo Freire e os movimentos sociais no Brasil
urbano-industrial................................... 224
Daniel Ribeiro de Almeida Chacon
Aline Choucair Vaz
João Victor Jesus Oliveira Nogueira

10.1 Resistências, conflitos e confluências – a história
de Paulo Freire nos movimentos educativos populares... 226
10.2 Reação conservadora – da educação crítica ao
positivismo educacional: o caso do Mobral 230
10.3 (Re)-resistências: redes de enfrentamento à educação
conservadora pelos movimentos sociais............. 233
10.4 Considerações finais.............................. 244
Referências 245

11 Desafiando a cidade
Movimentos sociais urbanos e a educação emancipadora...249
Daniel Tojeira Cara
Caio César Sousa Marçal

11.1 Introdução..............................249
11.2 A Cidade do Capital e a insurgência dos
    movimentos sociais........................251
11.3 Freire: da pedagogia do oprimido para o
    caminho da esperança......................257
11.4 Considerações finais......................266
Referências....................................267

12 Docência, relações e realidade escolar:
A concretude, estereótipos e estigmas..........269
Francisco André Silva Martins
Lucas Eustáquio de Paiva Silva

12.1 Para início de conversa....................269
12.2 Entre o passado e o presente: debatendo a escola
    pública e suas representações..............271
12.3 Fazer docente: sobre a ética e a politicidade..........278
12.4 Entre o ideal e o real: sobre os modos de
    ser aluno/estudante........................281
12.5 Quem é você? Eu sou professor(a)!..........285
12.6 E a conversa continua: uma pedagogia do conflito,
    e não do confronto.........................288
Referências....................................289

Sobre os autores..............................293

Prefácio

Há 80 anos, um mundo melhor continuava apenas no imaginário coletivo, e escritores criavam obras para expressar, ao mesmo tempo, as necessidades vitais e simbólicas das quais parte substantiva da população brasileira estava privada. Contudo, necessidade, esperança e desejo se entrelaçavam em uma aposta de que a humanidade não estava de todo perdida.

Hoje, cá estamos nós, de novo, querendo ardentemente acreditar que o vaticínio de Nelson Rodrigues – "A humanidade não deu certo" – não é verdadeiro. Para isso, uma das grandes apostas para fazer com que a humanidade tome o rumo "certo" é a educação.

Dizem os clássicos que a educação, em seu sentido positivo, é o processo de tornar humanas as pessoas que chegam ao mundo, ou, em seu sentido negativo, é o conjunto de ações estabelecidas pelas gerações mais velhas para evitar que a sociedade impeça que as gerações mais novas desenvolvam todas as potencialidades humanas com que chegaram ao convívio social. Em ambos os casos, tais definições, precárias por certo, esquecem dos sujeitos a serem educados. E eles, o que desejam?

Se a educação é uma aposta, porque os sujeitos desejam e agem, também a busca por integração e por reconhecimento aos quais todos os seres humanos almejam, individual e coletivamente, também o é. Isso, porque o tempo-espaço da ação educadora nunca se estabelece como início – ou começo – do mundo nem num vazio histórico-cultural que precisa ser preenchido. Daí que, de parte a parte, ou seja, de parte do mundo social que recebe as novas gerações e, também, por parte destas, sempre há resistências. A resistência está, pois, no coração de toda prática educadora.

É assim, porque da educação ninguém escapa, porque os sujeitos agem no mundo e se educam no processo mesmo em que são educados, em que uma ontologia da resistência é possível e no qual uma história das resistências em educação é necessária. De várias formas, trilhando caminhos possíveis e, às vezes, poucos imagináveis, é a isso que se propõem as autoras e os autores dos textos que compõem este livro organizado por Daniel Ribeiro de Almeida Chacon e Aline Choucair Vaz.

Por onde passa e a que se dedica uma história das "resistências em História da Educação"? Os textos que compõem este livro nos ensinam que ela se dirige a todos os sujeitos – mulheres, população LGBTQIA+, população negra, aos guerrilheiros, aos movimentos sociais – e, aqui, contra-hegemonicamente, aos processos pelos quais eles e elas buscam fazer com que o mundo acolha de forma mais solidária, democrática e igualitárias todas as humanidades do mundo.

Sem padecerem de um humanismo que joga para as sombras as dimensões humanas que não lhe interessa ver ou nomear – a perversidade, a maldade, o ódio, a inveja, a destruição das demais populações que habitam o planeta... – os autores e as autoras (que aqui comparecem por meio de suas pesquisas transformadas em textos) apostam que é possível transformar o mundo (e para melhor) por meio da educação, sobretudo, em sua forma escolar.

Assim, articulando o interior e o exterior da escola, a História da Educação aqui praticada e visibilizada é contra-hegemônica tanto em seu alcance político quanto em seu potencial epistemológico. Em primeiro lugar, porque ela reconhece os outros da educação e suas buscas por fundarem outra escola, outras práticas pedagógicas, outros processos de reconhecimento. Narrar a história da educação desde os muitos abismos que marcam a sociedade brasileira e, de lá, recuperar outros possíveis é uma operação política da mais alta importância, principalmente nos tempos atuais. No entanto, não é menos disruptiva uma História da Educação que desnaturaliza a escola e que incorpora em sua história aquilo que os processos de escolarização tudo fazem para esconder: a escola é uma máquina de moer gente e de destruir as epistemologias que não se enquadram nas perspectivas hegemônicas das autoridades que as comandam.

Historicamente, comandar a escola não significa apenas controlar as instituições, seus sujeitos e os conhecimentos, mas também, e especialmente, os seus arquivos. Fazer uma história das resistências na história da educação significa, pois, uma luta contra o poder dos arcontes que comandaram os seus arquivamentos lá no passado e, hoje, querem comandar as formas de interpretar os arquivos que nos foram legados. É por isso que uma história a contrapelo é necessária se queremos, ao arrepio das perspectivas vigentes, fazer outra história.

Fazer outra história é também, nesse sentido, constituir novos arquivos e estabelecer novas memórias. É atuar no presente para dar sentido – novos sentidos – ao passado e perspectivar futuros possíveis. É deixar rastros, pistas e sinais, lembrando

Ginzburg, para que, no futuro, novas operações historiográficas sejam possíveis.

Por isso, operação regrada, lógica, escriturária, a prática da disciplina História da Educação, como qualquer outra prática, é também permeada por necessidades, esperanças e desejos. Nessa perspectiva, longe de se comunicar apenas tão somente aos iniciados e aos especialistas, os textos desta obra se voltam ao diálogo com as pessoas que, hoje, fazem a história. Há um imperativo ético que mobiliza a ação interpretativa e a prática escriturária que aqui se estabelece, fazendo do estudo das resistências em educação o anúncio de uma educação que faça aflorar o melhor do humano que há em nós, ou seja, de estabelecimento de uma educação pelas resistências.

Ainda que não haja nada que nos garanta que ganhemos essa aposta e que possamos construir um mundo mais solidário, justo, igualitário e não violento, livros como este nos dão um certo alento por antecipar possibilidades desse novo mundo. Desse modo, em seus aspectos críticos e enunciativos, obras assim são utópicas e nos convidam a imaginar que um outro mundo é possível. E isto é, por si, uma grande qualidade nestes tempos distópicos em que vivemos. É por isso, também, que merecem e precisam ser lidos.

Belo Horizonte, inverno (quente e seco) de 2024.
Luciano Mendes de Faria Filho

Apresentação

A obra *Resistências na História da Educação: perspectivas contra-hegemônicas* reúne uma coletânea de textos que busca repensar criticamente a História da Educação no Brasil, evidenciando as vozes daqueles(as) que, diante das vicissitudes do tempo, foram relegados(as) à marginalização. Diferentemente das abordagens tradicionais, que com frequência priorizam narrativas hegemônicas, esta obra oferece uma reflexão profundamente enraizada na luta e na resistência de diversos grupos sociais, reafirmando a importância de compreender a educação como um espaço político de conflito, resistência e esperança.

Sem se render ao reducionismo de interpretações revisionistas/ideológicas, os textos aqui reunidos destacam a centralidade das vivências de resistência das populações oprimidas. Ao invés de seguir os modelos convencionais, que colocam as instituições ou os agentes de poder no centro da análise, os capítulos partem das práticas cotidianas de enfrentamento de coletividades que, mesmo diante da opressão, guardam o lume da insurgência e da luta pela dignidade e pelo reconhecimento de suas existências.

As autoras e autores, a partir de suas diferentes perspectivas teóricas e hermenêuticas, oferecem reflexões originais e diversas sobre a História da Educação. Essa pluralidade de enfoques reforça o objetivo comum de desvelar a história dos oprimidos e das oprimidas como uma narrativa não apenas de dor e violência, mas, sobretudo, de resistência e esperança. Reconhecida a impossibilidade de abranger a vastidão das vivências humanas, especialmente frente à complexidade das relações sociais forjadas sob a égide da modernidade capitalista, esta obra efetua um recorte analítico substancial ao contemplar as dimensões raciais, de gênero, sexualidade e classe socioeconômica.

Dessarte, o presente livro não pretende ser um tratado sistemático ou exaustivo; mas, antes de tudo, uma provocação histórico-filosófica e política. Esperamos que os textos aqui apresentados inspirem leitoras e leitores a aprofundar as discussões e a destacar novas vozes de resistência na História da Educação no Brasil, sublinhando a urgência de superar a lógica desumanizadora ainda vigente.

10 de setembro de 2024.
Daniel Ribeiro de Almeida Chacon
Aline Choucair Vaz

1
Minorias sexuais e de gênero na educação
Reflexões sobre a história recente do Brasil

Nilson Fernandes Dinis

A LGBTfobia é a discriminação ou ódio contra pessoas LGBTQIAPN2+ baseada na ideia de inferioridade dessas pessoas em relação às pessoas heterossexuais. Esse termo tende a ser menos conhecido, uma vez que os termos homofobia e transfobia são frequentemente mais usados, independentemente da adequação ou não dos termos, que não serão objeto de nossa discussão neste momento.

O desafio das novas identidades sexuais e de gênero aparece na própria constituição da linguagem com seu campo de jogos de poder e de resistência e sua constante necessidade de reinvenção. Como comentava o escritor Roland Barthes:

> Mas a língua, como desempenho de toda linguagem, não é nem reacionária, nem progressista; ela é simplesmente: fascista; pois o fascismo não é impedir de dizer, é obrigar a dizer.

Assim que ela é proferida, mesmo que na intimidade mais profunda do sujeito, a língua entra a serviço de um poder. Nela, infalivelmente, duas rubricas se delineiam: a autoridade da asserção, o gregarismo da repetição (Barthes, 1989, p. 14).

Dessa forma, porque entendo que toda língua e todo gênero são políticos, prefiro utilizar na área da educação os termos "linguagem inclusiva de gênero" e "gênero não binário". Mesmo quando leio o uso de termos como "linguagem neutra" ou "gênero neutro" imagino que as pessoas queiram se referir aos termos anteriores, pois não acredito em uma "neutralidade" da linguagem, já que estamos sempre inseridos em algum lugar na linguagem, mesmo contra a nossa vontade e ainda que esse lugar esteja sempre em trânsito. A linguagem inclusiva de gênero tem buscado questionar as regras pretensamente objetivas da gramática da linguagem, principalmente o uso do masculino genérico, para se referir no mesmo grupo a mulheres e homens, experimentando novas formas de transgressão dos limites da linguagem e marcando o lugar de fala dos sujeitos[1]. Uma dessas

---

1. Várias pesquisadoras da área da educação já debateram muito bem essa questão (Moreno, 2003; Louro, 1997; Furlani, 2011), inclusive propondo algumas alternativas de resistência. No entanto, é interessante acrescentar que, no meio acadêmico, mesmo nas pesquisas que têm como objeto a própria área da educação infantil, que é um território ocupado predominantemente por mulheres, por razões históricas, ainda predomina o uso do termo genérico masculino nos trabalhos acadêmicos que usam substantivos como professores, diretores, coordenadores para se referir a grupos profissionais nos quais há predominância de mulheres. Trata-se de um debate complexo e controverso, pois as pessoas têm o direito de utilizar o argumento da gramática normativa para defender tal uso da escrita e, às vezes, são mesmo compelidas a isso pelas normas de publicação. Contudo, também é curioso pensar que, mesmo na gramática normativa, não há regras para que a maioria dos textos tenha colocações linguísticas como "o homem e a mulher", "os professores e as professoras", ou "os alunos e as alunas", ou seja, colocações linguísticas nas quais o termo masculino sempre aparece em primeiro lugar na construção das frases. É perfeitamente possível construir frases gramaticalmente corretas também invertendo ou revezando o lugar de ordem desses termos, o que geralmente não ocorre. Talvez isso seja um bom indício de que toda a

muitas formas tem sido, por exemplo, o uso popular nos veículos midiáticos das expressões "todas", "todos" e "todes" para marcar também a presença de pessoas que pensam seu gênero como não binário, o que tem trazido novos desafios tanto para a área jurídica como para a área da educação. Ativistas dessas novas formas de expressão não querem impor uma nova linguagem obrigatória, entendem que essa é apenas uma nova forma histórica de expressão, uma alternativa, ainda que datada, de tentar escapar dos enclausuramentos da linguagem.

A sigla LGBTQIAPN2+ também é um jogo de letras que aumenta a cada dia, a partir de novas lutas, tentando nomear as diferenças produzidas por essas novas identidades. Pessoas lésbicas, *gays*, bissexuais, travestis, transexuais, transgêneros, *queer*, intersexuais, assexuais, pansexuais, não binárias, dois-espíritos e outras diferenças (+) buscam na sigla um abrigo para a expressão de seus modos e políticas de existência e resistência. Provocados pelo texto de Barthes, podemos pensar o jogo de letras tanto como uma forma de empoderamento dessas identidades, mas também temos que ter o cuidado para que não se torne uma forma de engessamento das novas formas de subjetividade e resistência, ou mesmo das possibilidades de trânsito entre essas identidades. Por isso, toda linguagem é historicamente datada e provisória e exige sempre novas reinvenções e novas formas de resistência. Isso explica não só a quantidade de novos termos surgidos nas últimas décadas, mas também a velocidade com que alguns termos para falar dessas novas identidades são ressignificados e como outros caem rapidamente em desuso.

---

polêmica envolvendo essa questão não é meramente de gramática normativa, mas envolve também, consciente ou inconscientemente, uma hierarquia de valores na construção desses termos, algo que também repetimos em outras construções coloquiais como branco e negro, adulto e criança, professor e aluno, humano e animal, razão e emoção.

Segundo relatório do Grupo Gay da Bahia, do ano 2022, o Brasil continua sendo o país no qual há mais assassinatos de pessoas LGBT[2]. No ano de 2022, 242 pessoas foram vítimas de morte violenta por homicídio e 14 pessoas por suicídio. A maioria dos assassinatos ocorreu no Nordeste e no Sudeste do país, e a maioria das pessoas assassinadas eram homens *gays* (52,34%) e travestis e transexuais (42,96%). Já no tocante à cor, 46,87% das vítimas foram identificadas como pardas, 14,84% como pretas, 37,11% como brancas e 1,17% como amarelas.

A homofobia, a lesbofobia e a transfobia são o ponto em comum que une, no Brasil, mulheres e homens, esquerda e direita, pessoas pobres e ricas, brancas e negras e católicas e protestantes nas suas "cruzadas" contra os avanços conquistados nos últimos tempos pelo movimento feminista e pelo movimento LGBT. É verdade que nas últimas décadas uma parte dos partidos de esquerda tem se engajado um pouco mais em uma agenda pró-feminista e pró-grupos LGBT. Antes tarde do que nunca! É reconhecido o esforço, mas ainda é um passo muito pequeno e espera-se um comprometimento maior.

A homofobia, a lesbofobia e a transfobia se tornaram, no mundo contemporâneo, um dos últimos preconceitos ainda tolerados. Qualquer pessoa no Brasil pode se lembrar facilmente de vários nomes da política nacional ou dos movimentos de defesa dos Direitos Humanos que defendem publicamente o direito das minorias étnico-raciais, das mulheres, das pessoas em presídios, das pessoas sem terra e sem teto, das pessoas com ne-

---

2. Por questão de conveniência formal e estética da escrita acadêmica, optamos por usar durante o texto a sigla LGBT, em vez da mais completa (LGBTQIAPN2+). No entanto, apesar dessa substituição, nos referimos à sigla completa em todo o texto, mesmo entendendo as implicações de tal uso, suas relações de poder, suas diferenças e também sua limitação.

cessidades educativas especiais, mas que se escondem quando o assunto em pauta é o combate à violência sofrida por pessoas LGBT. Já analisei esse tópico anteriormente (Dinis, 2011), mostrando, inclusive, como o próprio campo da educação pode tornar-se um "amolador de facas"[3] na relação com a violência sofrida pelas pessoas LGBT dentro das escolas, das universidades e dos outros espaços educacionais.

No Brasil atual, poucas pessoas ousariam expressar publicamente formas de sexismo contra as mulheres ou formas de racismo que incentivem explicitamente o preconceito contra as populações negra, judaica, muçulmana, indígena ou outras minorias étnico-raciais. Não porque tenham mudado e tenham menos preconceitos contra esses grupos, mas por temerem ser punidas pela lei se flagradas publicamente.

No entanto, assumir publicamente, em alto e bom som, não simpatizar ou mesmo odiar pessoas homossexuais ou pessoas trans ainda é algo não só tolerado como constitui também em uma forma bastante comum de afirmação da heterossexualidade masculinista sexista, tóxica e abusiva. Em várias cidades do interior do Brasil, um ritual de iniciação de masculinidade tóxica bastante comum entre adolescentes e jovens heterossexuais, como forma de provar sua macho-heterossexualidade: passear de carro, embriagado e durante a noite, procurando nas ruas, como alvo de agressão, pessoas homossexuais ou trans que são apedrejadas ou agredidas verbal e fisicamente, por diversão.

---

3. Em "A atriz, o padre e a psicanalista: os amoladores de faca", o psicólogo brasileiro Luis Antonio Baptista (1999) utiliza o conceito de "amolador de faca" para denunciar a cumplicidade social com a violência expressa no discurso da mídia, no discurso religioso e no discurso de saberes da Psicologia e da Psiquiatria, mas que, em meu texto (Dinis, 2011), ouso incluir também o discurso educacional, já que, na contemporaneidade, este está intrinsecamente imerso nos outros discursos.

Outro agravante em relação aos casos de LGBTfobia é que, diferentemente de outras minorias, crianças e adolescentes LGBT sofrem preconceito e violência em situações sociais fora de suas casas, mas, às vezes, também em suas próprias famílias. Ao fim do dia, retornam para lares que são, em geral, heteronormativos e nos quais não têm a possibilidade de conviver com semelhantes, podendo ser expostas à violência e ao preconceito justamente no lugar em que precisavam se sentir acolhidas e protegidas da violência que sofrem em todos os outros ambientes.

Na escola, a violência contra pessoas LGBT também tem resultado na evasão escolar de estudantes LGBT e em tentativas de suicídio devido aos preconceitos e à discriminação sofrida no espaço escolar. As principais vítimas no processo de evasão escolar também são justamente os adolescentes trans, que dificilmente conseguem terminar seus estudos por abandonarem a escola, visto que, diferentemente de *gays* e lésbicas, os adolescentes trans têm mais dificuldade de esconder suas diferenças e tornam-se os principais alvos dessa violência escolar. No entanto, a situação de estudantes *gays* e lésbicas que tentam esconder sua orientação sexual devido ao perigo de violência também não é fácil, já que o silenciamento e o ocultamento da sexualidade pode ser, igualmente, uma forma de violência com graves implicações para a saúde física e mental dessas pessoas.

Esse silenciamento, que se traduz inclusive na omissão dos casos de violência física ou verbal sofridos por estudantes LGBT, às vezes é compactuado por docentes, coordenações e diretorias que evitam discutir o tema das diferenças sexuais e de gênero nas escolas ou por terem uma perspectiva conservadora ou por temerem o fato de ter de lidar com a perspectiva conservadora das famílias das/os estudantes.

A pesquisadora canadense Deborah Britzman descreve muito bem as fantasias envolvidas no medo de docentes abordarem esse tema no espaço escolar. Para ela, existe o medo de que a mera menção da homossexualidade encoraje práticas homossexuais e faça com que jovens se juntem às comunidades *gays* e lésbicas. A ideia é a de que as informações e as pessoas que as transmitem agem com a finalidade de "recrutar" jovens inocentes. Também faz parte desse mito a ansiedade de que qualquer pessoa que ofereça representações *gays* e lésbicas em termos simpáticos será provavelmente acusada de ser *gay* ou de promover uma sexualidade fora da lei. Em ambos os casos, o conhecimento e as pessoas são considerados perigosos, predatórios e contagiosos (Britzman, 1996).

Uma pesquisa mais aprofundada das consequências do preconceito e da violência contra pessoas LGBT na vida política do Brasil é ainda um estudo a ser desenvolvido com mais atenção pelas áreas da sociologia e da ciência política, principalmente para entendermos a emergência política do ex-governo Bolsonaro, que acredito ter sido um dos fatores mais importantes desse fenômeno, mas agora vem sendo um aspecto negligenciado em algumas pesquisas que procuram explicar a emergência da agenda político-conservadora religiosa na história recente do Brasil e a ocupação e eleição de seus representantes no Congresso Nacional.

Uma das formas de resistir a essa situação está justamente no processo de formação docente nas universidades, que precisa discutir sobre o tema das diferenças sexuais e de gênero nas escolas. O final dos anos de 1990, com a expansão da *internet*, das redes sociais digitais e da resistência de diversos movimentos políticos, obrigou a área da educação a rever sua posição frente às novas identidades sexuais e de gênero que reivindicavam seu espaço no currículo. No entanto, uma maior visibilidade dessas novas identidades sexuais e de gênero no discurso da educação e da mídia nem sempre resulta em uma diminuição dos sintomas de sexismo e LGBTfobia, pois observamos também o fortalecimento de manifestações contrárias de grupos mais conservadores.

Nesse cenário conservador, as universidades públicas, com sua defesa de um ensino laico, têm se tornado um importante espaço de resistência na medida em que colaboram com o processo de formação docente e o próprio corpo discente das universidades parece reconhecer a importância do tema gênero e sexualidade em seu processo de formação, conforme observei em algumas das pesquisas que realizei com estudantes de licenciatura.

Há, no contexto brasileiro atual, uma percepção de aumento do conservadorismo. No cenário político do país, isso vem sendo evidenciado principalmente por acontecimentos recentes, como o golpe que levou ao impedimento, em 2016, da continuidade do mandato da primeira mulher, Dilma Rousseff, no cargo da presidência e à nomeação de seu vice, Michel Temer, para exercício no lugar dela; a eleição do presidente Bolsonaro no fim de 2018, defendendo bandeiras explicitamente conservadoras; a eclosão da epidemia do coronavírus no ano de 2020, que provocou mais desigualdade econômico-social; e também o fortalecimento de movimentos como o "Escola sem Partido" e o "Escola sem ideologia de gênero".

O "Escola sem Partido", criado em 2004, é um movimento brasileiro que se diz representante das famílias de estudantes em defesa do que chamavam de uma educação escolar neutra. Esse movimento resultou em várias tentativas de estabelecer projetos de lei nos níveis federal, estadual e municipal limitando a atuação de docentes em sala de aula, impedindo que possam compartilhar com estudantes suas visões de mundo e comentários sobre aspectos políticos do país. Membros do movimento apontavam uma preocupação com o que chamavam de grau de contaminação político-ideológica das escolas brasileiras. Além da preocupação paranoica com o que denominavam como a tentativa de ideologias de esquerda em formar militantes, outra mudança proposta pelo movimento "Escola sem Partido" dizia respeito justamente ao que chamavam de combate à presença da "ideologia de gênero" nas escolas, ou seja, a presença de qualquer atividade educacional ou cultural, na educação básica, que utilizasse termos como "gênero" ou "orientação sexual".

Em 2016, houve no Brasil vários protestos de estudantes e docentes que se manifestaram contra as tentativas de implementação dos projetos de lei defendidos pelo movimento "Escola sem Partido", projetos que ficaram conhecidos como "Lei da Mordaça". Grupos de estudantes secundaristas e universitários ocuparam instituições de ensino no protesto. O assunto voltou a ser tema de mobilização durante os debates das eleições brasileiras em 2018.

Já em relação às políticas de gênero, no ano de 2017 o Brasil tornou-se notícia nos principais jornais de circulação mundial devido aos protestos contrários à participação da filósofa americana Judith Butler no evento "Os fins da democracia", realizado na unidade do Sesc Pompeia, em São Paulo, fazendo com que fossem realizadas petições com assinaturas via internet contra a realização do evento. Judith Butler passou a ser rotulada no Brasil como a bruxa filósofa promotora da ideologia de gênero, o que revela um profundo desconhecimento sobre a complexidade dos vários temas que envolvem sua obra.

Acredita-se que uma das primeiras vezes na qual o termo "ideologia de gênero" ocorreu foi em 1998, em uma nota emitida pela Conferência Episcopal do Peru, intitulada "Ideologia de gênero: seus perigos e alcances". No artigo "A invenção da 'ideologia de gênero': a emergência de um cenário político-discursivo e a elaboração de uma retórica reacionária antigênero", o educador brasileiro Rogério Diniz Junqueira (2018) realiza uma análise bastante detalhada e cuidadosa sobre a emergência do termo, sendo o artigo uma excelente fonte de pesquisa sobre o contexto histórico e político no qual a igreja católica empreendeu uma "cruzada" na defesa do modelo heteronormativo de constituição das famílias contra todas as políticas contemporâneas de gênero e sexualidade.

Desde seu surgimento, a expressão "ideologia de gênero" carrega um sentido pejorativo e negativo e se opõe ao que academicamente chamamos de "estudos de gênero e sexualidade". Por meio dela, setores mais conservadores, principalmente setores conservadores religiosos católicos e evangélicos, protestam contra as atividades que buscam falar sobre a questão de gênero e assuntos relacionados à sexualidade nas escolas. As pessoas que concordam com o sentido negativo empregado no termo "ideologia de gênero" geralmente temem que, ao falar sobre as questões mencionadas, a escola vá se posicionar contra os valores tradicionais da concepção de família heteronormativa, ferindo o direito individual das famílias de preservarem suas crianças e adolescentes da discussão dos temas de gênero e sexualidade, além do medo de que a discussão dos temas vá induzir a serem homossexuais ou transexuais.

No Brasil, o termo "ideologia de gênero" ficou também famoso quando o Ministério da Educação buscou incluir a educação sexual, o combate às discriminações e a discussão da diversidade de gênero e orientações sexuais no Plano Nacional de Educação, em 2014. Os últimos dois pontos, todavia, geraram uma grande reação por parte de grupos conservadores, que não consideravam as pautas apropriadas ao ambiente escolar, e o projeto foi barrado. Após muitos protestos por parte da população, liderada por grupos religiosos conservadores e pelo movimento "Escola sem Partido", o Plano Nacional de Educação foi aprovado, mas sem fazer menção aos termos "gênero" e "orientação sexual".

Nas eleições presidenciais de 2018, o termo "ideologia de gênero" voltou à tona com as diversas acusações que o então candidato Jair Bolsonaro fazia ao que chamava de *kit gay*, nome pejorativo dado ao projeto "Escola sem Homofobia". Com isso, visava atacar seu adversário, Fernando Haddad, do Partido dos Trabalhadores (PT), que foi Ministro da Educação entre os anos de 2005 e 2012, durante os governos do presidente Luiz Inácio Lula da Silva e, posteriormente, da presidenta Dilma Rousseff. A força da bancada religiosa conservadora já ficara bastante visível durante o ano de 2011, quando Fernando Haddad ainda era ministro da Educação. O Ministério da Educação, em consonância com as propostas do Programa Brasil sem Homofobia, criado durante o governo Lula, produziu uma série de materiais didáticos que seriam distribuídos aos docentes das escolas públicas com o objetivo de combater o preconceito e a discriminação contra as minorias sexuais e de gênero. A bancada religiosa no Congresso reagiu contra e conseguiu, ao chantageá-la, fazer a presidente Dilma Rousseff suspender a iniciativa do Ministério da Educação, ameaçando convocar para uma audiência no Congresso o então ministro chefe da Casa Civil, Antonio Palocci, que fora acusado de corrupção.

No entanto, a concessão da presidenta de cancelar o projeto educacional não salvou nem o ministro da Casa Civil, que terminou pedindo demissão devido à pressão da imprensa, que reivindicava uma investigação do caso, nem impediu o posterior impedimento do exercício de mandato da própria presidenta, que se viu cada vez mais acuada pelas reivindicações das bancadas conservadoras da Câmara e do Senado. Parte da imprensa também colaborou para a rejeição com que o material didático foi recebido pela opinião pública, ao nomeá-lo pejorativamente como *kit gay*, passando a ideia de que os livros e os vídeos produzidos como materiais didáticos buscavam "converter" as pessoas em homossexuais e de que violavam o direito individual das pessoas e das igrejas de criticarem a homossexualidade e as pessoas LGBT.

O argumento da violação do direito de criticar as pessoas LGBT e de expressar crenças religiosas contra as diferenças sexuais e de gênero também tem sido o forte argumento utilizado por congressistas e por parte da mídia para se posicionar contra a aprovação de leis que criminalizem a homofobia, a lesbofobia e a transfobia no Brasil. Contrariando o conservadorismo dos poderes executivo e legislativo no Brasil, o Supremo Tribunal Federal (STF) reconheceu em maio de 2011 o direito à união civil para casais homossexuais e, em outubro de 2011, o Supremo Tribunal de Justiça (STJ) reconheceu o direito ao casamento civil. Mesmo assim, casais homossexuais ainda são eventualmente submetidos a constrangimento ao buscar seus direitos, já que alguns cartórios e até mesmo juízes têm recusado a decisão do STF e do STJ alegando incompatibilidade constitucional.

Diante disso, o então deputado federal Jean Wyllys, que era do partido PSOL (Partido Socialismo e Liberdade), também ativista das causas LGBT, que foi deputado federal entre os anos de 2010 e 2018, buscou durante seu mandato a aprovação de Proposta de Emenda Constitucional que transformaria o direito ao casamento civil das pessoas homossexuais em lei, o que evitaria os equívocos de interpretação por parte de cartórios e membros do Judiciário. No entanto, a proposta do deputado sofreu forte oposição da maioria do Congresso e o parlamentar começou a ser ameaçado de morte, o que o levou a renunciar ao seu terceiro mandato no início de 2019 e a se autoexilar. No momento em que escrevo este texto há uma tentativa explícita, por parte da bancada conservadora religiosa no Congresso, de criar uma legislação que proíba o direito ao casamento civil das pessoas LGBT no Brasil.

Em 2018, o país foi também notícia internacional de denúncia de violência devido ao assassinato da vereadora Marielle Franco na cidade do Rio de Janeiro. Ela era conhecida por seu ativismo político na área de direitos humanos, no combate ao racismo e no apoio aos movimentos feminista e LGBT. Recentemente, vereadoras e deputadas trans eleitas pelas cidades de São Paulo e do Rio de Janeiro também registraram boletins de ocorrência e requisitaram medidas protetivas por parte do Estado devido a ameaças de morte advindas de grupos LGBTfóbicos e conservadores.

Os acontecimentos recentes na política e na educação do Brasil, como a fúria inquisitorial da política conservadora e reacionária dos movimentos "Escola sem partido" e "Escola sem ideologia de gênero", parecem ser movidos por sentimentos generalizados de pânico moral e perseguição política. Esses acontecimentos nos fazem recordar o período dos governos de ditadura militar no Brasil e o período macarthista na história dos Estados Unidos, nos quais havia repressão e perseguição a tudo que fosse associado a ideias comunistas. As pessoas denunciadas e acusadas geralmente pertenciam ao serviço público, à área educacional, à área da indústria do entretenimento e aos sindicatos.

No novo macarthismo brasileiro, durante os anos do governo Bolsonaro (2019-2022), percebemos marchas de pessoas que protestavam em buzinaços de caravanas de automóveis ou gritando nos microfones do Congresso em nome dos valores da família, da pátria e da religião, fazendo com que o Estado se tornasse refém de valores identitários patrimonialistas que expressavam muito bem uma política na qual a máquina pública era apropriada para que os interesses privados de determinados grupos econômicos prevalecessem sobre interesses públicos, tais como o acesso gratuito à saúde e à educação e aos direitos de cidadania de grupos socialmente excluídos. Se antes os movimentos feministas e os movimentos LGBT lutavam contra a invisibilidade de suas pautas, agora a situação se invertia e torna-se ainda mais crítica, pois não se tratava mais da invisibilidade, mas de grupos que se tornaram alvos visíveis de tentativas de controle, criminalização e repressão por parte do Estado e de violência física e psicológica no espaço privado.

Durante o período de confinamento, na eclosão da epidemia do coronavírus, aumentaram as denúncias dos casos de violência doméstica tendo como vítimas preferenciais mulheres e pessoas LGBT. A possibilidade de ser alvo de violência aumentava muito mais quando o fator etnia-raça era associado, pois o racismo muitas vezes potencializa os casos de machismo e LGBTfobia. Por outro lado, em vários municípios brasileiros continuam as tentativas de implementação de projetos de lei que proíbam a discussão de temas de gênero e sexualidade na educação básica, prevendo, inclusive, punições aos docentes que abordem tais temas em sala de aula. Além disso, em alguns *sites* da *internet*, pessoas partidárias do macarthismo à brasileira instruem e incentivam os estudantes a registrarem com seus telefones celulares a presença desses temas em sala de aula, como forma de denúncia. O invisível tornou-se visível, o que nos lembra de tudo que aprendemos com os filósofos Michel Foucault – e suas análises do poder disciplinar – e Gilles Deleuze, com suas análises da sociedade de controle.

No ano de 2023 houve o retorno do candidato do Partido dos Trabalhadores (PT), Luiz Inácio Lula da Silva, à presidência da República. No entanto, a maioria do novo Congresso eleito é ainda composta por uma forte bancada da direita conservadora. Também persiste um clima de hostilidade e ressentimento entre as pessoas no Brasil, já que a diferença entre o candidato eleito e o candidato conservador foi de menos de 2%. Em 8 de janeiro de 2023, após a posse do presidente Lula, houve uma organizada invasão de conservadores de direita no Congresso Nacional, onde estes promoveram atos de violência e depredação do patrimônio público. O grupo, favorável ao ex-governo Bolsonaro, questionava o resultado das eleições que ocorreram no fim de 2022 e demandava apoio do exército brasileiro para um golpe de Estado contra o presidente Luiz Inácio Lula da Silva.

Em 2023, mais uma vez houve o pioneirismo do Supremo Tribunal Federal, que, retomando as discussões já realizadas no ano de 2019, reconheceu que atos ofensivos praticados contra pessoas LGBT podem ser também enquadrados judicialmente como injúria racial. No entanto, na prática, há uma grande distância entre a lei e sua real aplicabilidade, pois mais uma vez a decisão sobre o projeto de lei vem do Poder Judiciário e não do Poder Legislativo. Mesmo no caso da aplicação de leis anteriores, como as contra o racismo ou contra o feminicídio, há dificuldade de registro específico desse tipo de ocorrência justamente quando as vítimas procuram as delegacias.

Temos como configuração histórica do momento atual no Brasil uma sociedade dividida em que uma parte clama pelos valores conservadores em nome da família tradicional e das igrejas cristãs e é contra as políticas voltadas ao feminismo e aos grupos LGBT, enquanto outra clama por mudanças na busca de menos desigualdades econômico-sociais e novos e diferentes processos de inclusão. Em uma sociedade tão dividida, nunca o trabalho na área da educação teve tanta importância, pois como educador acredito que podemos produzir alguma resistência. Ao longo das últimas décadas, temos trabalhado muito na área educacional para que pessoas brancas e heterossexuais tenham mais consciência dos mecanismos opressivos do racismo, do sexismo e da LGBTfobia, desde os mecanismos mais explícitos como até os mais sutis. Nesse foco, talvez tenhamos descuidado um pouco e esquecido que, já que esse trabalho foi muito importante, teríamos que, paralelamente a isso, continuar a conversar com as novas gerações de mulheres, de pessoas negras, de pessoas indígenas e de pessoas LGBT sobre essas violências, pois o ex-presidente Bolsonaro não foi eleito só com o voto das pessoas brancas e heterossexuais.

As novas gerações precisam conhecer e valorizar mais o pouco de liberdade política que foi conquistada com o trabalho das gerações anteriores – e aqui cabe o trabalho político da educação. Contra as "cruzadas santas" em nome da religião, da pátria e dos interesses da própria família, talvez possamos resistir nos unindo mais com as encruzilhadas e intersecções dos movimentos periféricos dos grupos negros, indígenas, anticapacitistas, feministas e LGBT, buscando uma agenda comum contra a violência da hegemonia de uma sociedade patriarcal neoliberal capitalística heteronormativa branca. Assim, nos fortaleceremos ainda mais e seguiremos resistindo como educadoras e educadores enquanto atravessamos esse momento difícil de nossa história no Brasil.

Nesse sentido, nessas primeiras décadas do século XXI no Brasil, a rápida popularização que tem acontecido no espaço de formação das universidades – pelas provocações trazidas para a área da educação pelo aumento dos estudos da teoria *queer*, da teoria *quare* e da teoria *crip*, na convergência dos temas gênero-sexualidade-etnia-raça-anticapacitismo – tem ajudado a pensar melhor essas encruzilhadas e intersecções como novas estratégias políticas. Uma dessas provocações vem justamente do filósofo espanhol *queer* Paul B. Preciado, que parece retomar a premissa otimista dos filósofos franceses Gilles Deleuze e Félix Guattari, que afirmavam que o desejo é sempre revolucionário. Segundo Preciado:

> O processo de denúncia e visibilização da violência que estamos vivendo faz parte de uma revolução sexual, que é certamente lenta e tortuosa, mas também imparável. O feminismo *queer* situou a transformação epistemológica como condição de possibilidade de uma mudança social. Tratava-se de questionar a epistemologia binária e naturalizada afirmando diante dela uma multiplicidade irredutível de sexos, gêneros e sexualidades. Entendemos que hoje, a transformação libidinal é tão importante quanto a transformação epistemológica: é preciso modificar o desejo. É preciso aprender a desejar a liberdade sexual (Preciado, 2020, p. 315).

Referências

BAPTISTA, L. A. A atriz, o padre e a psicanalista: os amoladores de faca. *In*: BAPTISTA, L. A. *A cidade dos sábios*. São Paulo: Summus, 1999. p. 45-49.

BARTHES, R. *Aula*. São Paulo: Cultrix, 1989.

BRITZMAN, D. O que é esta coisa chamada amor: identidade homossexual, educação e currículo. *Educação & Realidade*, Porto Alegre, v. 21, n. 1, p. 71-96, jan/jun 1996.

DINIS, N. F. Homofobia e educação: quando a omissão também é signo de violência. *Educar em Revista*, Curitiba, n. 39, p. 39-50, jan./abr. 2011.

FURLANI, J. Educação sexual: possibilidades didáticas. *In*: LOURO, G. L.; FELIPE, J.; GOELLNER, S. V.(orgs.). *Corpo, gênero e sexualidade*: um debate contemporâneo na educação. Rio de Janeiro: Vozes, 2011. p. 66-81.

JUNQUEIRA, R. D. A invenção da "ideologia de gênero": a emergência de um cenário político-discursivo e a elaboração de uma retórica reacionária antigênero. *Revista Psicologia Política*, v. 18, n. 43, p. 449-502, 2018.

LOURO, G. L. *Gênero, sexualidade e educação*: uma perspectiva pós-estruturalista. Petrópolis: Vozes, 1997.

MORENO, M. *Como se ensina a ser menina*: o sexismo na escola. São Paulo: Moderna, 2003.

PRECIADO, P. B. *Um apartamento em Urano*: crônicas da travessia. Rio de Janeiro: Zahar, 2020.

SCHMITZ, B. Mortes violentas de LGBT+ Brasil: observatório do Grupo Gay da Bahia. Curitiba: Grupo Dignidade, 2022. Disponível em: https://cedoc.grupodignidade.org.br/2023/01/19/mortes-violentas-de-lgbt-brasil-observatorio-do-grupo-gay-da-bahia-2022/. Acesso em: 16 nov. 2023.

2
Projeto de nação, discursos conservadores e história da educação
Reflexões em torno da resistência de corpos LGBTQIAP+ no espaço escolar

Marlon Silveira da Silva

2.1 Introdução

O ataque às políticas educacionais que tinham como objetivo a diminuição da homofobia no espaço escolar fez parte do levante ultraconservador que vimos ganhar força nos últimos anos no Brasil e fora. Apesar disso, é importante salientar que, historicamente, a escola brasileira – e as políticas que para ela se voltam – vem sendo utilizada como instrumento da manutenção do modelo cisheteronormativo, principalmente se voltarmos nosso olhar para as primeiras décadas do século XX, em que o reforço das assimetrias sexuais e do binarismo homem/mulher precisavam ser alinhados ao novo projeto brasileiro de nação: moderno, higienista/eugenista e em fase de industrialização.

Ainda que entenda que essas estratégias não tenham surgido nesse período, uma vez que em períodos anteriores, no Brasil e em outras partes do mundo ocidental, outras instituições e dispositivos tenham se voltado para a regulação dos corpos considerados com desvios sexuais, a exemplo da Igreja e da polícia, me volto para a instituição escolar por compreender que ela, no passado aqui em questão e no presente, atua com centralidade no que Foucault chamou de processos de subjetivação e a maneira como a escola tem servido a esses processos, seja no sentido de pensar no investimento de um comportamento sexual "normal", seja para pensar nas resistências frente a este (Foucault, 2008).

O panorama conceitual oferecido por Foucault e suas reflexões em torno das práticas modernas de governo e a respeito do neoliberalismo em seus moldes atuais já ajudam a explicar o motivo pelo qual, com frequência, o filósofo é aproximado das discussões do campo da educação: por evidenciar os diferentes processos pelos quais os sujeitos tornam-se foco de investimento de instituições e as redes de poder/saber presentes nesses espaços, mas não apenas. Na senda aberta por Foucault em torno dos processos de subjetivação, tornou-se possível também pensar nas possibilidades de resistência e agenciamentos nesses mesmos processos.

Inspirado pelas reflexões propostas por Butler (2003, 2007, 2018) e Foucault (1995, 1999, 2008) em torno das questões da governamentalidade, subjetividade, normatividade neoliberal e resistência, este ensaio tem como objetivo refletir, convidar os(as) leitores(as) a pensarem junto a respeito das questões que me provocam como pesquisador, professor e homem *gay* sobre as possibilidades de resistência dos(as) LGBTQIAP+ no espaço da escola como perspectiva contra-hegemônica aos discursos regulatórios e ultraconservadores, tendo como ponto de partida os primeiros anos da nossa República e o nosso presente, em que esse tipo de discurso engendra a maquinaria do neoliberalismo como matriz normativa.

Motivado pelas problematizações que aproximam a minha dissertação de mestrado intitulada *A invenção da inversão: ciência e o desejo entre mulheres*, e as da tese de doutorado, a qual denominei *Brasil, mostra a tua cara! A emergência neoliberal e neoconservadora nos debates de gênero nas recentes políticas curriculares (2014-2018)*, persigo a ideia de que não há projeto de sociedade/nação (ou projeto econômico) que não passe também pela manutenção e pelo controle das sexualidades, tornando a educação básica foco desse investimento e disputada por diferentes projetos.

2.2 Invertidas e doentes: subjetivação dos(as) sujeitos(as) e medicalização das sexualidades na Primeira República

> O controle dos corpos não só obedece agora à lógica de maximização e disciplinamento da força de trabalho para a produção capitalista, entrelaça-se também com as formações discursivas de raça e nação. Se o Estado é um corpo, e se Nação e raça são os eixos da existência, é lógico que o equilíbrio do corpo social vai depender em grande parte de um discurso sobre uma "Nação sadia", que por sua vez deverá ser politicamente elaborado pela ciência médica (Figari, 2007, p. 244).

Em obras como *Vigiar e punir* (1995) e *A História da sexualidade I: a vontade de saber* (1999), o filósofo francês Michel Foucault pensa a subjetividade como objeto de práticas de coerção, ou seja, a partir da imposição de uma trama de relações de poder em diferentes espaços como a escola, o asilo psiquiátrico e a prisão. Os sujeitos, nesses espaços, estariam submetidos a processos de coerção disciplinar. Desde o século XVII, a disciplina foi investida em diferentes locais para fins de controle e docilização dos corpos dos sujeitos:

> Esses métodos que permitem o controle minucioso das operações do corpo, que realizam a sujeição constante de suas forças e lhes impõem uma relação de *docilidade-utilidade*, são o que podemos chamar as "disciplinas". Muitos processos disciplinares existiam há muito tempo: nos conventos, nos exércitos, nas oficinas também. Mas as disciplinas se tornaram no decorrer dos séculos XVII e XVIII fórmulas gerais de dominação (Foucault, 1995, p. 164. Grifos meus.).

Enquanto o século XVIII foi marcado por práticas de exclusão mediante a reclusão dos sujeitos indesejados, a partir do século XIX a reclusão passa a ser atravessada por práticas de inclusão, ou seja, por meio de sofisticadas estratégias de administração dos considerados anormais.

Como demonstrei na dissertação já citada (Silva, 2016), ancorado em Foucault, foi possível perceber a escola como espaço fundamental para o desenvolvimento de investimentos disciplinares que visassem à construção de corpos saudáveis e normais, espaço nos quais, com a elaboração de políticas de Estado, investiam-se sobre os corpos dos sujeitos em idade escolar certas normas e condutas, legitimadas e respaldadas pelo saber científico de então, a exemplo dos manuais e livros produzidos por médicos sanitaristas, juristas e educadores do início do século XX.

No caso brasileiro, a importância que essas estratégias e técnicas disciplinares que produziam o "anormal" como o outro do normal, após o processo de Proclamação da República (1888), passava pela legitimação do Projeto de Nação Brasileira civilizada e a tentativa de apagamento do seu passado colonial e escravista. Em outros termos, uma higienização dos diferentes espaços, não somente os públicos (ruas, parques, praças, prédios escolares etc.), como também dos corpos e das sexualidades desses "novos cidadãos" deveriam ganhar centralidade.

A invenção da inversão, trocadilho utilizado por mim para me referir à produção da identidade das mulheres lésbicas no início do século XX, já sinaliza para o que constatei: o empenho em medicalizar e tratar da então inventada doença da "inversão sexual". Embora meu recorte fosse os discursos de alguns juristas, médicos e educadores organizados em forma de manuais e livros voltados para a educação das meninas em idade escolar, foi possível chegar à conclusão de que tal empenho voltava-se também para o processo educacional dos meninos, em que os chamados "males sexuais" da infância e da adolescência deveriam ser percebidos, diagnosticados e tratados, em outras palavras, higienizados pelos saberes da medicina, tornando os espaços da escola e da família os ambientes próprios para esse investimento.

Dentre os muitos discursos encontrados durante as pesquisas, trago (para fins de ilustração e reflexão) este do reconhecido médico e intelectual brasileiro Afrânio Peixoto, em que defende:

> A educação sexual que pais e mestres não querem dar recebem as crianças onde não devem. É a falência da educação, é a má educação sem ela se pais e mestres fazem tanta relutância é que não foram bem-educados sexualmente e sabem "da missa" a metade [...] (Peixoto, 1944, p. 264).

Fica nítida a necessidade de uma educação sexual que deve ser realizada tanto por mestres nas escolas, quanto pelos pais em casa. Uma educação sexual "saudável" que passaria pela afirmação dos papéis socialmente desempenhados por homens e mulheres, sendo os primeiros voltados para o espaço público e as mulheres educadas para o espaço doméstico. Ainda que os estudos a respeito da homossexualidade dividissem pesquisadores a respeito da suposta origem ou motivos que levavam ao desenvolvimento de tal inversão (alguns defendendo motivos orgânicos e congênitos e outros defendendo falhas na educação/formação), ambos entendiam a homossexualidade como doença e, como tal, passível de prevenção, diagnóstico, tratamento e cura.

No Brasil, a primeira pesquisadora mulher a escrever sobre a inversão sexual feminina foi a intelectual e psiquiatra carioca Iracy Doyle. Além de também ter utilizado seus escritos na dissertação, retomo aqui uma de suas afirmações por entender que ela (apesar de reafirmar o que fora defendido pelos intelectuais homens, até então, no que se refere à homossexualidade como patologia) faz um contraponto importante a respeito dos fatores que levariam ao surgimento da lesbianidade. Em seu livro *Estudos da homossexualidade feminina*, a psicanalista defende:

> Portanto, para o *desenvolvimento harmonioso* da menina, é também imprescindível a presença, no grupo familiar, de uma figura feminina, maternal, *que se imponha como exemplo a ser imitado*; que interprete a feminilidade como algo digno quanto à masculinidade; que não se apresente como criatura humilhada de cabeça baixa, resignada e amedrontada, como a mãe de Carmem, capaz de desencorajar qualquer identificação, traduzida pela paciente como suicídio psicológico [...] (Doyle, 1956, p. 107. Grifos meus.).

A afirmação de Doyle apresenta a homossexualidade feminina como uma possibilidade de subversão que permite desestabilizar minimamente os papéis reservados ao masculino e ao feminino, uma vez que, ao contrário de seus pares homens, entendia que uma das explicações para o desenvolvimento da lesbianidade seria justamente a subalternidade que muitas mulheres mães exerciam nos lares. Subalternidade essa defendida por tais intelectuais preocupados na afirmação assimétrica do binarismo masculino/feminino, marcado por essas diferenças.

Durante o desenvolvimento de minha dissertação, é importante destacar que o olhar epistêmico que me guiava e fundamentava a discussão proposta estava ancorado nas problematizações apresentadas pela chamada teoria lesbofeminista. Dentre as muitas pesquisadoras que marcam esse campo, Monique Wittig (2006) apresenta uma análise profunda das questões que envolvem a produção política da categoria "mulher" e a desconstrução da categoria "sexo". Para ela, a lesbianidade se apresentaria como a única possibilidade de resistir ao sistema patriarcal, em que a heterossexualidade seria um regime político que se concretiza por meio da submissão e da apropriação das mulheres pelos homens (Wittig, 2006).

Mais que isso, entendo que as afirmações de Doyle em relação à possibilidade de subversão que a lésbica representava em sua perspectiva merecem ser vistas como uma possibilidade também de resistência, em um contexto de supremacia de uma ciência (saber/poder) atravessada pelo androcentrismo e afirmação constante do patriarcado que colocava a mulher a serviço do homem.

Ainda que, ao longo de nossa educação republicana, tenha ocorrido todo esse investimento voltado para a educação/subjetivação de corpos heterossexuais, saudáveis e normais, tal processo não impediu que esses corpos inadequados seguissem existindo e resistindo frente à normatividade de então. Pelo contrário, o surgimento de muitos movimentos sociais que marcaram o século XX, inclusive e principalmente o Movimento Feminista, trouxe consigo o germe de muita contestação e reivindicação, em especial aquelas que levaram ao desenvolvimento de pautas relacionadas às chamadas "minorias sexuais", voltadas para o espaço da academia e da escola.

2.3 "Ideologia de gênero": ataque conservador às questões de gênero e sexualidade na escola atual

> Michel Temer se comprometeu hoje, em reunião com 33 pastores evangélicos no Palácio do Planalto, a analisar dois pleitos caros ao segmento: o combate à chamada "ideologia de gênero" e a defesa da família tradicional. Liderados pelo bispo Robson Rodovalho, da Sara Nossa Terra, os pastores da Confederação do Conselho de Pastores (Concepab) pediram que o Ministério da Educação e as políticas públicas em geral do governo levem em conta esses dois nortes (Amado, 2016).

Levando em consideração o desenvolvimento e o avanço de estudos e pautas como as que buscavam problematizar as questões de gênero e sexualidade na escola e fora dela, aqui chamarei a atenção para o processo de invisibilização que as discussões de gênero, de sexualidade e de orientação sexual sofreram nos últimos anos no Brasil. Mais que isso, lançarei luz sobre o ataque promovido por intermédio do avanço e do fortalecimento da chamada bancada conservadora. Na tese intitulada *Brasil, mostra a tua cara! A emergência neoliberal e neoconservadora nos debates de gênero nas recentes políticas curriculares (2014-2018)*, busquei compreender, a partir das discussões legislativas e do ataque à agenda de gênero/sexualidade na escola, a formação da aliança aparentemente contraditória entre neoliberalismo e conservadorismo no contexto brasileiro atual.

Embora tenha levado em consideração as incipientes discussões propostas pelo documento denominado Parâmetros Curriculares Nacionais (PCN) do governo de Fernando Henrique Cardoso (1995-2002), no que diz respeito ao tema transversal "orientação sexual", foi com as políticas públicas implementadas a partir de 2003 pelo governo do então presidente Lula, a exemplo do Brasil Sem Homofobia[4] e o projeto Escola Sem Homofobia[5], que foi possível perceber uma maior abertura para as questões de gênero e sexualidade, na escola e em outras instâncias (Silva, 2022).

Ainda na esteira das políticas voltadas para o enfrentamento das diferentes violências sofridas pela população LGBTQIAP+ na educação, foram criados, em 2006, dois cursos voltados para a capacitação de professores e profissionais da área: o Saúde e Prevenção nas Escolas (SPE) e o Gênero e Diversidade na Escola (GDE). Tais políticas de reconhecimento estavam respaldadas pelas contribuições dos chamados estudos Feministas, *Queer* e de Gênero, desenvolvidos na segunda metade do século XX e que ganharam força nos primeiros anos do novo milênio.

Ancorados em pesquisadores(as) internacionais, a exemplo de Judith Butler, Michel Foucault, Stuart Hall, Joan Scott etc., os estudos que buscavam aproximar as questões identitárias, de gênero e sexuais das questões educacionais e curriculares no Brasil ganharam força por intermédio de professores(as) e pesquisadores(as)

---

4. Elaborado pelo Ministério da Justiça (Secretaria de Estado de Direitos Humanos) em 2002, como atualização do PNDH adotado pelo governo brasileiro em 1996, com o objetivo de "promover valores de paz e não discriminação por orientação sexual, através da estimulação da produção de materiais educativos sobre orientação sexual"; "apoiar e divulgar a produção de materiais para a formação de professores"; e "divulgar informações científicas sobre sexualidade humana" (Brasil Sem Homofobia, 2004, p. 22).
5. Ambos subordinados à Secretaria de Educação Continuada, Alfabetização e Diversidade (Secad), ligada ao MEC.

como Guacira Lopes Louro, Tomaz Tadeu da Silva, Elizabeth Macedo e Marlucy Alves Paraíso, dentre outros(as).

Considerando que o currículo escolar é "um importante espaço em nossa sociedade em que [...] práticas produtivas de gênero marcam sua presença" (Paraíso, 2011, p. 158), o conceito de gênero a partir da perspectiva dos Estudos *Queer* é entendido como uma forma discursiva/cultural de produzir corpos sexuados considerados naturais e pré-discursivos (Butler, 2007). Nesse caso, o gênero não é entendido como uma construção cultural a partir de um dado, o sexo biológico, que seria natural, mas como um conjunto de normas que produz o próprio sexo, que produz o corpo sexuado do homem ou da mulher como masculino ou feminino (Butler, 2007).

Ao desestabilizar os conceitos prévios sobre diferentes binarismos como homem/mulher, natural/cultural e até mesmo sexo/gênero, distanciando-se, inclusive, de algumas teorias feministas da segunda metade do século XX, Adrienne Rich (1980) e Judith Butler (2007) apresentam e problematizam o conceito de heterossexualidade compulsória, no qual tanto sexo quanto gênero seriam atos normativos reforçados pela repetição de valores heterossexuais. Em outros termos, as categorias identitárias, segundo elas, são normativas. Para Butler, "certos tipos de 'identidade de gênero' parecem ser meras falhas do desenvolvimento ou impossibilidades lógicas, precisamente porque não se conformaram às normas da inteligibilidade cultural" (2003, p. 38-39). Nesse sentido, um currículo escolar heteronormativo que não se proponha a problematizar os papéis sociais atribuídos aos sexos/gêneros, com base em uma rede de estratégias, se apresenta como uma alternativa de manutenção dessa norma.

Obviamente, o avanço desses temas e as proposições como políticas públicas, cursos para formação de professores(as), material didático e, principalmente, estando garantidos em documentos curriculares como o Plano Nacional de Educação (decênio 2014/2024) e a Base Nacional Comum Curricular, não passariam discretos ao olhar atento de alguns setores conservadores do cenário político nacional em um contexto de ebulição política, como aquele vivenciado entre 2013 e 2018, marcado pelo desgaste do governo do Partido dos Trabalhadores, denúncias de corrupção, crise econômica internacional, golpe civil, parlamentar, jurídico e midiático de Dilma Rousseff e pela chegada ao poder de um projeto de sociedade ultraneoliberal e ultraconservador, austero, autoritário e de ataque às chamadas minorias políticas.

Dentre as muitas estratégias utilizadas nesse pequeno espaço de tempo pela extrema direita para manipular a opinião pública e conquistá-la, ganharam força aquelas que se voltaram para o ataque incessante da agenda de gênero e sexualidade na escola e que, como visto, marcaram os governos progressistas de Lula e Dilma. A partir da promoção do pânico moral (Miskolci, 2007) orquestrado pelas bancadas religiosas fundamentalistas e ancorado na difusão de uma suposta "ideologia de gênero" presente em documentos como o Plano Nacional de Educação e a Base Nacional Comum Curricular, tais atores políticos promoveram um ataque às políticas de promoção da igualdade de gênero e sexualidade, sob a justificativa de que a entrada desses temas na escola representava uma afronta aos valores morais tradicionais (na sua maioria, de origem religiosa cristã) e a tentativa de destruição da família.

Essa cristianização das estruturas do Estado via educação simboliza a tentativa de retorno dos valores religiosos (cristãos) que, de alguma forma, foram perdidos e deixados para trás pelo processo de secularização e laicização das sociedades modernas, apontadas como culpadas pela degradação moral e destruição dos valores da família tradicional. Tais grupos ultraconservadores emergem, então, como responsáveis pela transformação e restauração desses valores.

A mobilização desses discursos (via redes sociais, canais de televisão e rádio evangélicos, púlpitos de igrejas, elaboração de projetos de lei, discursos públicos escritos e falados etc.) e sua capilaridade na sociedade, de alguma maneira, impactaram no resultado das eleições de 2018, levando à presidência o candidato Jair Messias Bolsonaro (então, filiado ao Partido Social Liberal), representante que mais sintetizava em seus discursos de campanha (e de vida política também) a união de uma agenda política/econômica neoliberal e a defesa de valores ultraconservadores[6]. Esses discursos e ataques não se limitaram à agenda de campanha do candidato, mas estiveram presentes em seu pronunciamento de posse e se concretizaram nos primeiros dias de governo. A exemplo, cito a extinção da Secretaria de Educação Continuada, Alfabetização, Diversidade e Inclusão (Secadi) logo após sua posse.

É importante destacar que os quatro anos de governo ultraconservador de Bolsonaro foram marcados pelo incessante ataque não somente à agenda de gênero e sexualidade (marca mais presente entre seus apoiadores(as) e partidos cristãos), mas também às pautas e políticas públicas voltadas à segurança, ao direito e ao meio ambiente, fazendo ganhar força a denominada "Bancada BBB" (da Bíblia, da Bala e do Boi). Logo, é preciso

---

6. Além da conhecida postura racista, homofóbica e machista.

interpretar tais ataques da bancada ultraconservadora não apenas como motivados por questões morais e religiosas, mas somados a uma série de fatores relativos ao ataque a uma agenda de Direitos Humanos que emerge como antagônica ao projeto de neoliberalismo atual (no Brasil, pós-2016). Assim, parece fazer mais sentido que um neoliberalismo progressista de um estágio anterior (governos Lula e Dilma) tenha se metamorfoseado em ultraconservador e de ataque aos direitos conquistados anteriormente.

Se, no passado, a escola/educação foram foco de atuação de uma ciência higienista e normativa, no que diz respeito às condutas e aos comportamentos sexuais inadequados dos(as) alunos(as), tornando-se esses mesmos corpos e comportamentos uma maneira de desestabilizar e, de certa maneira, resistir, na atualidade é preciso pensar sobre as resistências dos(as) LGBTQIAP+ a esse novo modelo de neoliberalismo, marcado pelo ultraconservadorismo e o negacionismo científico, que tentam não somente restringir as discussões que envolvem gênero, sexualidade e educação, mas também limitar nossas existências ao espaço privado, reforçando a escola como espaço de manutenção do modelo cisheteronormativo a partir de concepções religiosas, uma vez que tentar invisibilizar ou desconsiderar tais discussões sobre gênero e sexualidade na sala de aula é negligenciar os conhecimentos produzidos por diferentes áreas do saber, privilegiando concepções e ideologias conservadoras e de base moral, afastando-nos de um Estado verdadeiramente laico e democrático.

2.4 Algumas considerações sobre o resistir

A complexidade dos eventos políticos que nos últimos anos levaram o Brasil a passar por retrocessos significativos, no que diz respeito a agenda de Direitos Humanos, e que (até a eleição de

Lula, em 2022, para alguns) representou um limite para os(as) que acreditavam em "um outro mundo possível", nos leva a pensar a respeito das também complexas maneiras de resistir. Assim, as linhas que seguem, longe de querer dar uma resposta, buscarão refletir sobre as possibilidades de resistência frente a esse contexto distópico que nos foi apresentado.

Como visto, Foucault propõe reflexões acerca das formas de constituição dos sujeitos a partir de práticas de subjetivação, numa tentativa de controle e governamento; e é por meio desses mesmos processos que o filósofo oferece possibilidades de resistência. Em outras palavras, as mesmas instituições voltadas para a produção de determinados sujeitos e suas subjetividades emergem como espaço de produção de outras subjetividades. Assim, os processos de subjetivação são uma categoria central e decisiva no exercício de poder da racionalidade neoliberal atual, tornando-se fundamentais também para a reflexão sobre poder e resistência a essa mesma governamentalidade.

Ao desestabilizar a noção de poder como algo emanado de um ponto central (do Estado e seu aparato jurídico, por exemplo), um poder metafísico, Foucault propõe pensar o poder como múltiplo e aberto à possibilidade de resistência:

> Pois, se é verdade que no coração das relações de poder e como condição permanente de sua existência existe uma *"insubmissão"* e liberdades essencialmente recalcitrantes, *não existe relação de poder sem resistência*, sem escapatória ou fuga, sem uma reversão possível; toda relação de poder implica, portanto, ao menos de forma virtual, uma estratégia de luta, sem que por isso elas venham a se superpor, a perder sua especificidade e finalmente a se confundir. Elas constituem uma para outra uma espécie de limite permanente, um ponto de reversão possível (Foucault, 1984, p. 319. Grifos meus.).

Poder e resistência seriam interdependentes. Seguindo essa compreensão, é possível localizar a possibilidade de práticas de resistência em Foucault como ligadas diretamente às relações de poder que, ao mesmo tempo que se voltam para a produção de certos corpos e subjetividades, também possibilitam práticas de insubmissão – portanto, práticas de liberdade.

Se a aposta no sujeito de direito mobilizado pelas lutas identitárias da segunda metade do século XX acabou perseguindo o reconhecimento de certas identidades, definindo e limitando comportamentos que fossem incluídos, ainda que sob o manto da diversidade e da tolerância, os atuais mecanismos de governamentalidade neoliberais que buscam estancar discussões que possibilitem uma certa desestabilização nas noções de gênero, sexo e sexualidade, capturando as diferenças sexuais e restringindo tais experiências à heterossexualidade compulsória, exigem um esforço ainda maior. Para Foucault, "Temos que promover novas formas de subjetividade através da recusa deste tipo de individualidade que nos foi imposto há vários séculos" (Foucault, 1995, p. 239).

Da mesma maneira que as reflexões de Foucault a respeito do neoliberalismo mereceram ser revisitadas, também o que o filósofo propôs como possibilidade de resistência frente a essa governamentalidade não ficou livre de atualização e crítica. As contribuições dos Estudos *Queer* e as reflexões propostas pela pensadora estadunidense Judith Butler, além das problematizações em torno dos limites das pautas identitárias, também nos ajudam a pensar sobre as possibilidades de rearticulações necessárias que façam frente ao neoliberalismo na sua forma atual.

Assim como para Foucault, para Butler, o sujeito seria constituído pelas e nas relações de poder, não podendo existir fora delas. Partindo de tais premissas, a subjetividade emerge como possibilidade de contingência, imprevisível como totalidade calculável. Essa promessa de liberdade estaria intimamente ligada às formas de dominação política e à governamentalidade, uma vez que essa suposta emancipação do sujeito seria um horizonte impossível de ser alcançado.

Aproximando sua longa discussão teórica sobre a performatividade de gênero das questões a respeito da resistência, Butler indica, em *Problemas de gênero*, que

> [a]gora estou trabalhando a questão das alianças entre várias minorias ou populações consideradas descartáveis; mais especificamente, estou preocupada com a maneira pela qual a precariedade – esse termo médio e, de algumas formas, esse termo mediador – pode operar, ou está operando, como um lugar de aliança entre grupos de pessoas que de outro modo não teriam muito em comum e entre os quais algumas vezes existe até mesmo desconfiança e antagonismo. É provável que *uma questão política tenha permanecido praticamente a mesma*, ainda que o meu foco tenha mudado, e essa questão é que *a política de identidade não é capaz de fornecer uma concepção mais ampla do que significa, politicamente, viver junto, em contato com as diferenças*, algumas vezes em modos de proximidade não escolhida, especialmente quando viver juntos, por mais difícil que possa ser, permanece um imperativo ético e político (Butler, 2018, p. 34. Grifos meus.).

Para compreender o que a autora propõe como alternativa teórica e prática na construção de coalizões políticas, parece-me fundamental lançar mão das reflexões oferecidas em torno do que ela vem desenvolvendo a respeito da ideia de precariedade, de vulnerabilidade e das políticas de coalizão. A ideia de política de coalizão presente em suas abordagens na década de 1990 é, de certa maneira, ampliada em *Corpos em aliança* (2018). As uniões transitórias possibilitadas a partir de coalizão entre grupos minoritários e mobilizadas por questões distintas em torno de propostas em comum apresentam-se como possibilidade de resistência coletiva, diante da suspensão de agendas definidas unicamente em torno de pautas identitárias predefinidas e essencialistas.

Para Butler, a precariedade que atinge os sujeitos de maneira diferenciada deve ser pensada como ponto em comum capaz de estabelecer alianças para além de eventuais laços identitários que permitem se agrupar em "guetos", ou seja, a ideia de que nos juntamos não por algo em comum (traços identitários partilhados), mas por sermos constitutivamente precários, dependentes uns dos outros: uma condição de precariedade que é constitutiva da gente.

Reatualizando a teoria de Foucault e reafirmando a importância da genealogia do presente, que faz emergir a problemática das formas de poder contemporâneas, a autora acrescenta ainda o conceito de Necropolítica, cunhado pelo filósofo Achille Mbembe (2018), que acredita que as formas contemporâneas que subjugam a vida ao poder da morte estão cada vez mais sofisticadas. Assim, a Biopolítica de Foucault seria insuficiente para pensar a racionalidade neoliberal nos moldes atuais, pois refere-se mais à gestão da vida dos(as) sujeitos(as) incluídos(as), enquanto a Necropolítica permite pensar sobre a administração dos(as) que sequer foram incluídos(as).

Com base nesse quadro conceitual e teórico que a autora apresenta, a vulnerabilidade de algumas populações pode ser considerada uma maneira de indicar qual população poderá ser dizimada. Isso, para ela, "produziu um paradoxo no neoliberalismo e sua noção de "responsabilização", que designa essas populações como responsáveis por sua própria posição precária ou da sua experiência acelerada de precarização" (Butler, 2018, p. 158).

Essa "fantasia" imposta pelo neoliberalismo, de que somos empreendedores de nós mesmos – logo, responsáveis tanto pelo sucesso quanto pelo fracasso –, nos aproxima também das reflexões propostas por Wendy Brown, no tocante à Teoria do Capital Humano, que foi o substrato para as práticas de subjetivações contemporâneas. É a ideia da autossuficiência como algo moral, numa sociedade em que os indivíduos passam a ser vistos como empresas que competem entre si, isto é, os indivíduos são percebidos como sujeitos capazes de pagar pelos serviços de saúde, de educação, de segurança etc., necessidades básicas que deveriam ser garantidas pelo Estado. Mais que isso, consiste em um enquadramento que culpabiliza os *loosers*[7] pelos seus fracassos e insuficiências, ainda que numa sociedade que não ofereça condições materiais equânimes para isso:

> Eles perdem sua validade política e ganham outra, econômica: a liberdade é reduzida ao direito ao empreendedorismo e sua crueldade, e a igualdade dá lugar a mundos ubiquamente competitivos de perdedores e vencedores (Brown, 2018, p. 8).

Tanto nos Estados Unidos quanto no Brasil, as políticas adotadas pelos governos atuais (principalmente, aquelas voltadas para o Ensino Médio)[8] apontam cada vez mais para diferentes formas de precarização da vida, seja restringindo e inviabilizando discussões sobre gênero/sexualidade e as diferenças no espaço escolar, seja limitando o acesso à previdência social, seja pela reforma trabalhista que privilegia as grandes empresas

---

7. "Perdedores", numa tradução livre do inglês para o português.
8. A exemplo da Lei 13.415/2017 (Novo Ensino Médio).

em detrimento dos direitos dos(as) trabalhadores(as), seja revisando as normas para demarcação e distribuição de terras indígenas e quilombolas ou até mesmo retrocedendo em políticas públicas voltadas para o controle do desmatamento.

A partir da teoria de Butler e o trânsito entre uma teoria da performatividade de gênero e uma teoria política, podemos dizer que o corpo se torna o encontro entre a condição precária, a vulnerabilidade induzida por políticas de precarização da vida e a possibilidade de resistência a essas políticas. Nessa direção, a subversão do corpo e dos corpos em aliança se manifesta como possibilidade de resistência ao sistema neoliberal, tornando-se formas plurais de ação performativa e coalizões políticas potentes, sendo fundamental para as reflexões acerca de nossos ativismos no Brasil e fora dele, seja nos lembrando do potencial político das multidões e, por que não dizer, da importância da desobediência civil, seja nos fazendo refletir sobre os limites de nossa democracia neoliberal e a urgente necessidade de organização e resistência.

2.5 Algumas considerações possíveis

Em diálogo com as contribuições dos(as) pensadores(as) que trouxe para esta conversa, afirmo que, no esforço de apagarem ou marginalizarem os comportamentos sexuais "inadequados", a história da educação brasileira nos mostra que os saberes investidos na compreensão/administração da homossexualidade acabaram sendo agenciados (negociados) com a luta política desses grupos, no passado e no presente.

Os corpos de lésbicas, *gays*, bissexuais, transexuais, *queer*, intersexuais, assexuais e pansexuais seguem sendo o outro da norma, aquilo que, ao mesmo tempo que escapa, se incorpora e é incorporado por essas mesmas estratégias de administração/

regulação, evidenciando o fluxo incessante e contínuo do movimento de proliferação de identidades não fixas, e isso talvez seja a nossa (diante da interpelação por uma) melhor forma de resistência.

Se, conforme elaborado ao longo deste capítulo, não podemos pensar as políticas de reconhecimento das diferenças descoladas das questões relativas às políticas econômicas e de redistribuição de renda, também as lutas não podem ser distintas. Talvez aí repouse certo sucesso da governamentalidade neoliberal: a capacidade de rearticulação de grupos que, ainda que com interesses diferentes (e às vezes até contraditórios) conseguiram promover uma rearticulação política capaz de minimizar suas diferenças e usá-las a seu favor, a ponto de consolidar nas políticas educacionais e curriculares atuais os seus interesses. Além disso, entendo que no presente não é possível discutir uma agenda política de enfrentamento às necropolíticas neoliberais se não conjugada com a defesa incondicional de uma educação pública, gratuita, de qualidade e laica.

Mesmo que tenha ocorrido investimento com o objetivo de paralisar o debate em torno desses temas em sala de aula, e sem negar que essas políticas produzem efeitos sobre a escola e seus currículos, tentando jogar para fora e excluindo a diferença, numa tentativa de produção e governamento de certo tipo de sujeito (Foucault, 1995), defendo que nem mesmo isso pode constranger e evitar que esses temas emerjam no cotidiano escolar. Entendo, ancorado em Macedo, que

> o currículo, quando é vida, é bonito, é bonito e é bonito. Sua "boniteza" se manifestará sempre nos espaços-tempos em que a educação acontece e o espelho seguirá respondendo "branca de neve" para a bruxa má. Mas os efeitos de normatividades que tratam a vida como o distúrbio a controlar e a sujeira a eliminar não podem

ser desprezados por educadores responsáveis – porque elas atuam sobre nós e porque precisamos seguir com nossas bonitezas (Macedo, 2018, p. 32).

Nosso compromisso ético e responsável, como educadores(as) e pesquisadores(as) comprometidos(as) com uma prática pedagógica insurgente, é seguir resistindo e afirmando que a escola, ou o currículo, é aquilo que acontece para além do que pode ser previsto, constrangido e limitado pela legislação vigente ou o que se apresente como sendo "currículo". Ainda, é isso também que torna a nossa tarefa de ensinar "mais bonita".

Abandonemos, ainda que temporariamente, a ideia de "saída", uma vez que a aposta incessante numa ideia ingênua dela tenha alimentado formas distintas de exclusão da diferença, a partir das estratégias de inclusão neoliberais, ou até mesmo gerado respostas possibilitadas dentro do quadro de inteligibilidade autorizado por essa mesma normatividade. Assim, acredito e defendo, não como receituário com eficácia certa e garantida, mas como possibilidade de luta e resistência, a necessidade de um investimento radical numa insubmissão diária e cotidiana.

Quando nos situamos em meio às discussões em torno da formulação do novo Plano Nacional de Educação, bem como à pressão de educadores(as) pela revogação do Novo Ensino Médio, resta-nos interrogar o lugar que as demandas aqui trazidas ocuparão, tanto nos discursos daqueles(as) empenhados(as) no rechaço a elas, quanto no tensionamento que nós, pessoas LGBTQIAP+, professores(as), pesquisadores(as) e movimentos sociais, faremos frente a esse levante ultraconservador. Seguimos, atentos(as) e fortes!

Referências

AMADO, G. Temer promete a pastores que MEC vai analisar combate a "ideologia de gênero". *O Globo – Lauro Jardim*, 8 jul. 2016. Disponível em: https://blogs.oglobo.globo.com/lauro-jardim/post/temer-promete-pastores-que-mec-vai-analisar-combate-ideologia-de-genero.html. Acesso em: 20 fev. 2025.

BUTLER, J. *Problemas de gênero*: feminismo e subversão da identidade. Trad. de Renato Aguiar. Rio de Janeiro: Civilização Brasileira, 2003.

BUTLER, J. *El gênero en disputa*: el feminismo y la subversión de la identidad. Barcelona: Paidós, 2007.

BUTLER, J. *Corpos em aliança e a política das ruas*: notas para uma teoria performativa de assembleia. Rio de Janeiro: Civilização Brasileira, 2018.

BROWN, W. *Cidadania sacrificial* – neoliberalismo, capital humano e políticas de austeridade. Trad. de Juliane Bianchi Leão. Rio de Janeiro: Zazie, 2018. Pequena Biblioteca de Ensaios.

CRUZ, T. A. S. "*Olha, eu fiz o GDE, meu bem!*": uma análise da capilaridade da política pública curricular no curso Gênero e Diversidade na Escola. 2019. 261f. Tese (Doutorado em Educação) Programa de Pós-Graduação em Educação, Universidade do Estado do Rio de Janeiro, Rio de Janeiro, 2019.

FIGARI, C. *@S OUTR@S CARIOCAS*: interpelações, experiências e identidades homoeróticas no Rio de Janeiro – séculos XVII ao XX. Belo Horizonte: Editora UFMG, 2007.

FOUCAULT, M. O sujeito e o poder. *In*: DREYFUS, H.; RABINOW, P. *Michel Foucault*: uma trajetória filosófica. Rio de Janeiro: Forense Universitária, 1995.

FOUCAULT, M. *História da sexualidade I*: a vontade de saber. Rio de Janeiro: Graal, 1999.

FOUCAULT, M. *Nascimento da Biopolítica*: curso dado no Collège de France (1978-1979). Trad. de Eduardo Brandão. São Paulo: Martins Fontes, 2008.

MACEDO, E. Repolitizar o social e tomar de volta a liberdade. *Educação em Revista (online)*, v. 34, p. 1-15, 2018.

MBEMBE, A. *Necropolítica*. 3. ed. São Paulo: n-1 Edições, 2018.

MISKOLCI, R. Pânicos morais e controles sociais: reflexões sobre o casamento *gay*. *Cadernos Pagu*, Campinas, v. 28, p. 1-128, jan./jun. 2007.

PARAÍSO, M. A. Raciocínios generificados no currículo escolar e possibilidades de aprender. *In*: LEITE, C. et al. (orgs.). *Políticas, fundamentos e práticas do currículo*. Porto: Porto Editora, 2011. p. 147-160.

PEIXOTO, A. *Eunice e a educação da mulher*. Rio de Janeiro: Jackson Inc., 1944. v. 20.

RICH, A. Compulsory heterosexuality. *Signs*, v. 5, n. 4, p. 631-660, 1980.

SILVA, M. S. *A invenção da inversão*: ciência e o desejo entre mulheres. 2016. 135f. Dissertação (Mestrado em Educação) – Programa de Pós-Graduação em Educação, Universidade Federal do Rio Grande, Rio Grande, 2016.

SILVA, M. S. *Brasil, mostra a tua cara*! A emergência neoliberal e neoconservadora nos debates de gênero nas recentes políticas curriculares (2014-2018). 2022. Tese (Doutorado em Educação) – Universidade do Estado do Rio de Janeiro, Rio de Janeiro, 2022.

WITTIG, M. *El pensamiento heterosexual y otros ensayos*. Barcelona: Egales, 2006.

3
Biografia de mulheres na história da educação

Lia Machado Fiuza Fialho
Maria Aparecida Alves da Costa

3.1 Introdução

> A história das mulheres não é só delas, é também aquela da família, da criança, do trabalho, da mídia, da literatura (Del Priore, 2004, p. 9).

A epígrafe que escolhemos para iniciar esta escrita nos faz refletir sobre a história das mulheres e os múltiplos espaços em que ela se constitui, de tal modo que sua existência não pode ser vista de forma isolada, já que ela faz parte de uma história coletiva, permeada pelas relações educativas desenvolvidas no seio familiar, nas instituições formativas, nos diversos ambientes que compreendem o mercado de trabalho e nos demais espaços de sociabilidade. Com efeito, sabemos que os contextos sociais e as especificidades culturais e econômicas que envolveram o cotidiano das mulheres ao longo da história majoritariamente limitaram as possibilidades de mobilidade para o gênero feminino nas diversas sociedades do mundo.

Este capítulo, em sua tessitura, traz reflexões importantes sobre a história de vida das mulheres brasileiras, bem como suas contribuições para a historiografia, principalmente consoante às suas conquistas voltadas a ocupar espaços antes de forma predominante frequentados por homens, uma vez que, até meados do século XX, as mulheres eram educadas desde pequenas para se dedicarem prioritariamente aos cuidados domésticos (Almeida, 2014).

As discussões sobre as histórias das mulheres vêm ganhando relevo há décadas e muito já se produziu sobre o assunto, inclusive, mais recentemente, considerando a interseccionalidade com destaque a fatores sociais, tais como raça, gênero, classe, sexualidade, dentre outros que tensionam as opressões e as relações vivenciadas no seio social para o acesso a direitos e para minorar as desigualdades entre homens e mulheres. Todavia, não objetivamos dar conta de uma história total e universalizante, na contramão, a ênfase do nosso olhar recaiu sobre como os estudos biográficos, lançando luz à história de vida de mulheres antes invisibilizadas ou pouco conhecidas, possibilitando não apenas preservar a memória e a história do feminino, mas também valorizar os aspectos individuais e as contribuições das mulheres para a história da educação.

Quando falamos em história de vida, não nos referimos a uma narrativa da vida pela vida, na qual se esquece que há uma relação indissociável entre os aspectos individuais e coletivos, ao contrário, entendemos que as ações e condutas adotadas pelas mulheres são também decorrentes das estruturas socioculturais, permeadas por regras e normas explícitas, em documentos oficiais e institucionais, ou implícitas, determinadas pelos valores e crenças disseminados informalmente nas sociedades, o que influencia atitudes, posturas e comportamentos.

Em decorrência dessa compreensão, elegemos enfatizar a importância das biografias científicas, já que elas retratam a maneira de viver das mulheres considerando o imbricamento dos aspectos macro e microssociais e a fidelidade aos acontecimentos por elas vivenciados (Loriga, 2011). De tal modo, ao nos referirmos ao termo "biografia" doravante, já se sabe que não estamos tratando das biografias literárias ou ficcionais, que tanto se ampliaram em número de publicações no mercado editorial, tampouco das biografias heroicas, hagiográficas ou quaisquer outras que não possuam um compromisso científico em ser o mais fiel possível à verdade, ainda que essa autenticidade almejada nos pareça inalcançável em sua totalidade de *nuances*.

Esse esclarecimento se faz necessário, porque entendemos que a compreensão sobre o conceito de biografia sofreu profundas alterações ao longo dos séculos, como explicaremos na próxima seção. No entanto, em meados da terceira década do século XXI, ele já se configura como um gênero amplamente adotado nos estudos historiográficos, com respeitado espaço nas discussões do campo da história da educação (Fialho *et al.*, 2020), inclusive, em constante crescimento no que diz respeito às produções acadêmicas – dissertações, teses e artigos científicos –, que o utilizam para tratar acerca das conquistas e contribuições femininas, a exemplo dos estudos sobre mulheres educadoras no contexto brasileiro (Fernandes; Sousa; Santos, 2022; Fialho; Santos; Sales, 2019).

Partindo desses esclarecimentos, questionamos: como os estudos biográficos podem ser valiosos para contribuir com a ampliação do conhecimento acerca da história das mulheres? Desta feita, objetivamos enfatizar a importância dos estudos biográficos para elucidar as histórias e as memórias sobre as contribuições das mulheres e inserções femininas nos espaços sociais, preservando e disseminando narrativas historicamente desvalorizadas, invisibilizadas e suprimidas.

Para fins de melhor compreensão leitora, este escrito é composto, além desta seção introdutória, por mais três outras: a inserção das mulheres nos espaços sociais, que relembra suas funções majoritariamente domésticas e a parca visibilidade histórica; as mulheres e os estudos biográficos, na qual apresentamos a importância dos estudos biográficos com mulheres para preservar e lançar lume à história da educação feminina; e, por fim, trouxemos as nossas considerações finais com as principais reflexões a respeito da biografia de mulheres na história da educação.

3.2 A inserção das mulheres em espaços sociais

Por muito tempo, a história negou a importância das mulheres como sujeitos históricos, valorizando uma narrativa baseada em fatos considerados oficiais que traziam uma poranduba na qual os homens – reis, mártires, heróis, líderes religiosos – eram os grandes protagonistas (Burke, 1992) e as mulheres eram marcadas pelo silenciamento e a invisibilidade, o que entendemos como um "esquecimento" histórico, pois:

> [...] em certos contextos históricos, que as mulheres eram seres do silêncio por sua própria natureza ou que, na divisão do trabalho, tenham ficado com as tarefas do corpo, da procriação, da casa, da agricultura, da domesticação dos animais, do servir-cuidar-nutrir, perdendo assim sua capacidade como sujeito (Tedeschi, 2012, p. 11).

Os espaços de atuação e ocupação das mulheres, nas palavras de Tedeschi (2012), chamam-nos a atenção, porque eram majoritariamente destinados para atender às demandas de servir aos que estavam ao seu redor – pais, marido, filhos, igreja –, ou seja, uma posição de servidão e subserviência que lhes restringiam a autonomia financeira, a possibilidade de maior empoderamento e a tomada de decisões sobre questões sejam cotidianas, sejam no âmbito familiar, político e econômico. Suas atividades vinculadas ao cuidado e ao lar eram consideradas de menor importância se comparadas àquelas realizadas pelos homens – prover financeiramente a família e decidir os rumos do desenvolvimento do país na gestão de cargos e profissões de maior prestígio.

O lugar da mulher na sociedade era endossado principalmente pela família, pela igreja e pela educação escolar, haja vista que:

> [...] na realidade, o fim último da educação era preparar a mulher para atuar no espaço doméstico e incumbir-se do cuidado com o marido e os filhos, não se cogitando que pudesse desempenhar uma profissão assalariada. A mulher educada dentro das aspirações masculinas seria uma companhia mais agradável para o homem que transitava regularmente no espaço urbano (Almeida, 1998, p. 45).

Todavia, sabemos que, além dos espaços domésticos, principalmente a partir da Revolução Industrial[9], as mulheres, sobretudo de classes econômicas menos favorecidas, eram obrigadas a trabalhar para contribuir com o sustento de suas famílias,

---

9. Período de grandes transformações tecnológicas, sociais e econômicas que começou na Inglaterra no século XVIII e se estendeu até meados do século XX.

quando começaram a ocupar espaços comerciais e industriais, especialmente nas fábricas, visto que "[...] o têxtil foi o grande setor de emprego das mulheres, nas fábricas e nos ateliês. Elas entraram em massa nas fiações e tecelagens da Primeira Revolução Industrial" (Perrot, 2019, p. 33), no final do século XVIII, assim como atuaram profissionalmente como autônomas, como vendedoras de "quitutes" nas ruas das cidades, como costureiras em suas próprias casas e como domésticas em outras residências (Gonçalves Rosa, 2023).

Essa inserção das mulheres no mercado de trabalho ao tempo que representava uma conquista, principalmente pelo direito de laborar em troca de remuneração, também significava uma exploração repleta de desigualdade de gênero. Elas enfrentavam diversas barreiras, desde conseguir o ingresso nesses espaços até permanecer neles:

> As barreiras enfrentadas pelas mulheres para participar do mundo dos negócios eram sempre muito grandes, independentemente da classe social a que pertencessem. Da variação salarial à intimidação física, da desqualificação intelectual ao assédio sexual, elas tiveram sempre de lutar contra inúmeros obstáculos para ingressar em um campo definido – pelos homens – como "naturalmente masculino" (Rago, 2004, p. 581).

Além desses fatores, podemos mencionar também a carga horária exaustiva de trabalho, que variava entre 10 e 14 horas de trabalho diário, em ambientes muitas vezes insalubres, com péssimas condições estruturais, ganhando menos que os homens que realizavam a mesma função; além disso, eram-lhes negados até os simples direitos de atender às suas necessidades biológicas: "[...] não havia vestiários; ir ao toalete é um problema, pois se pensa que elas vão para lá para fumar, tagarelar e perder tempo" (Perrot, 2019, p. 33).

Como podemos perceber, as condições de trabalho das mulheres que necessitavam trabalhar nas fábricas eram desumanas. Seus ofícios eram apenas manuais, monótonos e repetitivos, ou seja, trabalhos que eram exigidos para uma classe de pessoas não letradas, como era o caso das mulheres pobres dessa época, que não podiam se dar ao luxo de dedicar-se aos estudos. Importa salientar que, além do trabalho extenuante nas fábricas, essas mulheres acumulavam o labor com o atendimento a toda demanda doméstica – o cuidado com a casa, o marido e os filhos –, o que consideramos ser uma jornada extremamente exaustiva.

Para as meninas com famílias de melhores condições financeiras, a instrução, inicialmente realizada nas suas próprias residências por intermédio das preceptoras ou professoras particulares, passou a ser realizada em instituições escolares (Alvarenga, 2019). A camada de mulheres que podia ter acesso à escolarização no Brasil, especialmente até o final do século XIX, era restrita, geralmente composta pelas "moças de famílias", ou seja, as mais abastadas economicamente e privilegiadas, mas, ainda assim, a formação possuía como finalidade transmitir os conhecimentos elementares para desenvolver boa leitura, escrita e operações matemáticas simples. Nas escolas voltadas para mulheres, em geral, o ensino também contemplava carga horária para o aprendizado dos afazeres domésticos – cozinhar, costurar, bordar, engomar roupa etc., pois almejava-se a preparação para que as mulheres fossem boas esposas e mães para a prole. Além disso, aprendiam: as regras de etiqueta, a tocar algum instrumento, a exemplo do piano, uma segunda língua, afinal, elas precisavam apresentar-se bem diante da sociedade na companhia de seus maridos como uma mulher fina e prendada.

Importa mencionar que, com a negligência do poder público no atendimento à educação formal, que funcionava majoritariamente em quantidade mínima de estabelecimentos e com precária infraestrutura, a Igreja, até o final do século XX, destacou-se no cenário educacional com suas instituições educativas denominadas filantrópicas, ofertando educação feminina para as moças de elite baseada na perspectiva mariana de formação, para a qual a mulher, a exemplo de Maria Madalena, deveria ser obediente, resiliente, discreta, temente a Deus, subserviente, amorosa e prendada, para melhor cuidar da casa e da sua família. Sob a vigilância dos pais, da Igreja e do "olhar de Deus", incutiam-se normas e padrões de comportamento e condutas.

Mesmo sob forte vigilância, muitas mulheres que não necessitavam de remuneração para a sobrevivência da família começaram, de forma tímida, a ingressar no mercado de trabalho em maior número a partir do início do século XX, primeiramente em profissões tidas como femininas, a exemplo da docência, depois ocupando espaços antes exclusivos para homens e, aos poucos, rompendo esses padrões de subserviência aos homens – pai, Deus, marido – estabelecidos socialmente.

O ingresso das mulheres na docência, nos espaços institucionais de educação, está vinculado, principalmente, à expansão da instrução básica para ambos os gêneros, haja vista que só os meninos podiam estudar:

> Para atender aos padrões sociais, as mulheres foram chamadas para exercer a docência das meninas, ao mesmo tempo em que, devido à carência geral de professoras normalistas, a sua presença se faz necessário também em classes mistas (Alvarenga, 2019, p. 12).

Diante dessa conjuntura, é pertinente destacar que as mulheres foram introduzidas no contexto educacional, tanto na condição de alunas quanto na condição de professoras, a partir do início do século XX, de forma lenta e silenciosa (Gondra, 2008). Dessa maneira, a narrativa a respeito das histórias de vida das mulheres, ou algo relacionado a elas, eram narrativas escritas por homens (Del Priore, 2004), a partir de suas visões sociais e culturais sobre o papel, o dever e os direitos dessas mulheres. Contudo, ousamos dizer que a nossa história foi contada a partir de uma narrativa masculina, falha e manipulada, a partir de valores e de determinadas configurações que nos eram impostas pela sociedade, nas quais as mulheres não tiveram o direito de participar das discussões e dos escritos ao seu respeito. Em suma, durante séculos, "[...] a história do corpo feminino é contada pelo olhar masculino, estabelecendo, através dos discursos, uma 'natureza feminina', voltada unicamente para a maternidade e a reprodução" (Tedeschi, 2012, p. 16).

Sem visibilidade pública, restava às mulheres uma inexistência para a historiografia, porém, mesmo sendo quase esquecidas pela escrita da história, elas nunca estiveram ausentes (Tedeschi, 2012), porquanto, como leciona Nunes: "[...] mesmo nós, mulheres, estando restritas, silenciadas e ocultadas, a história tem sido construída por nós" (Nunes, 2023, p. 8). Essa compreensão permitiu que o ostracismo fosse sendo rompido e que os estudos sobre mulheres fossem ganhando destaque.

Partindo desse mote, consideramos que se faz urgente que a narrativa histórica se constitua como uma construção coletiva, isto é, de ambos os sexos, e não unicamente masculina. É necessário romper a visão patriarcal e machista, impregnada nos escritos ao longo dos tempos, para superar a existência de relações desiguais de poder em relação ao gênero, o que fundamenta a desigualdade entre homens e mulheres numa relação de dominação e subordinação (Scott, 2011). A construção da história foi "[...] desde sempre o lugar da legitimação, do domínio" (Tedeschi, 2012); logo, exaltar a escrita de mulheres sobre mulheres e estimular pesquisas científicas que preservam e valorizam as contribuições das mulheres são ações deveras necessárias.

A narrativa a respeito das histórias de vida de mulheres, bem como a ocupação delas em diversos espaços públicos, antes negados, já tem crescido de forma considerável a partir da segunda metade do século XX. Essa conquista é fruto de muitos embates individuais e coletivos, a exemplo dos movimentos feministas (Pedro, 2019; Pinto, 2003; Pedro, 2019) e suas múltiplas ramificações. Ao buscar igualar os direitos das mulheres em uma sociedade que ainda é conservadora e patriarcalista, esse movimento vem ganhando novos contornos para incluir as especificidades das várias "mulheres", principalmente negras, indígenas, travestis ou transexuais (Costa, 2023; Nascimento, 2021), que não podem ser concebidas como um único grupo.

Nessa direção, vamos defender os estudos biográficos, na perspectiva crítica e hermenêutica, como uma escolha favorável para lançar lume às vidas das mulheres protagonistas, que foram indevidamente invisibilizadas ou relegadas a segundo plano de importância.

3.3 As mulheres e os estudos biográficos

Como já mencionamos na Introdução, os estudos biográficos vêm se ampliando cada vez mais nos últimos tempos e isso se deve especialmente a uma abordagem historiográfica que teve origem na França a partir de 1929, o Movimento dos

Annales, mais conhecido como Escola dos Annales, que teve como precursores conceituados estudiosos como Marc Bloch e Lucian Febvre, em seguida apoiado também Jacques Le Goff, Pierre Nora, Fernand Braudel, dentre outros. Fundamentada numa nova perspectiva de como a história iria ser narrada, a Escola dos Annales começou a criticar as perspectivas positivistas, as narrativas tradicionais, principalmente aquelas baseadas em modelos políticos e econômicos macrossociais, a história factual, bem como as narrativas que colocavam os "grandes" homens à frente de tudo, praticamente como únicos responsáveis pela constituição da história (Barros, 2013; Burke, 2008). Compreendia-se que não era mais possível resumir a história da humanidade à história dos grandes homens, os heróis e seus feitos.

Ao ampliar o entendimento sobre o que poderia ser considerado fonte histórica e a percepção de que todas as pessoas são, de algum modo, responsáveis pela construção da história, encorajavam-se os investimentos historiográficos em sujeitos e grupos até então relegados ao ostracismo. Emergiu-se um espaço para pesquisar cientificamente contextos microssociais e valorizar a memória dos até então excluídos das narrativas históricas, a exemplo dos grupos minoritários ou de menor prestígio social, tais como mulheres, negros, operários, entre outros coletivos desvalorizados (Mesquita, 2001, p. 137).

Em decorrência disso, é interessante destacar também que, no cenário atual, os pesquisadores:

> [...] já não se contentam com a mera cópia ou reescrita dos documentos pelos manipuladores da memória, importam-se com o que ficou nas entrelinhas, para dar visão pública aos sujeitos esquecidos ou silenciados e então, hermeneuticamente, reconstituir o contexto socioeducacional desde a história de vida das pessoas (Fialho; Santos; Sales, 2019, p. 13).

Partindo dessa compreensão, é fundamental perceber que, com a criação da Escola dos Annales, a narrativa da história começou a delinear novos rumos e despertar novos olhares a respeito da configuração social, principalmente dos sujeitos que a compunham, como mulheres, crianças, prisioneiros, trabalhadores, homossexuais, entre outros (Perrot, 2006). Isso permitiu emergir hodiernos problemas, abordagens e fontes (Burke, 2008) de fundamental importância para a história da educação.

Essa compreensão ampliada possibilitou o desenvolvimento de novas pesquisas históricas e a valorização de narrativas até então desprezadas por não serem consideradas científicas ou importantes para a humanidade. Dentre as novas temáticas que foram ganhando espaço nos estudos historiográficos, destacamos a História das Mulheres, pois elas foram sendo percebidas como importantes sujeitos históricos, de tal modo que suas subjetividades passaram a ser reconhecidas, sendo consideradas fontes históricas "[...] suas oralidades, seus documentos pessoais, suas imagens, entre outros" (Oliveira, 2023, p. 806).

É importante destacar que o apreço pelas individualidades – a validação das fontes orais, dos arquivos íntimos, dos documentos escolares, do patrimônio cultural material e imaterial – trouxe infinitas possibilidades para a escrita da história da educação feminina. Se antes a história era escrita apenas baseada em documentos oficiais chancelados pelo Estado ou pela igreja (Burke, 2008), após a terceira geração dos Annales, a narrativa historiográfica passou a valorizar todos os vestígios humanos e materiais que pudessem ajudar a entender e preservar a História das Mulheres, o que possibilitou a análise de fontes femininas antes invisibilizadas: diários íntimos, artigos de vestuários, utensílios, cartas, relatos orais, cartilhas, cadernos escolares, revistas, artigos de jornais, entre outros.

Havia, então, alternativas para a construção do conhecimento da história da educação de mulheres, todavia, para registrar a história desse grupo nada homogêneo, por suas diversas temporalidades, culturas, classes sociais, etnias e individualidades, seria necessário a preservação das fontes, o que se constituiu e ainda permanece como uma dificuldade, haja vista que "[...] sua presença é frequentemente apagada, seus vestígios, desfeitos, seus arquivos, destruídos. Há um déficit, uma falta de vestígio" (Perrot, 2019, p. 21).

Nessa direção, destacamos que os estudos biográficos colaboram com o resgate desses registros apagados sobre a história de vida de mulheres, por ser um gênero democrático (Burke, 2010; Stascxak; Pereira; Costa, 2023) que abarca e desvela não só as vivências e particularidades do feminino, mas também os vestígios consonantes aos "[...] seus saberes, as suas lutas, a sua marca na História, explicitando as contribuições femininas para os variados âmbitos, como o cultural, o político, o econômico e o educativo" (Sousa, 2023, p. 103). Isso porque, quando desenvolvemos uma pesquisa biográfica, não estamos preocupadas apenas em conhecer e narrar a história de vida de uma mulher de maneira descontextualizada, mas enfatizarmos que a biografada está situada em um contexto que envolve esses vários âmbitos inter-relacionados e suas ações não podem ser estudadas de forma isolada, já que elas fazem parte de uma história coletiva, de uma conjuntura macro (Dosse, 2015).

A história das mulheres, embora seja marcada pelo silenciamento, também é caracterizada pela resistência em romper paradigmas culturais e tradicionais, em que eram rodeadas por exclusão, submissão e preconceito (Saffioti, 2004). Nesse sentido, as biografias femininas permitem que conheçamos, a partir das vidas individuais, o contexto de outras mulheres que também vivenciaram tais tensionamentos e rupturas, pois

> [...] a perspectiva de trabalhar com biografias e/ou histórias de vida fornece subsídios para se entender o indivíduo em várias dimensões, bem como vislumbramos, também, os aspectos constituintes da sociedade de outrora (Rodrigues, 2015, p. 61).

É pertinente salientarmos que os estudos biográficos, em especial em um nível nacional, vêm ganhando força no campo da história da educação (Fialho, 2022) e, ao ampliarmos a discussão a respeito das mulheres, especificamente acerca do contexto educacional que perpassa por suas trajetórias de vida, consideramos que:

> [...] registrar as histórias de mulheres do passado e do presente, que têm construído com suas trajetórias a educação, é ouvir suas "vozes", é torná-las (re)conhecidas, é dar a importância que têm e que sistematicamente foi escamoteada. É colocá-las em seus lugares, por ação e por direito, mas é também um processo de (auto)formação, principalmente para nós, que temos como exercício diário o campo educacional (Fialho, 2022, p. 12).

Em face do exposto por Nunes na citação supramencionada, ressaltamos que são múltiplas as metodologias e correntes teóricas que podem amparar o desenvolvimento do registro analítico da história da educação feminina escamoteada ao longo dos tempos; todavia, independentemente da escolha teórico-metodológica, o importante é reconhecer o valor da mulher e reconstruir com rigor científico as ações empreendidas pelas mulheres, em especial na história da educação, na qual foram protagonistas invisibilizadas na formação de várias gerações.

Estudar o feminino no campo educacional é, portanto, um exercício reflexivo e (auto)formativo que segue na direção da valorização da contribuição feminina para a sociedade.

Em suma, as pesquisas científicas de cunho biográfico no campo da história da educação que trazem como mote a história das mulheres contribuem para questionar sua invisibilidade social e dar a ver suas resistências na superação de preconceitos, ao problematizar a constituição de suas formações educativas, sociais e identitárias, bem como ao ressaltar estraves e possibilidades que tornaram a existência das mulheres, ao longo da história, relegada aos espaços mínimos e até marginalizados nos registros históricos.

Gostaríamos de destacar, entre as biografias de mulheres na história da educação, aquelas que tratam das mulheres educadoras, já que muitas se tornaram professoras pelo fato de o magistério ser considerado, por muito tempo, uma das poucas profissões adequadas para a mulher, por ser entendida como extensão das atividades do lar: cuidar de crianças. As mulheres educadoras, seja pelo número elevado das que se dedicaram a ensinar como leigas, normalistas ou pedagogas, seja pela desvalorização social da própria profissão, foram duplamente silenciadas, na condição do feminino e de "professorinha", todavia, ao reconhecermos essas mulheres como peças fundamentais para o desenvolvimento educacional, é possível conhecer diversos contextos a partir de suas histórias de vida, pois suas histórias "[…] amplia[m] a produção de novos saberes e contribui[em] com a preservação da história local e de memórias individuais e coletivas" (Oliveira, 2023, p. 216).

Nessa seara, é pertinente lembrar que atualmente já existem diversos estudos científicos biográficos desenvolvidos em grupos de pesquisas interinstitucionais vinculados a Programas de Pós-Graduação em Educação que trazem à baila estudos sobre história de mulheres educadoras. A exemplo disso, ousamos dizer que o Nordeste brasileiro se destaca com as produções dos grupos: Práticas Educativas, Memórias e Oralidades, na Universidade Estadual do Ceará; Grupo de Estudos e Pesquisas História da Educação da Paraíba, na Universidade Federal da Paraíba; e Grupo de Pesquisa Educação de Mulheres nos séculos XIX e XX, na Universidade Federal do Rio Grande do Norte. Estes possuem a congruência de priorizar investigações sobre mulheres educadoras, no entanto há tantos outros grupos da área da Educação e da História que também se dedicam a pensar a história do feminino sem o foco especial nas professoras, por intermédio de biografias.

Escolhemos destacar os grupos que priorizam mulheres educadoras, porque o título do capítulo, "Biografia de mulheres na história da educação", entrelaça especificamente a história da educação com a biografia de mulheres. Contudo, esses estudos não se restringem às salas de aula, pois, na contramão, possibilitam estomentar tanto contextos urbanos como interioranos (Fialho, 2019; Sousa, 2023), como educadoras que ganharam visibilidade em outras áreas, como na política (Fialho, 2018) e na religião (Carvalho; Fialho; Lima, 2021), além de produzirem biografias de professoras indígenas (Mendes; Costa; Brandenburg *et al.*, 2020; Pereira; Sousa; Fialho, 2021), travestis (Costa, 2023), transexuais (Fialho, 2021) e negras (Fialho; Freire; Sousa, 2022; Fialho; Hernández Díaz, 2020), bem como de outras temáticas que são relevantes no campo da história da educação.

Reconhecer que as mulheres "[...] tenham atuado ativamente como sujeitos históricos" (Fialho, 2021, p. 12) é muito importante, e a comprovação desse investimento científico pode ser vista nas pesquisas biográficas que "[...] retratam muito mais que uma vida privada e alheia à coletividade, porque, enquanto ser social, o indivíduo interfere no seu contexto, assim como é influenciado pela conjuntura social em que se insere" (Fialho; Santos; Sales, 2019, p. 19). Dessa maneira, lançar luz sobre as trajetórias de vida de mulheres por meio do uso de biografias em pesquisas científicas, sejam elas educadoras ou não, faz-nos compreender e reconhecer que suas vidas são indispensáveis para a história. Embora silenciadas em contextos pretéritos, as mulheres não apenas merecem reconhecimento, mas já estão recuperando a visibilidade que tanto lhe foi negada anteriormente.

3.4 Considerações finais

Neste capítulo, discorremos sobre a importância da biografia de mulheres para a história da educação. Inicialmente, situamos o contexto de invisibilidade feminina, que decorreu na ausência de pesquisas que tratassem a mulher como protagonista na história. Restritas ao ambiente doméstico, à vida religiosa e ao exercício de profissões de pouco prestígio social, majoritariamente, quando aparecem nos escritos históricos, eram narradas sob a lente masculina, que as retratava como frágeis, incapazes e pouco importantes para o desenvolvimento social. Em seguida, a partir do século XX, com a emergência da Escola dos Annales e a nova compreensão sobre sujeitos, fontes e problemas históricos, enfatizamos a importância de desenvolver pesquisas científicas para a ampliação e qualificação das narrativas acerca da História das Mulheres.

Mostramos que, ao longo da escrita da história, as biografias tradicionais retratavam os homens como os grandes protagonistas, eram hagiografias para enaltecer figuras ligadas à igreja, biografias heroicas dos líderes de guerras, reis e nobres. Enquanto isso, as mulheres eram relegadas aos espaços domésticos, ocupando-se com os cuidados dos filhos e da casa, atividades consideradas secundárias, que não agregavam valor e visibilidade ao feminino.

A partir do movimento da Escola dos Annales, com a crítica à História Oficial e de seus procedimentos, a escrita da historiografia, ao ampliar a compreensão sobre fontes históricas, passou a considerar novos problemas e abordagens, valorizando sujeitos e grupos sociais antes silenciados e invisibilizados, momento em que há maior inserção das mulheres nos escritos históricos como protagonistas.

Mostramos que, à luz de pesquisas biográficas, é possível preservar e valorizar a importância das mulheres na constituição histórica, viabilizado aumentar os conhecimentos a respeito das histórias da vida de mulheres na interface indissociável com o contexto social, político, econômico e cultural, sejam elas educadoras, religiosas, políticas, negras, transexuais, indígenas etc. Todavia, ressaltamos que, no âmbito da história da educação, em que as mulheres foram protagonistas na formação de diversas gerações, tais estudos não são apenas oportunos, mas necessários.

Reivindicamos que a elaboração de pesquisas biográficas de mulheres educadoras clarifica aspectos da história da educação antes negligenciados, pois é possível dar a ver não apenas a vida privada, mas as práticas pedagógicas, a cultura escolar, a organização do trabalho pedagógico, a história de instituições, entre outros aspectos que contam as tensões, as rupturas e as contribuições das mulheres para a educação.

Por fim, cabe evidenciarmos que os estudos biográficos aqui defendidos não se propõem a uma visão geral, totalizante ou completa sobre as mulheres que estão sendo biografadas. Todavia, também não se detêm apenas a acontecimentos individuais, pois eles partem de um contexto microssocial imbricado no contexto macrossocial, que valoriza as individualidades sem perder de vista os acontecimentos históricos e sociais em que a vida se insere coletivamente.

Referências

ALMEIDA, J. S. *Mulher e educação*: a paixão pelo possível. São Paulo: Unesp, 1998.

ALMEIDA, J. S. Mulheres na educação: missão, vocação e destino? *In*: SAVIANI, D. *et al.* (orgs.). *O legado educacional do século XX no Brasil*. 3. ed. Campinas: Autores Associados, 2014. p. 53-68.

ALVARENGA, E. *Professoras primárias*: profissionalização e feminização do magistério capixaba (1945-1920). Vitória: Cousa, 2019.

BARROS, J. A. *O campo da história*: especialidades e abordagens. 9. ed. Petrópolis: Vozes, 2013.

BURKE, P. *A escrita da História*: novas perspectivas. Trad. de Magda Lopes. São Paulo: Unesp, 1992.

BURKE, P. *O que é História Cultural?* Trad. de Sergio Goes de Paula. 2. ed. Rio de Janeiro: Zahar, 2008.

BURKE, P. *A Escola dos Annales (1929-1989)*: a revolução francesa da historiografia. Trad. de Nilo Odália. 2. ed. São Paulo: Unesp, 2010.

CARVALHO, S. O. C.; FIALHO, L. M. F.; LIMA, A. M. S. Irmã Maria Montenegro como gestora escolar: da escolarização elitista à educação dos pobres no Ceará (1969-1987). *Acta Scientiarum Education*, v. 43, n. 1, e55406, 2021. Disponível em: https://periodicos.uem.br/ojs/index.php/ActaSciEduc/article/view/55406. Acesso em: 1 fev. 2024.

COSTA, M. A. A. *Educação e docência da travesti Letícia Carolina Pereira do Nascimento (2007-2018)*. 2023. 207 f. Tese (Doutorado em Educação) – Programa de Pós-Graduação em Educação, Universidade Estadual do Ceará, Fortaleza, 2023.

DEL PRIORE, M. *História das mulheres no Brasil*. 7. ed. São Paulo: Contexto, 2004.

DOSSE, F. *O desafio biográfico*: escrever uma vida. 2. ed. São Paulo: Unesp, 2015.

FERNANDES, F. R.; SOUSA, F. G. A.; SANTOS, F. M. B. Docência de Maria Fernandes em Quixadá na década de 1970. *Revista Recei*, Mossoró, v. 8, n. 28, 2022.

FIALHO, L. M. F. et al. O uso da história oral na narrativa da história da educação no Ceará. *Revista Pemo*, Fortaleza, v. 2, n. 1, p. 1-13, 2020. Disponível em: https://revistas.uece.br/index.php/revpemo/article/view/3505. Acesso em: 2 jan. 2024.

FIALHO, L. M. F.; COSTA, M. A. A.; LEITE, H. O. Maria Margarete Sampaio de Carvalho Braga: trajetória educativa e formação para a docência (1970-2015). *Momento*: Diálogos em Educação, Rio Grande, v. 31, n. 1, p. 203-227, 2022. Disponível em: https://periodicos.furg.br/momento/article/view/13775/9440. Acesso em: 10 jan. 2023.

FIALHO, L. M. F.; FREIRE, V. C. C. Educação formativa de uma líder política cearense: Maria Luiza Fontenele (1950-1965). *Cadernos de História da Educação*, v. 17, p. 343, 2018. Disponível em: http://www.seer.ufu.br/index.php/che/article/view/43290. Acesso em: 2 jan. 2024.

FIALHO, L. M. F.; FREIRE, V. C. C.; SOUSA, F. G. A. Deslocamento social mediante a educação: tessituras da mulher pobre e periférica (1970-1994). *Revista Teias*, Rio de Janeiro, v. 23, n. 70, 2022.

FIALHO, L. M. F.; HERNÁNDEZ DÍAZ, J. M. Maria Zelma de Araújo Madeira: memórias de formação e resistências da docente universitária negra. *Revista Diálogo Educacional*, Curitiba, v. 20, p. 775-796, 2020. Disponível em: https://periodicos.pucpr.br/index.php/dialogoeducacional/article/view/26441. Acesso em: 16 jan. 2023.

FIALHO, L. M. F.; HERNÁNDEZ DÍAZ, J. M.; FREIRE, V. C. C. História da educação na biografia da transexual José Honorato Batista Neta. *Foro de Educación*, Salamanca, v. 19, n. 2, p. 289-293, 2021. Disponível em: https://www.forodeeducacion.com/ojs/index.php/fde/article/view/796. Acesso em: 12 jan. 2024.

FIALHO, L. M. F.; LIMA, A. M. S.; QUEIROZ, Z. F. Biografia de Aída Balaio: prestígio social de uma educadora negra. *Educação Unisinos*, São Leopoldo, v. 23, p. 48-67, 2019. Disponível em: http://revistas.unisinos.br/index.php/educacao/article/view/edu.2019.231.04. Acesso em: 2 jan. 2023.

FIALHO, L. M. F.; SANTOS, F. M. B.; SALES, J. A. M. Pesquisas biográficas na Educação. *Cadernos de Pesquisa*, São Luís, v. 26, n. 3, p. 11-29, 2019. Disponível em: https://periodicoseletronicos.ufma.br/index.php/cadernosdepesquisa/article/view/12743. Acesso em: 2 jan. 2024.

FIALHO, L. M. F.; SITJA, L. M. Q. Apresentação: educação de mulheres e formação. *Revista Faeeba*, Salvador, v. 30, n. 63, 2021. Disponível em: https://www.revistas.uneb.br/index.php/faeeba/article/view/12895/8733. Acesso em: 5 jan. 2024.

GONÇALVES ROSA, M. A. *Competências do feminismo?*: normas, saberes e valores no ofício de costureira. Belo Horizonte: Faselo-UFMG, 2023.

GONDRA, J. G.; SCHUELER, A. *Educação, poder e sociedade no Império brasileiro*. São Paulo: Cortez, 2008.

LORIGA, S. *O pequeno x*: da biografia à história. Belo Horizonte: Autêntica, 2011.

MENDES, M. C. F.; COSTA, M. A. A.; BRANDENBURG, C.; FIALHO, L. M. Fiuza. Iolanda dos Santos Mendonça: a participação das mulheres em movimentos indígenas (1970-2000). *Cambios y Permanencias*, Bucaramanga, v. 11, p. 828-853, 2020. Disponível em: https://revistas.uis.edu.co/index.php/revistacyp/article/view/11094. Acesso em: 16 jan. 2024.

MESQUITA, A. P. O banquete mnemônico. *In*: VASCONCELOS, J. G.; MAGALHÃES JUNIOR, A. G. (orgs.). *Memórias no plural*. Fortaleza: LCR, 2001. p. 129-138.

NASCIMENTO, L. C. P. *Transfeminismo*. São Paulo: Jandaíra, 2021.

NUNES, M. L. S. Prefácio. *In*: FIALHO, L. M. F. (org.). *Biografias e histórias de formação de mulheres educadoras*. Fortaleza: EdUECE, 2023. p. 7-16.

OLIVEIRA, R. L. S.; FREIRE, V. C. C.; NASCIMENTO, K. A. S. A contribuição da biografia de educadoras para a educação: algumas considerações. *In*: FIALHO, L. M. F. (org.). *Biografias e histórias de formação de mulheres educadoras*. Fortaleza: EdUECE, 2023. p. 200-221.

OLIVEIRA, R. L. S.; PEREIRA, L. S.; FIALHO, L. M. F. Jornada dupla e adoecimento: biografia da educadora Josefa Paula Fialho Saraiva. *Revista Eletrônica Científica Ensino Interdisciplinar*, Mossoró, v. 9, n. 31, 2023. Disponível em: https://periodicos.apps.uern.br/index.php/RECEI/article/view/5665/4054. Acesso em: 5 jan. 2023.

PEDRO, J. M.; ZONDONÁ, J. *Feminismo e democracia*. Belo Horizonte: Fino Traço, 2019.

PEREIRA, A. S. M.; SOUSA, A. C. B.; FIALHO, L. M. F. Helena Potiguara: biografia da educadora indígena (1954-2009). *Revista Ibero-Americana de Estudos em Educação*, Araraquara, v. 16, n. esp. 3, p. 1386-1403, 2021. Disponível em: https://periodicos.fclar.unesp.br/iberoamericana/article/view/15288. Acesso em: 16 jan. 2024.

PERROT, M. *Minha história das mulheres*. Trad. de Angela M. S. Côrrea. 2. ed. São Paulo: Contexto, 2019.

PERROT, M. *Os excluídos da história*: operários, mulheres e prisioneiros. Trad. de Denise Botmman. 4. ed. São Paulo: Paz e Terra, 2006.

PINTO, C. R. J. *Uma história do feminismo no Brasil*. São Paulo: Perseu Abramo, 2003.

RAGO, M. Trabalho feminino e sexualidade. *In*: DEL PRIORE, M. *História das mulheres no Brasil*. São Paulo: Contexto, 2004. p. 578-606.

RODRIGUES, R. M. Biografia e gênero. *In*: FIALHO, L. M. F.; VASCONCELOS, J. G.; SANTANA, R. J. (orgs.). *Biografia de mulheres*. Fortaleza: EdUECE, 2015. p. 54-70.

SAFFIOTI, H. I. B. *Gênero, patriarcado e violência*. São Paulo: Perseu Abramo, 2004.

SCOTT, J. História das mulheres. *In*: BURKE, P. (org.). *A escrita da história*. São Paulo: Unesp, 2011. p. 62-95.

SOUSA, F. G. A. *Reminiscências sobre as condições educativas no interior cearense a partir das docências de Marieta Benício e Maria José de Sousa (1936-1984)*. 2023. 192 f. Tese (Doutorado em Educação) – Programa de Pós-Graduação em Educação, Universidade Estadual do Ceará, Fortaleza, 2023. Disponível em: http://siduece.uece.br/siduece/trabalhoAcademico Publico.jsf?id=109378 Acesso em: 12 jan. 2024.

SOUSA, F. G. A.; FIALHO, L. M. F. F.; PONCE, H. H. Quem foi Júlia Alenquer Fontenele? História de uma educadora cearense marcada pela ausência de memória. *In*: FIALHO, L. M. F. (org.). *Biografias e histórias de formação de mulheres educadoras*. Fortaleza: EdUECE, 2023. p. 101-125.

STASCXAK, F. M.; PEREIRA, A. S. M.; COSTA, M. A. A. C. Caminhos teórico-metodológicos de pesquisas biográficas na perspectiva de gênero. *In*: FIALHO, L. M. F. (org.). *Biografias e histórias de formação de mulheres educadoras*. Fortaleza: EdUECE, 2023. p. 27-50.

TEDESCHI, L. A. *As mulheres e a história*: uma introdução teórico-metodológica. Dourados: UFGD, 2012.

4
O protagonismo das mulheres na história da educação no Brasil

Antonia Marlene Vilaca

4.1 A organização escolar no Brasil e sua (re)organização

De forma geral, durante o século XIX nos países europeus, nos Estados Unidos e na América Latina, em consequência do desenvolvimento das relações capitalistas decorrentes do emprego da maquinaria, surgiu a necessidade social para os sistemas públicos de ensino. Nesse processo, as relações de trabalho e as relações sociais, entre outras questões, exigiram a ampliação do atendimento escolar e um novo direcionamento dos papéis sociais do homem e da mulher.

No Brasil, após o advento da República, a pressão de significativos setores da população brasileira no sentido do ingresso e da permanência na escola aumentou gradativamente. Ao procurarmos explicar os fatores que levaram a essa busca generalizada pela escola e à sua consequente ampliação – que é irregular, mas que sempre ocorre em alguma medida, podendo ser o aumento das unidades escolares, da matrícula ou do número de professores –, encontramos o fenômeno da urbanização, que se acelerava cada vez mais a partir do fim do século XIX. Tal ambiência constituía uma base social para uma sociedade que, ainda que dependente no início do século XIX (1822), quando tornada nação teve que assumir as responsabilidades dos aspectos internos das atividades de comercialização das mercadorias produzidas para o mercado externo (Ribeiro, 2003, p. 198).

Também devido ao processo de urbanização – produto da necessidade de adaptação da sociedade brasileira aos interesses do regime capitalista internacional em sua fase imperialista (monopolista) –, o trabalhador deixou de ser escravizado e passou a ser assalariado na transição do sistema monárquico para o regime republicano. Esse processo exigiu que o exercício da cidadania fosse implementado e, para isso, a instrução, a alfabetização e a escolarização regular passaram a ser dever do Estado, que, por sua vez, teve que ampliar o atendimento escolar para atender as demandas geradas pela implantação da República. Em outros termos, a formação do cidadão para a nova sociedade era imprescindível e somente ocorreria com a instrução formal e disciplinada, além de sua preparação para o mercado de trabalho.

A necessidade de educação formal para a construção do novo cidadão que comporia o projeto de consolidação do país gerou uma maior demanda de escolas e professores. Entretanto, nesse período, havia o dilema da falta de profissionais docentes e o próprio direcionamento dos homens para outras áreas de trabalho. Houve a necessidade de uma reorganização escolar, o que "oportunizou" a inserção da mulher, que antes exercia a função de educadora somente no âmbito doméstico, na escola.

Em um primeiro momento, a mulher foi inseria no ambiente escolar como aluna e, posteriormente, como educadora no âmbito público. A mulher será, ao fim do século XIX e durante do século XX, a protagonista no processo da educação escolar, principalmente no ensino elementar.

A instrução e a escolarização atenderam aos interesses da camada dirigente. A instrução jesuítica teve como alvo a clientela indígena, embora os "Regimentos" apontassem a necessidade de incluir os filhos dos colonos, tendo em vista que, naquele momento, os únicos educadores no Brasil eram os jesuítas. A instrução estava, então, relacionada à formação de mão de obra.

Diante disso, como consequência das mudanças no sistema político-administrativo, foram criados cursos oficiais profissionalizantes que preparavam os indivíduos para as mais diversas áreas de atuação. Dessa maneira, a educação profissional ocorreu de forma elementar, por técnicas rudimentares de trabalho obtidas na prática. Para as mulheres, o ensino escolar restringiu-se à aprendizagem das boas maneiras e às prendas domésticas, mantendo sua submissão ao poder patriarcal e sua restrição ao ambiente privado.

4.2 Do ambiente privado para o ambiente público: do lar para a escola

Embora a sociedade limitasse as mulheres ao ambiente doméstico e as mantivesse sem direitos sociais e sem acesso à educação, foi no contexto histórico da organização e (re)organização do sistema educacional brasileiro que a incorporação da força de trabalho feminino se revelou. O currículo escolar para as meninas objetivava instruir as mulheres a desempenharem com maestria o papel de esposa, de mãe e de educadora (no lar e na sociedade). Sob o ideário positivista, a mulher emergiu como a redentora no processo de humanização dos indivíduos tanto no lar quanto na escola. Sua ação era no interior da casa, como a primeira educadora, tendo assim a importante incumbência da base educacional dos futuros cidadãos:

> O menino desenvolve então, tendo por mestre sempre a sua mãe, os talentos de expressão e as faculdades de concepção, mediante o estudo prático das línguas modernas que o iniciam no conhecimento cada vez mais completo da Humanidade, da Terra e do Espaço, graças à leitura dos grandes poetas. Estes, com efeito, idealizarão por suas imortais composições a vida da Humanidade, nas suas manifestações públicas e privadas; cantarão o teatro de sua existência prática – a Terra –; e celebrarão a sede fictícia de suas construções mentais — o Grande Meio ideal que envolve o nosso Planeta e a nossa Espécie. O Gênio estético, que até hoje só consagrou hinos aos fantasmas teológicos e guerreiros, bem como as entidades metafísicas mais ou menos militares, com que a Humanidade povoou o Espaço, na sua infância e na sua adolescência, terá então glorificado também os tipos científicos e industriais que a Deusa instituiu na sua definitiva madureza (Mendes, 1915, p. 6).

Desse modo, a educação que a mulher receberia consistia num estudo preparatório para a educação que o menino deveria receber no lar, ao passo que a menina receberia educação para as prendas domésticas e para atuar como esposa e mãe. Paradoxalmente, devido ao grau de subordinação das mulheres, até então elas eram, em sua grande maioria, analfabetas, já que, tradicionalmente, não tiveram acesso à educação escolar, que era também escassa para a classe trabalhadora masculina.

Do universo feminino, portanto, pouquíssimas tiveram instrução, fosse pelos pais ou por preceptores, limitando-se essa aprendizagem às primeiras letras, às boas maneiras e às prendas domésticas. Idealizada para ser a principal educadora dos filhos, essa função acabou se estendendo à escola e, com o ideário republicano, a mulher encaixou-se quase que naturalmente para desempenhar a função de educadora na escola primária.

Autores como Gilberto L. Alves (2006) e Condorcet afirmaram que a escola teve uma relevante função social na formação do cidadão na constituição da República. A instituição escolar e a mulher tiveram em mãos a tarefa de solucionar as questões como o analfabetismo e os ajustes necessários para que a família tivesse condições estruturais para contribuir para o desenvolvimento social e cultural do país. Tendo como desafio a mudança estrutural escolar, dependente da transformação da função social da mulher, ela primeiramente teve que receber o ensino para, então, se tornar educadora.

Para Guacira Lopes Louro (2012) e Alves (2006), a instituição escolar organizou o processo de abertura ao ensino feminino e sua estrutura curricular escolar sofreu mudanças para atender aos novos requisitos da função social da escola, sobrelevando-se determinadas disciplinas, incluindo novas e criando as atividades extracurriculares.

Segundo Alves (2006), o processo de produção material da escola é o elemento revelador de sua natureza e das suas funções sociais historicamente assumidas e a estruturação da escola primária no Brasil. Outra questão, apontada por Francisco Larroyo (1974), é que o processo de transformação e reestruturação na educação sofreu uma progressiva laicização e estatização da instrução pública, tendo aumento gradativo da construção do Estado, embora isso tenha demandado o direito à inspeção das escolas e tenha proporcionado às mulheres força no movimento reivindicatório: "[o] feminismo recebeu seu melhor impulso do campo da Pedagogia, onde apareceu, também, uma plêiade de brilhantes escritoras em matéria de educação" (Larroyo, 1974, p. 621).

Percebemos que, à medida que a educação foi disponibilizada à mulher, o conjunto das práticas educacionais que permeiam esse ensino intencionalmente atendeu à necessidade de ensinar a própria mulher a atuar como mulher num sentido social da palavra, isto é, a atuar como esposa e mãe dentro do ambiente familiar (espaço privado). O discurso em relação aos serviços domésticos foi idealizado a partir da premissa do arquétipo feminino, retratado por Santo Agostinho, expressando o modelo proposto pelo autor e pela Igreja Católica:

> O coração de seu esposo é confiado a ela; ela não deixará jamais de desprezar o que ele relata de suas vitórias; todos os dias de sua vida ela lhe fará o bem, e jamais o mal. Ela procura a lã e o linho: ela trabalha com suas mãos plenas de sabedoria. Encarregada como um navio mercador, ela compra longe suas provisões. À noite, ela se levanta e distribui os alimentos aos seus domésticos. Ela considera um campo e parte do seu trabalho, fruto de suas mãos; ela planta uma vinha. Ela sente suas reais forças, ela endurece seus braços. Ela gosta e viu como seu comércio é útil, sua luz não se apaga jamais durante a noite. Ela observa na sua casa os traços de paz, e ela não come jamais seu pão sem ocupações. Seus filhos são elevados, e ela se sente honrada; seu marido da mesma forma é elevado, e lhe louva: Várias filhas, disse ele, acumulam riquezas; vós as todas sobressaiu. As graças são enganadoras, a beleza é vã: a mulher que crê em Deus, é a que será louvada. Dê a ela do fruto de suas mãos, e que os porta, nos conselhos públicos, ela será louvada por suas próprias obras (Fénelon, 1687, p. 34 *apud* Bastos, 2012, p. 149).

É reforçada às mulheres as atribuições de administradora da casa, dos criados, dos afazeres domésticos, da docilidade, da inteligência nos negócios e de auxiliadora do homem, o que aproxima a mulher do ideal estabelecido no discurso de dom divino considerando um talento inato que deveria ser desenvolvido e exercido com excelência. A menina era instruída a se tornar esposa e mãe "ensinadas a se tornarem mulheres virtuosas".

4.3 Construção do ideário do profissional da educação e suas funções sociais

Considerando que foram passadas à escola as funções da construção de identidade e de formação do cidadão, foi transferida para a mulher a missão de redentora da humanidade, sob o ideário positivista/catecismo positivista de Augusto Comte, que afirmava que o sexo feminino tinha a aptidão natural para atuar no aembiente doméstico, auxiliando o marido, cuidando dos filhos e sendo, tradicionalmente, a primeira educadora destes. O discurso de aptidão auxiliou a mudança na valoração das atribuições femininas, colocadas, então, como dom divino, e atribuiu-lhe a função primordial na formação dos filhos.

A presença da mulher na história da educação é fortemente marcada pelo paradoxo da exclusão-inclusão. Num primeiro momento, ela não teve acesso à instrução para, depois, não somente poder adentrar como aluna, mas foi idealizada como melhor profissional para substituir os homens, que, até então, eram os únicos a serem responsáveis pela educação formal.

Jane Soares de Almeida (2004) aponta que a presença da mulher no processo educacional brasileiro está permeada pelas relações com os elementos sociais, políticos e educacionais, tendo ainda como diretriz a educação feminina e a influência católica, os cursos de formação de professores e a feminização do magistério como consequência desse contexto. Para a autora, a fé no liberalismo e no poder da escola, produzida no imaginário republicano brasileiro até o início do século XX, foi a concretização dessa crença, alicerçada no atributo feminino como inclinação ideal para educar a infância. Nesse contexto, enquanto o exercício de professorado aos poucos tornou-se um espaço feminino, os homens afastaram-se da sala de aula, passando a ocupar outros cargos na estrutura hierárquica da escola, como os cargos administrativos.

A entrada da mulher nesse espaço profissional coincidiu com o surgimento dos primeiros movimentos pela libertação feminina, que tinham em suas raízes as reivindicações para a superação das desigualdades e das injustiças sociais, assim como a luta para retirar da invisibilidade os segmentos sociais que até então estiveram sob o manto da ignorância e do preconceito.

Nas conquistas efetivadas ao longo das primeiras décadas do século XX, como o acesso das mulheres ao ensino superior e a algumas profissões, a mentalidade de mulher-mãe deveria ser pura e assexuada. Ela não deveria sair do lar e, caso assumisse algum trabalho, deveria ser legítimo, como profissões ligadas à saúde e à educação. Paulatinamente, o trabalho feminino deixou de ser ditado apenas pelos atributos de vocação e missão, tornando-se, no cenário econômico do século XX, uma exigência ante os tempos em curso, não somente pela atuação profissional em si, mas em relação à contribuição econômica.

O espaço de trabalho destinado às mulheres passou a ser ocupado, revelando-se o magistério o ponto de partida possível para a transição do espaço doméstico para o público naquele momento histórico, embora esse processo seja consequência de uma série de fatores, como a necessidade de mão de obra para atuar nas escolas primárias, a queda do poder aquisitivo da classe média, a expansão do número de escolas, entre outros.

Ao refletirmos sobre a instituição escolar, é impossível não perceber as construções sociais e culturais do masculino e do feminino, presentes em qualquer instituição. A escola como instituição foi engendrada – em seus aspectos físico, simbólico e de práticas pedagógicas – para constituir meninos e meninas, homens e mulheres. O educador da escola moderna deveria ser responsável pela conduta de seus alunos dentro e fora da escola, exigindo-se, assim, que o próprio mestre fosse um exemplo de conduta e um modelo a ser seguido. Portanto, inicialmente esse papel foi exercido por homens, principalmente religiosos (católicos e protestantes), sendo fundamental que o próprio mestre fosse, então, primeiro disciplinado para depois poder exercer a função disciplinadora: "Por isso corpo e alma dos mestres, seu comportamento e seus desejos, sua linguagem e seu pensamento também precisam ser disciplinados" (Louro, 2012, p. 96).

Dessa maneira, as representações do magistério foram constituídas por modelos de virtude, disciplinados e disciplinadores, orientadores espirituais, especialistas das matérias e das técnicas de ensino. Esses primeiros mestres deveriam viver a docência como um sacerdócio, como uma missão que exige doação. As características desse mestre consistiam em afeição, autoridade, bom-senso, firmeza, bondade, piedade e saber profissional. Manuais regulamentavam seus gestos e postura corporal, estimulavam o silêncio, ensinavam a comunicação por sinais e como e por que observar. Constituiu-se, assim, um detalhado conjunto de saberes sobre meninos e jovens, sobre seus corpos, sexualidade, interesses, vontades e seus modos de compreensão.

A instituição escolar brasileira foi, inicialmente, masculina e religiosa. Voltada à formação da elite branca, especialmente meninos e jovens. As primeiras instituições de ensino brasileiras foram dirigidas por jesuítas, tendo como propósito a formação de um católico exemplar. Esse modelo prevaleceu por um longo período no país – pelo menos até o final do século XVIII – e será a partir da metade do século XIX que as mulheres entrarão nas salas de aula não apenas como alunas, mas como docentes. Nesse contexto, o magistério se tornou a oportunidade de trabalho para as mulheres, aliás, a permitida. Para que isso ocorresse, transformações foram necessárias, isto é, "o magistério será representado de um modo novo na medida em que se feminiza e para que possa de fato, se feminizar" (Louro, 2012, p. 99).

Mediante esse discurso, aos poucos o caráter do magistério impôs a necessidade de professoras mulheres, favorecendo, assim, a feminização da docência. Até então, o casamento e a maternidade eram "tarefas" femininas e quaisquer outras funções eram consideradas desvios sociais. Em seu processo de feminização, o magistério se apropriou das qualidades tradicionalmente associadas às mulheres, como o amor, a sensibilidade e os cuidados, para ser reconhecido como uma profissão possível de ser realizada por mulheres. Uma questão sobre a construção do papel social da nova educadora é que a imagem da mulher como agente educacional foi diferente daquela dos homens, e as professoras eram vistas como "solteironas" ou "tias" (ou seja, não se casaram, então foram trabalhar como professoras), gentis normalistas, trabalhadoras da educação. Em contrapartida, os professores eram considerados bondosos orientadores espirituais ou severos educadores, sábios mestres, exemplos de cidadãos.

Para delegar à mulher a função de educadora, foi necessário, primeiramente, deixar claro que as suas atividades do lar não poderiam ser prejudicadas, isto é, se a mulher quisesse trabalhar fora, teria que dar conta das funções de esposa, dona de casa e mãe. Assim, historicamente, as mulheres que se dedicaram ao magistério, foram, em sua maioria, as solteiras, as órfãs e as viúvas.

Louro (2012) apontou que a profissão de professor foi, aos poucos, se construindo em novas formas organizacionais, afastando-se do caráter sacerdotal e adquirindo um viés mais político e profissional. Essas mudanças ocorreram em consequência da força das novas práticas sociais. Para a mulher, a sua inserção na área educacional lhe conferiu uma instrução mais elevada, um trabalho fora do lar, remunerado, que garantia seu sustento e, ocasionalmente, o sustento de pessoas sob sua dependência.

Para Gabriela Pereira Martins (2011), o ideário positivista reforçou que "uma linguagem dos sentimentos" seria capaz de atingir a grande massa composta principalmente por proletários e mulheres. Para o positivismo, a mulher é a parte afetiva da humanidade, e os positivistas pretendiam atingir o coração da humanidade:

> A difusão do Ensino Religioso pelas mãos das mulheres era uma escolha bem estratégica de Auguste Comte, de forma que o sexo feminino era ao mesmo tempo esposa e mãe da classe proletária. Assim a mulher sem dúvida ocuparia um lugar de destaque na sociedade moderna, a de educadora universal influenciando diretamente os trabalhadores industriais (Martins, 2011, p. 3).

O discurso positivista foi incisivo na questão de a mulher ser sustentada pelo marido para que ela pudesse permanecer em casa, voltada às questões do coração. As qualidades inatas da mãe e esposa foram tratadas como o sustentáculo da família e, consequentemente, da pátria. A mulher é vista como bom alicerce para a constituição de sujeitos sociais, ajustados para viverem em harmonia na sociedade. Sob essa vocação "inata", a mulher desenvolveu, na escola, o que já desempenhava em casa, ou seja, educar a criança pequena, fazendo da escola seu segundo lar, realizando as mesmas funções e reproduzindo a mesma submissão ao poder masculino.

A posição social da mulher na família e na sociedade em geral é parte de um sistema de dominação mais amplo. Compreender essa posição na sociedade vigente é entender que as origens da exclusão em determinadas tarefas, assim como a manutenção de sua atuação em papéis tradicionais e profissões reconhecidamente femininas, são consequências da estrutura de dominação baseada no patriarcalismo. O poderio econômico dos chefes de família que estruturava a sociedade e a comandava consolidou a dominação social brasileira, caracterizando-a como patrimonial e patriarcal, assim como muitas outras sociedades no mundo. Dessa maneira, independentemente da camada social em que a mulher estiver inserida, ela será submissa ao homem.

Saffioti (2013) afirma que, para compreendermos o papel da mulher na sociedade capitalista, é imprescindível que se observem as relações entre a posição da mulher e o capitalismo, refletindo sobre o ritmo do próprio tempo e os elementos próprios à formação histórica e à organização da sociedade. A autora ressalta que, analisando a perspectiva educacional e o movimento feminista, fica evidente o tipo de formação destinada à mulher e a definição de seus papéis sociais: na estrutura familiar, ela desempenhou suas funções naturais – como mãe, reprodutora –, além da função de trabalhadora doméstica e socializadora dos filhos, ao passo que, dentro do processo educacional brasileiro, a classe trabalhadora feminina foi direcionada à profissão do magistério, e isso ocorreu desse modo devido a alguns fatores, como a oportunidade de instrução e pelo fato de o magistério ser considerado elementar, como uma ocupação essencialmente feminina. Também, durante muitos anos, esta representou a única profissão a ser desempenhada pelas mulheres que era plenamente aceita pela sociedade. Em outras palavras, a emancipação social e econômica da mulher foi subordinada ao direcionamento dos papéis sociais que ela desempenhava na sociedade capitalista, sendo impulsionada pela sua atuação e por sua formação educacional.

A partir da metade do século XIX, essa estrutura social começou a ser reorganizada com a urbanização que estava ocorrendo e, com mais intensidade, a partir do impulsionamento da industrialização nacional nos anos de 1930. Consequentemente, a posição social da mulher na sociedade ganhou novas dimensões. O trabalho nas fábricas, nas lojas, nos escritórios e em vários outros setores, como na educação, rompeu o isolamento em que vivia grande parte das mulheres. Assim, a escola passou a ter maior demanda e houve uma grande necessidade de mão de obra no setor terciário, que, por sua vez, normalmente exigia um grau médio de escolarização. A inserção da mulher no mercado de trabalho marcou a transição de uma tradicional ausência de perspectiva de carreira para jovens motivadas a cursarem o ensino médio visando à sua habilitação para essa nova função. Desse modo, a expansão da escola está associada à necessidade de trabalhadores mais qualificados, que fomentou a abertura de novas escolas e, com isso, aumentou a demanda de professores.

4.4 A feminização do magistério

A escola e a mulher foram elementos essenciais do processo de expansão da educação no Brasil em um contexto de modernização e urbanização. Ambas tiveram suas atribuições definidas e foram se transformando no decorrer desse movimento. Ao ingressar na escola como aluna e, posteriormente, como professora, a mulher precisou que a instituição se feminizasse para recebê-la.

Para Jane Soares de Almeida (2004), além das razões históricas de natureza objetiva, há também a dimensão individual da mulher, como um ser com sentimentos e afetos que fazem parte de sua existência:

> Essa dimensão existencial do ser humano, na qual cada um é fruto de uma prática histórica concreta, de simbologias e relações sociais que se cruzam e afetam a consciência e pulsam em cada ato de vida, também faz parte das esferas cotidianas e tem sua parcela de influência em cada indivíduo (Almeida, 1998, p. 205).

Para Alves (2006), a produção material da escola pública contemporânea foi fundamental para a construção das novas funções sociais, exigindo do profissional da educação as adequações pertinentes. Para o autor, a fase monopolista do capitalismo instigou a instituição escola como mecanismo que possibilitou a alocação do trabalhador improdutivo desempregado como parte ativa do processo de produção. A expansão e a obrigatoriedade de ensino atuaram como peças integrantes do momento histórico de construção da república. A profissão de educador, considerada vocacionada, recebeu a mulher como ideal para exercer a profissão. Assim, a mulher foi realocada do lar para a escola.

O ingresso das mulheres como agentes educacionais fez com que os homens fossem gradativamente se retirando do magistério e ingressassem em novos postos de trabalho, como fábricas, indústrias e as demais oportunidades que surgiam na sociedade capitalista. Essa divisão do trabalho tem sido apontada, por alguns estudiosos, como uma abertura de campo de trabalho para a mulher e como uma redenção à submissão e à dependência feminina, libertando as mulheres do casamento e do lar. O magistério representou o caminho para a obtenção da independência financeira e social, um movimento de libertação de uma trajetória marcada pela vivência no ambiente privado, de uma vocação vitalícia, reprodutora e mantenedora da família.

Para Almeida (2006), as mudanças no *status* da profissão do magistério não ocorreram de forma simples e natural. Ao contrário, isso aconteceu de uma forma constrangedora tanto para os homens como para as mulheres:

> O trabalho docente feminino, além do processo regulador impingido pelo sistema capitalista, também se encontra atrelado ao modelo de normatização exigido pelas regras masculinas e que são representativas do que a sociedade impõe ao comportamento das mulheres" (Almeida, 2006, p. 135).

Para a autora, o direcionamento e a inserção na profissão educacional constituíram-se num movimento de ocupação do espaço permitido a elas, não necessariamente conquistado. Foi uma possibilidade de acesso à educação, à profissionalização e aos direitos e poderes, mas que não passou de uma adaptação de sua tradicional função social – de esposa e mãe – para um mesmo trabalho, só que realizado fora de casa. Para as mulheres da classe média, essa foi a oportunidade de distanciamento do espaço privado, promovendo um novo olhar sobre o espaço doméstico e sobre as relações de submissão e de opressão. Para elas, o magistério era uma alternativa ao casamento e sua fuga às ocupações consideradas de menor prestígio, como costureiras, modistas, parteiras, governantas e outras profissões normalmente reservadas às mulheres de classe trabalhadora. Era, também, uma profissão mais agradável e que viabilizava uma maior liberdade pessoal, bem como uma instrução mais ampla, que possibilitava a igualdade cultural aos homens. De certa forma, houve um movimento reivindicatório por parte das mulheres, ainda que de forma branda, mas significativa, pois desejavam mudanças de sua condição social:

> Sua principal força motivadora estava na crença de que conseguiriam maiores poderes se tivessem acesso à instrução. Esses poderes possibilitariam a apropriação de maiores direitos públicos e privados e livrariam o sexo feminino da subordinação e da opressão (Almeida, 2006, p. 142).

O magistério trouxe às mulheres dois fatores determinantes: 1) proporcionou a abertura para a inserção no mundo do trabalho assalariado; 2) possibilitou que os espaços da maternidade se definissem em uma profissão, canalizados no afeto pelos alunos. Foi a oportunidade de conciliar a função de esposa e mãe com uma atividade profissional remunerada de certo prestígio social, visto que a profissão era autorizada e incentivada pela sociedade, além de ter o aval dos pais e dos maridos. Assim, de certa forma, algumas mulheres aceitaram o discurso ideológico da profissão, tornando-se agentes e cúmplices dessa ideologia acerca do trabalho no magistério.

Sobre o discurso de que a inserção das mulheres no magistério como educadoras acarretou uma desvalorização salarial da profissão, constatou-se que o profissional da educação nunca foi bem remunerado no Brasil. No Império, o governo decretou o pagamento do aluguel da escola, pois o salário que o professor recebia mal dava para cobrir todas as despesas. Nesse período os homens eram maioria no magistério, demonstrando que os salários e a valorização do profissional da educação já estavam em baixa e com pouco apoio para desenvolverem suas atividades. Portanto, não foi a questão de gênero que orientou a desvalorização profissional e econômica da profissão docente.

Os sujeitos sociais se constituem como "masculinos" e "femininos" mediante as relações sociais permeadas pelos diferentes discursos, símbolos, representações e práticas sociais. As representações compreendem um dos vários processos sociais que constituem a diferenciação dos papéis e sua função na sociedade. Essas concepções são continuamente construídas, resistidas e reconstituídas de acordo com o momento histórico. A história da educação no Brasil teve sua organização e reorganização de acordo com a demanda histórica, social e econômica.

4.5 Considerações finais

No Brasil, a instrução pública foi pensada de maneira que fosse possível instruir e moldar o caráter do cidadão, sendo este idealizado para que atendesse ao modelo almejado para a nova sociedade urbana, moderna e civilizada. Consequentemente, os debates e projetos em torno de uma instrução pública que unificasse os valores nacionais, permitindo o ingresso do país na modernidade sob os moldes de uma nação civilizada, direcionaram a organização educacional no país.

Considerada a escola e a mulher como essenciais para o processo de formação do cidadão idealizado, a presença feminina na história da educação e o processo de feminização do magistério que ocorreram no Brasil apresentaram os paradoxos da exclusão e da inclusão dela na escola. Foi necessária a (re)estruturação do sistema educacional e do pensamento social devido à construção da mentalidade de um novo perfil social feminino, ou seja, das novas atribuições e funções sociais, seja da instituição escolar, seja da mulher.

A importância de estudos e pesquisas sobre a história das mulheres e da sua presença na educação brasileira confirmam a questão da condição histórica e social da mulher e a falta de registro do seu protagonismo nas lutas e ações, fruto da escrita tradicional machista e patriarcal. As recentes pesquisas sobre a história da educação no Brasil apontam que a importância das mulheres no processo de construção do projeto educacional brasileiro não foi evidenciada e, por isso, é necessário que o resgate desse movimento seja feito.

A história das mulheres e o movimento feminista, concomitantemente, procuraram apresentar por meio da historiografia direcionada à presença e à atuação das mulheres nos mais diferentes setores da sociedade e sua luta por direitos sociais e emancipatórios. A historiografia em relação à questão feminina na educação brasileira avançou ao propor trazer à cena a mulher na história, pois consistiu numa denúncia da falta de acesso à educação, da exploração e da contradição presentes nas relações entre homens e mulheres.

Esse tópico da história brasileira é marcado por uma reduzida participação da mulher como aluna e sua posterior inserção como aluna e professora num processo que visou impulsionar a economia para acompanhar o movimento capitalista, que precisava de mão de obra qualificada. É evidente que não é o sistema capitalista que inventou as mediações materiais contraditórias que formam o ser. A divisão hierárquica-estrutural do trabalho antecede as formas embrionárias do capital, porém esse sistema assimilou tal divisão, vindo a se constituir em um dos seus componentes fundamentais.

É importante lembrar que é nas sociedades capitalistas desenvolvidas que a mulher e seu trabalho são mais projetados, tornando evidente as suas funções econômicas desempenhadas fora do lar, mas elas mascaram o seu papel nas atividades domésticas, bem como marginalizam um grande contingente feminino ao sistema dominante de bens e serviços.

Assim, é possível notar como os papéis sociais são constituídos de acordo com a necessidade de organização e reorganização da sociedade. A história da educação no Brasil revelou que a feminização do magistério foi idealizada para a organização da sociedade, mas não deixou de ser a oportunidade para que as mulheres reivindicassem o espaço que lhes foi direcionado e permitido. Ainda, a inserção das mulheres na escola permitiu a sua educação formal e profissional, mas não excluiu as suas funções predeterminadas ao sexo feminino, isto é, as funções de mãe, esposa e profissional do lar.

Referências

ALMEIDA, J. S. *Mulher e educação*: a paixão pelo possível. São Paulo: Editora Unesp, 1998.

ALMEIDA, J. S. Mulheres na educação: missão, vocação e destino? A feminização do magistério ao longo do século XX. In: SAVIANI, D. et al. *O legado educacional do século XX no Brasil*. Campinas: Autores Associados, 2004.

ALMEIDA, J. S. Vestígios para uma reinterpretação do magistério feminino em Portugal e no Brasil a partir do século XIX. In: SAVIANI, D. et al. *O legado educacional do século XIX*. 2. ed. Campinas: Autores Associados, 2006.

ALVES, G. L. *A produção da escola pública contemporânea*. 4. ed. Campinas: Autores Associados, 2006.

BASTOS, M. H. C. Da educação das meninas por Fénelon. *Revista História da Educação*, v. 16, n. 36, p. 147-188, 2012.COMTE, A. *Comte*: reorganizar a sociedade. Trad. de Antônio Geraldo da Silva. São Paulo: Editora Escala, 2006. Coleção Grandes Obras do Pensamento Universal. Disponível em: http://seer.ufrgs.br/index.php/asphe/article/view/22401/pdf. Acesso: 12 jan. 2015.

LARROYO, F. *História geral da pedagogia*. São Paulo: Editora Mestre Jou, 1974.

LOURO, G. L. Gênero, educação e história: construção e desconstrução. *Educação & realidade*, v. 20, n. 2, 1995.

LOURO, G. L. *Gênero, sexualidade e educação*. 14. ed. Petrópolis: Vozes, 2012.

MARTINS, G. P. Auguste Comte e a religião da humanidade. ENCONTRO NACIONAL DO GT HISTÓRIA DAS RELIGIÕES E RELIGIOSIDADES – ANPUH – Questões teórico-metodológicas no estudo das religiões e religiosidades, III. Anais [...]. Maringá: *Revista Brasileira de História das Religiões*, v. 3, n. 9, 2011.

MENDES, R. T. *O ensino primário oficial e a regeneração humana*. Rio de Janeiro: Igreja e Apostolado Pozitivista do Brasil, 1915. n. 393, p. 1-17.

RIBEIRO, M. L. S. *História da educação brasileira*: organização escolar. 19. ed. Campinas: Autores Associados, 2003.

SAFFIOTI, H. I. B. *A mulher na sociedade de classes*: mito e realidade. Petrópolis: Vozes, 2013.

5
A história da educação dos negros
Da escravidão às políticas de ação afirmativa

Marcus Vinicius Fonseca

5.1 A educação e o escravismo brasileiro[10]

O Brasil é um país que foi construído a partir de uma forte relação com uma das instituições sociais mais perversas e cruéis que foram produzidas pelas sociedades humanas: a escravidão. Ela está na base do processo de construção da sociedade brasileira na qual esteve em pleno funcionamento entre os séculos XVI e XIX. Na verdade, a escravidão pode ser considerada, com seus quase 400 anos de existência, uma das instituições mais perenes na trajetória de constituição da sociedade brasileira.

Uma das faces mais duras e impactantes do escravismo está vinculada ao tráfico de africanos e suas consequências na África e na América, em particular no Brasil. Isso pode ser plenamente visualizado naquilo que foi designado por Roberto Borges Martins (2016) de *tragédia demográfica*:

---

10. Uma primeira versão deste artigo foi publicada na revista *Araucaria*: Revista Iberoamericana de Filosofía, Política, Humanidades y Relaciones Internacionales, em 2022.

Quadro 5.1 – Tragédia demográfica da escravidão moderna

País ou colônia	Escravizados importados	Porcentagem (%)
Estados Unidos	388.773	3,6
São Domingos	773.543	7,2
Martinica	216.911	2,0
Cuba	778.441	7,3
Jamaica	1.019.596	9,5
Barbados	493.162	4,6
Caribe	805.493	7,5
Brasil	4.864.376	45,5

Fonte: Adaptado de Martins (2016).

Os dados indicam que algo em torno de 10.702.656 de indivíduos foram arrancados do continente africano e introduzidos como escravizados na América – quase metade deles tiveram como destino o Brasil. Os números dessa tragédia são ainda mais dramáticos quando consideramos que,

> [...] em toda parte, ser escravo na América significava trabalhar no limite superior de suas forças, descansar e comer no limite inferior de suas necessidades, ser submetido a punições violentas, e viver debaixo de restrições de toda ordem e de um *stress* físico e psicológico permanente. A classe senhorial de cada um dos sistemas escravistas, sem exceção, sempre reivindicou para si o título de mais humana e benevolente, mas nunca existiu escravidão branda ou cordial. Especificamente com relação ao Brasil, se alguma coisa singulariza seu sistema escravista são os fatos de ter durado mais que todos os outros, ter importado muitas vezes mais africanos do que todos os outros, e ter sido objetivamente mais genocida do que qualquer outro (Martins, 2016, p. 4).

Em termos demográficos uma das consequências mais diretas desse processo é que, em 1872, quando foi feito o primeiro recenseamento da população brasileira, mais da metade da população (58%) foi registrada como de origem africana. Essa situação manteve-se durante os séculos XX e XXI, fazendo com que a estrutura demográfica brasileira fosse permanentemente marcada pelo predomínio da população de origem africana.

Essa forte presença da população negra no Brasil e a dimensão trágica relativa a seu processo de incorporação às relações sociais estabelecidas no país implicou um conjunto de dilemas relativos à sua existência. Esses dilemas podem ser encontrados na forma como a própria historiografia estabeleceu a relação entre a população de origem africana e os processos educacionais.

Por longos anos, a historiografia brasileira conviveu com um padrão de entendimento que reduziu a população negra à escravidão, dessa forma, ser *negro* e ser *escravizado* eram entendidos como sinônimos. Isso gerou na historiografia e no próprio imaginário da sociedade a ideia de uma exclusão completa desse grupo em relação aos processos formais de educação. Podemos constatar isso numa formulação encontrada de forma recorrente em livros de história da educação, que até recentemente afirmavam que, no Brasil, *os negros não frequentaram escolas*. Isso pode ser visto no livro *História da educação brasileira*, escrito por José Antônio Tobias, que durante muito tempo foi largamente utilizado em cursos de formação de professores:

> *O negro era o escravo* e, para tal fim, chegou ele no Brasil. O jesuíta foi contra a escravidão, mas não pôde vencer a sociedade da Colônia e da Metrópole que, na escravidão, baseavam sua lavoura e economia. Por isso, *o negro jamais pôde ir à* escola... mesmo depois da

proclamação da independência e mesmo com negros libertos, não lhes será, muitas vezes em mais de uma província, permitido frequentar escolas (Tobias, 1972, p. 97. Grifos meus.).

Essa formulação exprime com fidelidade a equivocada relação de equivalência entre ser *negro* e ser *escravizado*, estabelecendo a ausência de ambos nos espaços escolares. No entanto, trata-se de um imaginário que desconsiderou as especificidades das duas condições, principalmente em relação ao crescente contingente daqueles que alcançaram a condição de liberdade, sobretudo nos séculos XVIII e XIX.

No entanto, tensões raciais que envolviam a presença de negros livres em espaços escolares podem ser encontradas em períodos como o século XVII. Isso pode ser visto num episódio que foi designado por Serafim Leite como "exclusão e readmissão dos Moços Pardos", registrado na obra *História da Companhia de Jesus no Brasil*. Esse evento ocorreu em 1688, na Bahia, quando os chamados *pardos*[11] foram excluídos da escola dos jesuítas:

> Os moradores brancos do Brasil não queriam que os seus filhos estudassem com os moços pardos, que por esse tempo estavam impedidos também de entrar na vida sacerdotal e religiosa de todas as Ordens, por motivos que se invocavam contra eles de serem afeitos a rixas e vadiagem (Serafim Leite, 2000, p. 201).

Contudo, observa ainda Serafim Leite:

> A exclusão dos Moços pardos se justificou mais pelo número dos que entravam que pelo mau exemplo que

---

11. No Brasil, sempre houve um variado número de formas de classificação da população negra que não está necessariamente relacionado ao fenótipo, ou cor da pele, exprimindo, muitas vezes, um lugar social. Esse é o caso da categoria pardo, que com frequência é uma forma de designação dos negros de condição livre.

davam aos Brancos: era informado que muitos procuravam melhorar a fortuna de sua cor na estudiosa aplicação com que aspiravam excedê-los, e seria estímulo mui honesto para o procedimento dos brancos a emulação dos pardos (Serafim Leite, 2000, p. 203. Grifo meu.).

Portanto, já no século XVII, Serafim Leite registra que pessoas negras utilizavam a relação com a escola como forma de promoção social e combate à discriminação racial de forma absolutamente determinada, pois, diante da resistência dos padres jesuítas, os "moços pardos" fizeram uma petição ao rei, que ordenou a sua readmissão nas escolas em função da natureza pública da atividade educacional exercida pelos jesuítas junto à população.

Comportamentos semelhantes a esse podem ser encontrados em outros momentos, sobretudo nos séculos XVIII e XIX. Isso demonstra o equívoco contido na ideia de que os negros não frequentaram escolas, o que coloca a relação entre os processos de escolarização e a população negra em um nível bem mais complexo.

Uma das situações que revelam essa complexidade pode ser encontrada na província de Minas Gerais, que, na primeira metade do século XIX, apresentava um perfil amplamente diverso do público que se fazia presente nas escolas.

Dados censitários oriundos de uma contagem da população de Minas Gerais, nos anos de 1830, revelam que em algumas regiões havia um predomínio dos negros nas escolas de instrução elementar. Esse é o caso da região central, aquela que se encontrava próxima de Ouro Preto, que, na ocasião, era capital da província.

Estimativas populacionais construídas a partir dos levantamentos censitários que ocorreram nos anos de 1830 indicam que a população de Minas Gerais era composta por 348.002 indivíduos. Destes, 128.086 eram escravizados e 219.916, livres. Em meio aos livres, o segmento composto pela população que pode ser classificada como negra atingia o índice de 59%, ou seja, uma evidente maioria.

Encontramos dez localidades da região central de Minas para as quais o censo do ano 1831 registrava dados sobre a presença na escola de instrução elementar. Essas localidades apresentavam a seguinte configuração racial das escolas:

Gráfico 5.1 – Número de crianças nas da região central de Minas – 1831 (por raça)

Localidade	Brancos	Negros
Passagem de Mariana	5	26
Redondo	7	23
São Bartolomeu	8	20
Cachoeira do Campo	6	47
Bom Fim	10	21
Itaverava	9	30
Catas Altas	12	35
Matozinhos	3	35
Caeté	50	98
Santa Luzia	15	78

Fonte: Listas Nominativas de Minas Gerais, 1831.

Portanto, os negros eram maioria na população de Minas e também a maioria dos alunos nas escolas de instrução elementar da região central. Esse predomínio dos negros nas escolas estava associado ao padrão de urbanização dessa região, que foi produzida por uma forte influência da atividade mineradora. Esse padrão de urbanização deu origem a uma organização social permeável, possibilitando a presença de indivíduos negros em vários espaços, entre eles as escolas de instrução elementar.

Essa situação não foi acompanhada por outras regiões da província, como o sul de Minas, onde encontramos uma sociedade com perfil mais ruralizado. Nela, também encontramos crianças negras nas escolas, mas estas estavam longe de ser maioria.

Não encontramos dados sobre o perfil racial das escolas de outras províncias brasileiras no século XIX. Entretanto, a situação que descobrimos na região central de Minas provavelmente não obtém paralelo com outras regiões do país, configurando-se como uma realidade singular de uma sociedade urbana produzida a partir da atividade mineradora do século XVIII.

Essa singularidade que encontramos em Minas representa as diferentes formas de relação dos negros com os processos de educação formal. Nos últimos anos, essa singularidade vem sendo registrada por pesquisadores de várias partes do país. Com isso, nos deparamos com elementos para combater o imaginário social que reduziu os negros à condição de escravizados, afirmando que estes não estabeleceram relações com os processos de educação formal. Por outro lado, revela que desde a colonização se fazia presente uma tensão nas escolas em função da diversidade de seu público e do preconceito racial.

No século XIX, encontramos um outro evento que expressa uma relação muito estreita entre a educação e a população negra. Trata-se do processo de abolição da escravidão, que é um evento central no movimento de reconfiguração da sociedade brasileira do século XIX.

5.2 A educação no processo de abolição do trabalho escravo no Brasil

No Brasil, a abolição da escravidão é entendida como um marco histórico fundamental. Foi nesse momento que, pela primeira vez, emergiu um debate nacional envolvendo as questões relativas à educação da população negra. Nele, encontramos a construção de um padrão de tratamento que, de certa forma, passaria a marcar a educação dos negros nos períodos posteriores. Contudo, é preciso destacar que a abolição da escravidão foi um processo dirigido e acompanhado pela elite política e econômica do país, que procurou administrá-lo para que ocorresse de forma lenta e gradual, sobretudo para minimizar os prejuízos aos proprietários de escravizados. Essa postura encontrou resistência entre vários setores da sociedade, mas obteve êxito, comprovado pela demora na conclusão desse processo que mobilizou a sociedade brasileira durante boa parte do século XIX.

Tradicionalmente, entende-se que o primeiro encaminhamento para acabar com a escravidão foi a lei que, em 1850, aboliu o tráfico de africanos. Essa medida ocorreu a partir de diferentes pressões internas e externas à sociedade brasileira, sobretudo o controle da marinha inglesa nas zonas de atuação dos traficantes de escravizados. O estabelecimento dessa lei resultou no fim do tráfico de africanos, representando a eliminação da principal fonte de introdução de trabalhadores cativos no país.

Com o fim do tráfico de africanos, restou o ventre das mulheres escravizadas como única fonte de introdução de novos cativos no país. Os plantéis de escravizados só poderiam ser renovados com o nascimento de crianças que, de acordo com a lei vigente no período, tinham a mesma condição de suas mães, ou seja, nasciam escravizadas.

Em 1871, essa situação foi alterada pela Lei do Ventre Livre, que impôs mais um golpe à escravidão determinando a liberdade das crianças nascidas de mulheres escravizadas. Estava, assim, estancada a única fonte de introdução de novos trabalhadores cativos no país, abrindo o caminho para que, em 1888, a Lei Áurea estabelecesse definitivamente o fim da escravidão.

Portanto, entre os anos de 1850 e 1888, encontramos o processo de arquitetura jurídica que gradualmente acabou com a escravidão no Brasil. Em meio a esse processo, ocorreram diferentes iniciativas ligadas à emancipação, entre elas, destaca-se aquela que estabeleceu a conexão entre a abolição e as questões relativas à educação da população negra.

Foi em meio às discussões sobre a elaboração da Lei do Ventre Livre que as questões relativas à educação dos negros apareceram como elemento constitutivo de um debate político. Nele, encontramos até mesmo aquilo que poderíamos chamar de uma política para a educação dos indivíduos que estavam saindo do cativeiro (Fonseca, 2002).

Isso porque, ao tomar a liberdade das crianças nascidas de mulheres escravizadas como um elemento em prol da emancipação, uma questão fundamental se impôs ao debate: quem seria o responsável pela educação das crianças que nasceriam livres a partir do que foi definido pela Lei do Ventre Livre, em 1871? A mãe que continuaria escrava? Os senhores das mães? O Estado?

O debate em torno dessa questão foi intenso e mobilizou políticos, intelectuais, educadores e senhores de escravos. No confronto de ideias que ocorreu no parlamento, encontramos diferentes propostas de encaminhamento dessa questão. No entanto, todas elas caminhavam em direção a um consenso: *não era possível libertar as crianças sem que recebessem uma educação adequada para viverem em liberdade.*

A força desse consenso pode ser percebida até mesmo na ação dos que eram contrários à lei de libertação do ventre que procuraram fazer da educação uma justificativa para atacar o projeto. Estes alegavam ser impossível libertar as crianças sem que elas fossem antes educadas. Um raciocínio como esse foi apresentado pelo escritor e político José de Alencar, que, em 1870, era detentor de um mandato de deputado pela província do Ceará. Dizia ele ao se posicionar contra a lei que libertaria as crianças nascidas de mulheres escravizadas:

> E como libertar o cativo antes de educá-lo? Não senhores; é preciso esclarecer a inteligência embotada, elevar a consciência humilhada, para que um dia, no momento de conceder-lhes a liberdade, possamos dizer:
>
> – Vós sois homens, sois cidadãos. Nós vos remimos não só do cativeiro, como da ignorância, do vício, da miséria, da animalidade, em que jazeis! (Brasil, 1874, p. 27).

José de Alencar tentava desqualificar o projeto por meio da educação, alegando que era impossível submeter crianças livres às mesmas práticas educativas que eram dirigidas aos escravizados. Para ele, primeiramente era preciso tratar da educação dessas crianças para depois enfrentar a questão de sua libertação. Na verdade, José de Alencar utilizava a educação como retórica para a defesa dos interesses escravistas tentando protelar ao máximo qualquer medida que estabelecesse a libertação das crianças nascidas de mulheres escravizadas.

Enquanto escravistas como José de Alencar utilizavam a educação para tentar inviabilizar a libertação das crianças, os defensores do projeto procuraram estabelecer algumas prerrogativas que possibilitassem sua preparação para o exercício da liberdade. Para isso, tentaram incorporar a dimensão educacional ao texto da lei.

Segundo a Lei do Ventre Livre, os filhos das mulheres escravizadas ficariam em poder e sob a autoridade dos senhores de suas mães, os quais teriam a obrigação de *criá-los e tratá-los* até a idade de oito anos. Quando chegassem a essa idade, o senhor teria a opção de entregar a criança ao Estado e receber uma indenização de 600$000 (seiscentos mil réis), ou utilizar-se dos seus serviços até a idade de 21 anos. As crianças que fossem entregues ao governo seriam encaminhadas a associações que também teriam o direito aos serviços gratuitos dos menores, mas, em contrapartida, essas instituições eram obrigadas a *criar* e *educar* os menores.

Um dos aspectos mais importantes dessa lei foi a sua capacidade de contemplar os interesses dos senhores de escravos. Isso fica evidente no estabelecimento da indenização para aqueles que entregassem as crianças ao governo. Outro aspecto que evidencia essa condição foi a permissão da utilização das crianças como mão de obra até os 21 anos de idade. Portanto, em um artigo a lei libertou as crianças e em outro as devolveu à escravidão, pelo menos até atingirem os 21 anos de idade.

A forma como a lei definiu as questões relativas à educação também ocorreu em benefício dos senhores de escravos, pois as crianças que ficassem sob a sua tutela deveriam ser apenas *criadas*, ou seja, esses tutores não tinham nenhuma responsabilidade em relação à sua educação no nível instrucional (escolar). Situação diferente teriam aquelas que fossem entregues ao governo, que seriam enviadas a instituições para serem *criadas* e *educadas*, pois, de acordo com a lei, essas crianças deveriam receber uma educação ao nível instrucional. Portanto, os senhores foram isentos da responsabilidade de instruir as crianças, mas isso foi garantido em relação àquelas que fossem encaminhadas ao governo em troca da indenização.

A Lei do Ventre Livre vigorou entre os anos de 1871 e 1888 e os dados relativos a seu processo de execução revelam que o governo do Império desenvolveu algumas iniciativas para o cumprimento de sua dimensão educacional.

Durante os anos de 1870 e 1880, foram realizadas parcerias entre o governo e associações que deveriam receber as crianças que não ficassem em poder dos senhores de suas mães[12].

---

12. Nas décadas de 1870 e 1880, encontramos o registro das seguintes instituições: Asilo do Imperial Instituto Fluminense de Agricultura (RJ), Asilo Agrícola Isabel (RJ), Estabelecimento Rural de São Pedro de Alcântara (PI), Colônia Orfanológica Izabel (PE), Colônia Orfanológica Blasiana (GO), Colônia Orfanológica N. S. do Carmo (MG), Colônia Orphanologica Cristina (CE), Collegio de N. S. do Amparo (PA) e Instituto dos Educandos e Artífices (PA).

De acordo com dados do Ministério da Agricultura, em 1885 – ou seja, mais de uma década após aprovação da lei –, havia em todo o Brasil 403.827 crianças que nasceram nas condições jurídicas estabelecidas pela Lei do Ventre Livre. Segundo esse mesmo órgão, um número insignificante dessas crianças foi entregue ao Estado em troca da indenização: apenas *cento e treze crianças*.

Esses dados revelam que houve uma atitude sistemática dos escravistas de reterem as crianças em seu poder com objetivo de utilizá-las como trabalhadores em condições muito próximas à escravidão. Assim, as discussões e as iniciativas sobre educação que ocorreram durante a abolição não atingiram seus destinatários originais, que, na verdade, permaneceram sob o domínio dos senhores de suas mães em condições que fizeram deles *escravos livres*.

Em vista disso, podemos considerar que em meio ao processo de abolição do trabalho escravo manifestou-se uma consciência acerca da importância da educação como fator de inclusão social. Isso emergiu como um consenso nos vários setores da sociedade que tinham clareza em relação à necessidade de uma educação com características específicas para a vida em uma sociedade organizada a partir do trabalho livre. De outro lado, manifestaram-se também iniciativas governamentais que tinham como destinatários indivíduos que se encontravam na transição entre o cativeiro e a liberdade, mas essa consciência e essas iniciativas encontraram limites nas ações dos escravistas que demonstraram a capacidade de defender e impor seus interesses relegando aos negros à condição de uma inclusão marginal na sociedade organizada a partir do trabalho livre.

5.3 A educação dos negros no pós-abolição da escravidão no Brasil

Ao longo de todo o século XIX houve um movimento de afirmação da escolarização como uma prática social. Isso se verifica, entre outras coisas, em uma crescente retórica em relação à importância da educação como vetor civilizatório, por meio da expansão e da afirmação das práticas escolares em diferentes lugares do país e, também, pelo estabelecimento de uma concepção liberal que começou a instituir uma vinculação entre educação e cidadania.

Em relação a esse último aspecto, é necessário destacar que, em 1881, foi estabelecida uma determinação legal que definia a alfabetização como critério para composição do grupo de pessoas aptas ao exercício do voto. A Lei Saraiva Felipe estabeleceu uma reforma eleitoral que continha a seguinte definição: *de serem incluídos no dito alistamento os cidadãos que requererem e provarem ter adquirido as qualidades de eleitor na conformidade com esta lei, e souberem ler e escrever.*

O censo de 1872 indicava que, no Brasil, a população de analfabetos girava em torno de 80%. Nesse sentido, a consequência mais direta da Lei Saraiva Felipe foi reduzir drasticamente o número de eleitores. Antes da reforma eleitoral, a população votante era composta por mais de um milhão de indivíduos, mas, após a reforma, esse número caiu para 145.000, representando 1,5% da população total (Leão, 2012).

Foi em meio a esse contexto que a educação foi progressivamente ampliando seu significado político, passando a ser compreendida como essencial na estratégia de afirmação coletiva da população negra, sobretudo pelos movimentos sociais que passaram a representar esse grupo social.

No Brasil, o processo de abolição da escravidão foi encaminhado sem a implementação efetiva de políticas de incorporação dos negros à sociedade organizada a partir do trabalho livre. A consequência desse encaminhamento foi um elevado padrão de exclusão social que atingiu diferentes extratos da população negra.

Como resposta a esse processo, iniciou-se a organização de movimentos sociais que utilizaram a raça como elemento de aglutinação e como mecanismo político para viabilizar a inclusão dos negros na sociedade. Esses movimentos foram definidos da seguinte forma por Petrônio Domingues:

> Movimento negro é a luta dos negros na perspectiva de resolver seus problemas na sociedade abrangente, em particular os provenientes dos preconceitos e das discriminações raciais, que os marginalizam no mercado de trabalho, no sistema educacional, político, social e cultural. Para o movimento negro, a "raça", e, por conseguinte, a identidade racial, é utilizada não só como elemento de mobilização, mas também de mediação das reivindicações políticas. Em outras palavras, para o movimento negro, a "raça" é o fator determinante de organização dos negros em torno de um projeto comum de ação (Domingues, 2007, p. 201).

Esses movimentos ocorreram em diferentes pontos do país. Apresentamos a seguir um quadro que indica a sua distribuição até os anos de 1980:

Quadro 5.2 – Organizações negras após a abolição da escravidão (1888-1980)[13]

Associação	Cidade	Ano
Sociedade Progresso da Raça Africana	Pelotas/RS	1891
Clube 28 de Setembro	São Paulo/SP	1897
Clube 13 de Maio dos Homens Pretos	São Paulo/SP	1902
Centro Literário dos Homens de Cor	São Paulo/SP	1903
Sociedade Propugnadora Treze de Maio	São Paulo/SP	1906
Sociedade de Socorro Mútuo Princesa do Sul	Pelotas/RS	1908
Centro Cultural Henrique Dias	São Paulo/SP	1908
Grupo Dramático Recreativo Cosmos	São Paulo/SP	1908
Federação Paulista dos Homens de Cor	Campinas/SP	1908
Sociedade União Cívica dos Homens de Cor	São Paulo/SP	1915
Associação Protetora dos Homens Pretos	São Paulo/SP	1917
Centro da Federação dos Homens de Cor	Rio de Janeiro/RJ	1917
Centro Cívico Cruz e Souza	Lages/SC	1918
Sociedade Brinco da Princesa	São Paulo/SP	1925
Centro Cívico Palmares	São Paulo/SP	1926
Frente Negra Brasileira	São Paulo/SP	1931
Clube Negro de Cultura Social	São Paulo/SP	1932
Frente Negra Socialista	São Paulo/SP	1932

Sociedade Flor do Abacate	Rio de Janeiro/RJ	1934
Legião Negra	Uberlândia/MG	1934
Sociedade Henrique Dias	Salvador/BA	1937
União dos Homens de Cor	Porto Alegre/RS	1943
Grêmio Literário Cruz e Souza	Minas Gerais/MG	1943
Teatro Experimental do Negro	Rio de Janeiro/RJ	1944
Comitê Democrático Afrobrasileiro	Rio de Janeiro/RJ	1944
Associação do Negro Brasileiro	São Paulo/SP	1945
Associação José do Patrocínio	Belo Horizonte/MG	1951
Frente Negra Trabalhista	São Paulo/SP	1954
Associação Cultural do Negro	São Paulo/SP	1954
União Cultural dos Homens de Cor	Rio de Janeiro/RJ	1956
União Catarinense dos Homens de Cor	Blumenau/SC	1962
Grupo Palmares	Porto Alegre/RS	1971
Centro de Cultura e Arte Negra (Cecan)	Rio de Janeiro/RJ	1972
Institutos de Pesquisa e Cultura Negra (IPCN)	Rio de Janeiro/RJ	1976
Movimento Negro Unificado (MNU)	São Paulo/SP	1978

Fonte: Ferrara, 1986; Domingues, 2008.

---

13. Esses dados refletem: o estágio atual das pesquisas, principalmente aquelas que foram produzidas a partir dos centros de investigação concentrados no Sudeste, que tendem a colocar em destaque as ações que ocorreram em estados como São Paulo e Rio de Janeiro.

Essas organizações criadas pela população negra encontraram diferentes níveis de dificuldade para serem integradas ao debate político do país que tendia a operar a partir da exclusão da raça como elemento constitutivo do processo de organização social. Esse panorama político só se modificou no final do século XX – período em que, como veremos, essa questão passou a ganhar destaque no cenário político brasileiro.

Todavia, a recorrência e a continuidade das organizações criadas pela comunidade negra ao longo de todo o século XX indicam sua importância na agenda política construída por esse grupo. Podemos constatar isso a partir do registro de uma das estratégias mais comuns de manifestação dessas organizações que deu origem ao surgimento de uma *imprensa negra*, que utilizou a elaboração de jornais como uma forma de divulgação da luta antirracista e como uma estratégia para dar visibilidade às ações desenvolvidas junto à comunidade negra.

Apresentamos a seguir um quadro que registra sua distribuição até os anos de 1980.

A atuação das organizações tradicionalmente designadas como movimento negro teve seu início após a abolição da escravidão prosseguindo por todo o período republicano. Essas organizações tinham a questão da raça e do preconceito como elemento de aglutinação e procuravam combater a discriminação racial. Inicialmente, esse combate se deu por meio de organizações que procuravam mobilizar a comunidade negra a partir de ações assistencialistas, recreativas e culturais, mas essas organizações foram progressivamente construindo uma agenda de reivindicações que deram contornos políticos mais fortes à sua ação,

Quadro 5.3 – Imprensa negra no Brasil (1888-1985)

Ano	Jornal	Cidade	Ano	Jornal	Cidade
1892	O Exemplo	Porto Alegre/RS	1948	União	Curitiba/PR
1899	A Pátria	São Paulo/SP	1950	Mundo Novo	São Paulo/SP
1903	O Baluarte	Campinas/SP	1950	Quilombo	Rio de Janeiro/RJ
1907	Alvorada	Pelotas/RS	1950	Redenção	Rio de Janeiro/RJ
1912	O Combate	São Paulo/SP	1953	Voz da Negritude	Niterói/RJ
1915	O Menelick	São Paulo/SP	1953	Novo Horizonte	São Paulo/SP
1916	A Rua	São Paulo/SP	1957	Notícias de Ébano	São Paulo/SP
1916	Xauter	São Paulo/SP	1958	Mutirão	São Paulo/SP
1918	O Bandeirante	São Paulo/SP	1960	Hífen	Campinas/SP
1918	O Alfinete	São Paulo/SP	1960	Níger	São Paulo/SP
1919	A Liberdade	São Paulo/SP	1961	Nosso Jornal	Piracicaba/SP
1920	A Sentinela	São Paulo/SP	1963	Correio d'Ébano	Campinas/SP
1922	O Kosmos	São Paulo/SP	1974	Árvores das Palavras	São Paulo/SP
1923	Getulino	Campinas/SP	1974	Quadros	São Paulo/SP
1924	Clarim da Alvorada	São Paulo/SP	1974	Biluga	São Caetano/SP
1924	Elite	São Paulo/SP	1975	Nagô	São Carlos/SP
1928	Auriverde	São Paulo/SP	1977	Simba	Rio de Janeiro/RJ
1928	O Patrocínio	Piracicaba/SP	1977	Tição	Porto Alegre/RS
1928	O Progresso	São Paulo/SP	1978	Jornegro	São Paulo/SP
1932	Chibata	São Paulo/SP	1978	Abertura	São Paulo/SP
1935	O Clarim	São Paulo/SP	1979	Visungo	São Paulo/SP
1935	O Estímulo	São Carlos/SP	1979	Pixaim	São José dos Campos/SP
1935	A Raça	Uberlândia/MG	1980	Quilombo	Piracicaba/SP
1935	Tribuna Negra	São Paulo/SP	1980	Ébano	São Paulo/SP
1936	Alvorada	Porto Alegre/RS	1981	Negô	Salvador/BA
1945	Alvorada	São Paulo/SP	1982	Africus	Rio de Janeiro/RJ
1946	Senzala	São Paulo/SP	1984	Nizinga	Rio de Janeiro/RJ
1946	Novo Horizonte	São Paulo/SP			

Fonte: Ferrara, 1986; Domingues, 2007; 2008.

chegando até mesmo à criação de um partido político que, nos anos de 1930, buscou representar a população negra do país.

Esse partido surgiu como resultado do amadurecimento das organizações criadas pela população negra e teve como embrião a Frente Negra Brasileira, instituição que surgiu em 1931, na cidade de São Paulo. Essa foi a primeira instituição que conseguiu elevar a organização dos negros à condição de um movimento de massas. A Frente Negra Brasileira chegou a ter 20 mil associados e delegações em diferentes estados da federação (RJ, MG, ES, PE, BA e RS). Sua organização contava com uma complexa estrutura que envolvia escolas, grupos artísticos, time de futebol, departamento jurídico, serviços médicos e odontológicos, cursos de formação política, de artes e ofícios e a publicação do jornal *A Voz da Raça*.

Em 1936, foi registrada como um partido que, em função da instabilidade do quadro político do país, foi extinto logo no ano seguinte:

> A entidade chegou a ser recebida em audiência pelo Presidente da República da época, Getúlio Vargas, tendo algumas de suas reivindicações atendidas, como o fim da proibição de ingresso de negros na guarda civil, em São Paulo. Esse episódio indica o poder de barganha que o movimento negro organizado dispunha no cenário político institucionalizado brasileiro. Com a instauração da ditadura do "Estado Novo", em 1937, a Frente Negra Brasileira, assim como todas as demais organizações políticas, foi extinta. O movimento negro, no bojo dos demais movimentos sociais, foi então esvaziado (Domingues, 2007, p. 101).

Com o fim do Estado Novo, o movimento negro conheceu outras instituições que também obtiveram êxito em seu processo de organização na luta antirracista, destacadamente a *União dos*

Homens de Cor e o *Teatro Experimental do Negro*. A primeira foi fundada em 1943, na cidade de Porto Alegre/RS, e teve projeção nacional com representação em vários estados da Federação. A segunda foi fundada no Rio de Janeiro e, sob a liderança de Abdias do Nascimento, alcançou notoriedade nos campos cultural e político do país.

Mais uma vez, o quadro de instabilidade política e o estabelecimento de um regime de exceção, em 1964, colocou fim ao trabalho dessas e de outras instituições criadas pela comunidade negra.

Assim, a reorganização desses movimentos ocorreu nos anos de 1970, durante a desarticulação do regime militar e a luta pela redemocratização do país. Nesse período, sugiram novas entidades, entre elas destaca-se a organização do *Movimento Negro Unificado* (MNU), fundado em São Paulo, em 1978. O MNU foi um movimento organizado no âmbito nacional que teve importância capital na aglutinação de militantes negros e na formulação da pauta de reivindicações que marcaria a luta contra a discriminação racial nos anos seguintes.

5.3.1 *A educação nos movimentos sociais organizados pelos negros*

No quadro geral de atuação das organizações criadas pelos negros ao longo de todo o período republicano destaca-se o lugar ocupado pela educação na pauta de reivindicação construída por esses movimentos. Desde o início, a educação foi sendo definida como um campo prioritário da luta antirracista.

Logo após a abolição da escravidão, a atuação dessas organizações foi elaborada a partir da percepção de que a educação era um fator determinante para a inclusão social. Assim, essas instituições procuravam denunciar os elevados índices de analfabetismo da população negra e as dificuldades de acesso à escolarização. Várias delas foram além da denúncia organizando aulas e escolas com objetivo de educar os membros da comunidade negra, pois partilhavam da crença de que a educação poderia proporcionar a ascensão social e até mesmo anular o preconceito racial:

> Associações negras também abriram escolas, sendo que uma delas, a Sociedade Amigos da Pátria, de São Paulo, fundada em 13 de maio de 1908, era dirigida por Salvador Luís de Paula, um negro ex-ativista do movimento abolicionista. A escola chamava-se Progresso e Aurora. Não se tem maiores detalhes de sua dinâmica interna. Contudo, o jornal paulista *Progresso*, em 23/9/1929, informava que a escola era "mista" e atendeu "mil e tantas pessoas" durante dez anos (Domingues, 2009, p. 969).

A Frente Negra Brasileira desenvolveu uma experiência que pode ser entendida como uma das mais elaboradas na atuação dessas instituições no campo da educação, pois, dentro da sua estrutura organizacional, o Departamento de Educação era o mais importante.

Na mesma direção seguiram outras instituições, como o Teatro Experimental do Negro, que também oferecia cursos de alfabetização. Em 1954, o jornal dessa organização já manifestava críticas em relação à presença de preconceito racial em livros didáticos e a discriminação como elemento constitutivo das práticas pedagógicas desenvolvidas nas escolas brasileiras.

A preocupação com as questões de natureza pedagógica ganhou força no processo de ressurgimento do movimento negro no período final da ditadura militar, nos anos de 1970. No centro das questões colocadas durante esse período não estava mais a criação de escolas como estratégia de superação da inoperância do Estado, como até então havia sido a forma mais usual de trabalho das organizações negras. O movimento negro passou a colocar em primeiro plano a crítica quanto à discriminação racial presente nas escolas brasileiras e a reivindicação em relação à necessidade do Estado de oferecer educação pública de qualidade para todos.

Um período importante para o aparecimento e a publicização dessas questões foram os debates relativos à reforma constitucional, nos anos de 1980, que contou com uma ampla mobilização do movimento negro para incluir elementos da luta antirracista entre os dispositivos constitucionais:

> A partir da década de 1980 a ação do movimento negro tornou-se mais propositiva ao exigir do Estado, nos vários níveis administrativos, resoluções concretas para a situação da população negra. De certo modo, a Constituição Federal de 1988 pode ser pensada como um momento privilegiado no qual um conjunto de ações que vinham sendo desenvolvidas pelas entidades negras se confluiu para tentar mudar no plano político a ação do Estado frente à problemática racial... (Rodrigues, 2005, p. 48).

Em 1985, ocorreram encontros regionais com objetivo de estabelecer as bases de atuação do movimento negro na Constituinte. O conjunto desses eventos deu origem a um documento elaborado por 63 entidades pertencentes a 16 unidades da Federação, cujo título era *Convenção Nacional do Negro para a Constituinte*. Esse evento ocorreu em 1986 e teve como objetivo construir uma proposta para ser apresentada na elaboração da nova Constituição. A pauta que foi elaborada concentrou-se em três pontos específicos: o primeiro se referia ao reconhecimento das comunidades remanescentes de quilombo; o segundo, à criminalização do racismo; o terceiro, por fim, expressava as preocupações com o campo educacional. Em relação a essa questão, a proposta girava em torno da valorização de uma ação pedagógica pautada pela diversidade e pela defesa do ensino da história da África e do negro no Brasil: "o processo educacional respeitará todos os aspectos da cultura brasileira. É obrigatória a inclusão nos currículos escolares de I, II e III graus, do ensino da história da África e da História do Negro no Brasil" (Santos, 2005, p. 24).

Os debates para elaboração da nova Constituição impuseram resistências de toda ordem ao tratamento da agenda proposta pelo movimento negro. Isso se deu tanto na perspectiva dos setores políticos representados por conservadores como também dos progressistas, pois, para ambos, a questão era um problema pontual dentro das desigualdades sociais que deveria ser tratado junto às discussões relativas às chamadas minorias sociais.

A proposta apresentada pelo movimento negro em relação à educação foi considerada muito específica. Por isso, para a maioria dos legisladores, deveria ser reafirmada a importância da pluralidade racial sem a definição de qualquer especificação em relação ao currículo. Para os constituintes, isso deveria ser tratado em um momento específico, ou seja, o debate deveria ocorrer posteriormente no processo de elaboração da lei de diretrizes da educação que deveria promover o detalhamento e os encaminhamentos dos dispositivos constitucionais.

O trabalho em torno da Lei de Diretrizes e Bases da Educação Nacional (LDBEN) ocorreu após a Constituinte, no período entre 1988 e 1996, e não operou os avanços pretendidos pelo movimento negro. Limitou-se praticamente a reproduzir a forma como o tema foi tratado na Constituição, reafirmando a resistência em relação à obrigatoriedade do estudo da história da população negra no Brasil. O tema ganhou a seguinte redação no Artigo 26: *o ensino de História do Brasil levará em conta as contribuições das diferentes culturas e etnias para a formação do povo brasileiro, especialmente as matrizes indígena, africana e europeia.*

A necessidade de uma incorporação positiva dos negros no currículo das escolas adquiriu um significado profundo na ação das entidades negras, tornando-se, com isso, tema central na agenda de reivindicações e da luta antirracista no campo educacional. Essa proposta não foi vitoriosa na Constituinte de 1988 e tampouco na LDB/1996. No entanto, a capacidade de articulação e mobilização das organizações negras junto a diferentes agremiações partidárias em todo o país fez com que o tema ganhasse espaço nas diretrizes educacionais de vários estados e municípios.

Em 1989, esse tema foi formalmente definido na constituição elaborada para o estado da Bahia, que determinava a *adequação dos programas de ensino das disciplinas de geografia, história, comunicação e expressão, estudos sociais e educação artística à realidade histórica afro-brasileira, nos estabelecimentos estaduais de 1º, 2º e 3º graus.* Seguiram na mesma direção as legislações municipais de Belo Horizonte/MG, em 1990; Porto Alegre, em 1991; Belém/PA, em 1994; Aracaju/SE, em 1994; São Paulo, em 1996; Brasília/DF, em 1996; e Teresina/PI, em 1998.

A questão ganhou contornos nacionais no ano 2003, com a aprovação da Lei 10.639, que alterou a LDBEN/1996 estabelecendo parâmetros legais para a introdução das questões relacionadas à história dos negros no Brasil e na África:

> Art. 26-A. Nos estabelecimentos de ensino fundamental e médio, oficiais e particulares, torna-se obrigatório o ensino sobre História e Cultura Afro-Brasileira.
>
> § 1º O conteúdo programático a que se refere o caput deste artigo incluirá o estudo da História da África e dos Africanos, a luta dos negros no Brasil, a cultura negra brasileira e o negro na formação da sociedade nacional, resgatando a contribuição do povo negro nas áreas social, econômica e política pertinentes à História do Brasil (Brasil, 2004, p. 37).

A aprovação da Lei 10.639/2003 configura-se como um marco na educação, representando a capacidade de articulação e resiliência do movimento negro e, também, uma transformação profunda na construção de práticas educativas que passaram a contemplar a diversidade e a valorização dos negros como sujeitos sociais.

Essa conquista pode ser entendida como elemento central da definição que Nilma Lino Gomes elaborou para caracterizar o movimento negro como um agente educador:

> No seu papel educativo, tal movimento educa e reeduca a sociedade, o Estado e a si mesmo sobre as relações raciais, o racismo e a diáspora africana. E, se é um educador, ele constrói pedagogias. E, se constrói pedagogias, interfere nos processos educativos e nas políticas educacionais... Se concordamos com o fato de que o Movimento Negro participa e desenvolve processos educativos, identitários, de lutas, transgressões e conflitos, também concordaremos com a afirmação de que ele possui a capacidade de indagar e desafiar as elites do poder, o Estado e suas políticas. E, dentre essas políticas, encontram-se as educacionais (Gomes, 2019, p. 144).

Uma das expressões mais elevadas da atuação do *movimento negro educador* é aquela que, a partir da aprovação da Lei 10.639/2003, estabeleceu a educação das relações raciais em um conjunto de princípios sistematizados nas *Diretrizes curriculares nacionais para a educação das relações étnico-raciais e para o ensino de história e cultura afro-brasileira e africana*. Esse documento foi elaborado pelo Conselho Nacional de Educação (CNE) e teve como relatora a professora e pesquisadora Petronilha Beatriz Gonçalves e Silva, que, na ocasião, ocupava uma cadeira nesse Conselho a partir de uma indicação do movimento negro.

O processo de construção das diretrizes contou com uma ampla consulta a diferentes segmentos da sociedade, resultando na elaboração de uma série de encaminhamentos para reconfigurar as práticas educativas em torno das relações raciais. O documento foi aprovado no ano 2004 reconhecendo e sistematizando práticas educativas de caráter antirracistas que foram elaboradas na educação brasileira, sobretudo aquelas que historicamente foram produzidas no interior do movimento negro. Nesse sentido, afirma que

> O parecer procura oferecer uma resposta, entre outras, na área da educação, à demanda da população afrodescendente, no sentido de políticas de ações afirmativas, isto é, de políticas de reparações, e de reconhecimento e valorização de sua história, cultura, identidade. [...] propõe a divulgação e produção de conhecimentos, a formação de atitudes, posturas e valores que eduquem cidadãos orgulhosos de seu pertencimento étnico-racial – descendentes de africanos, povos indígenas, descendentes de europeus, de asiáticos – para interagirem na construção de uma nação democrática, em que todos, igualmente, tenham seus direitos garantidos e sua identidade valorizada (Brasil, 2004, p. 11).

O documento promove políticas educacionais e estratégias pedagógicas que valorizam a diversidade e o respeito às pessoas negras. Assim, define que cabe aos sistemas de ensino de diferentes níveis converter as demandas dos afro-brasileiros em políticas públicas de Estado que promovam a reeducação das relações étnico-raciais.

O documento tem como pressuposto o reconhecimento de que a discriminação de qualquer natureza não tem sua origem na escola, porém, o racismo e as desigualdades presentes na sociedade perpassam o espaço escolar. Portanto, pedagogias de combate ao racismo e à discriminação devem ter como objetivo fortalecer entre os negros e despertar entre os brancos a consciência negra. Determina a presença do tema nos cursos de formação de professores e que os administradores dos sistemas de ensino devem prover as escolas com materiais didáticos que confiram ao tema um tratamento completo em relação à contribuição dos africanos escravizados e seus descendentes para a construção da nação brasileira.

A Lei 10.639/2003 e a *Diretrizes curriculares nacionais para a educação das relações étnico-raciais e para o ensino de história e cultura afro-brasileira e africana* possibilitaram mudanças importantes na dinâmica das escolas, dos cursos de formação de professores e dos sistemas de ensino de todo o país. Embora existam dificuldades para o cumprimento pleno de seus dispositivos, esses documentos compõem um repertório de determinações legais que colocaram a educação brasileira em um patamar diferente daquele que tratava as relações raciais a partir da discriminação, do preconceito e da omissão.

5.3.2 *Políticas de ação afirmativa e o combate ao racismo na educação brasileira*

Uma das dimensões mais importantes do avanço representado pelo antirracismo na educação brasileira foi o reconhecimento das políticas de ação afirmativa como estratégia de enfrentamento das desigualdades raciais. No Brasil, esse tipo de política passou a ser visto como uma alternativa às políticas universais que historicamente estruturaram o desenvolvimento da educação no país.

No centro desse debate estava a existência de um padrão de desigualdade que marcava a trajetória educacional de negros e brancos e a incapacidade das políticas tradicionais de agirem sobre o problema. Em outras palavras, havia diferenças estatisticamente comprovadas nos padrões educacionais de negros e brancos e essa situação não encontrava respostas efetivas nas chamadas políticas universais, ou seja, aquelas que eram destinadas a todos de forma indiscriminada.

A fundamentação dessa crítica pode ser percebida nas informações contidas no gráfico elaborado a partir dos dados do Instituto Brasileiro de Geografia e Estatística (IBGE) relativos à Pesquisa Nacional por Amostra de Domicílio (PNAD), de 1999. Nele, encontramos a representação da escolaridade média de indivíduos negros e brancos, com mais de 14 anos, que nasceram entre os anos de 1929 e 1974, ou seja, durante boa parte do século XX.

Gráfico 5.2 – Número médio de estudo: evolução por cohorte

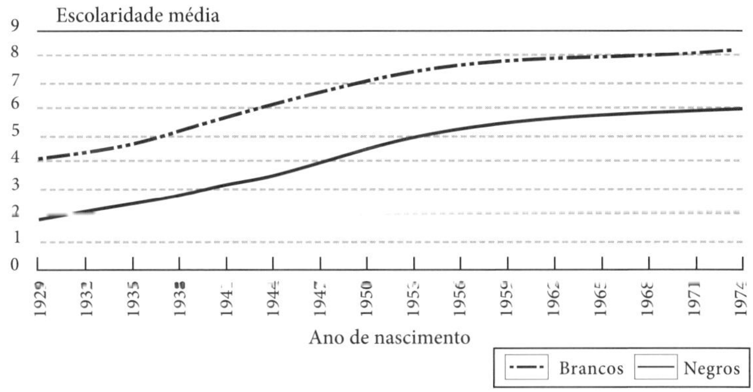

Fonte: Henriques, 2001.

O período representado pelo gráfico registra um aumento do padrão médio de escolaridade de todos os segmentos da população brasileira. É possível perceber que, entre os indivíduos que nasceram em 1929 e aqueles que nasceram em 1974, houve um aumento da média de escolaridade. Nesse período, os brancos passaram de uma média de quatro para oito anos. Os negros apresentaram comportamento semelhante, passando de dois para seis anos.

Os dois segmentos se beneficiaram das políticas educacionais de caráter universalista que foram estabelecidas durante todo esse período. No entanto, o quadro registra que houve a continuidade de um padrão de desigualdade, ou seja, as duas linhas se mantiveram separadas por uma desigualdade de dois anos em favor dos brancos.

Dados como esses colocaram em discussão o valor das políticas universais demonstrando sua dificuldade de atacar de forma plena as desigualdades raciais. Isso abriu espaço para uma defesa em torno de políticas focalizadas, ou as chamadas *políticas de ação afirmativa*, que operam a partir da discriminação positiva de grupos em situação de desvantagem social. Esse tipo de política passou a ser defendida como um instrumento necessário ao processo de aceleração do combate às desigualdades.

No Brasil, a passagem do século XX para o XXI foi acompanhada por um intenso debate sobre a pertinência das políticas de ações afirmativas. Não foram poucas as resistências quanto à legitimidade e à eficácia dessas políticas. No entanto, passaram a ser admitidas como centrais no repertório de políticas públicas de caráter antirracista e foram aplicadas em diferentes campos, especialmente no ensino superior, que era uma das áreas nas quais havia (e ainda há) um dos padrões de desigualdade racial mais acentuados do país.

No ensino superior esse tipo de política teve destaque na sua aplicação a partir da modalidade de cotas, ou reserva de vagas para o ingresso de estudantes negros. As primeiras instituições a adotarem esse tipo de medida foram a Universidade Estadual do Rio de Janeiro (UERJ) e a Universidade Estadual da Bahia (UNEB), em 2002. Nos anos seguintes, várias universidades do país estabeleceram as cotas como instrumento de democratização do acesso ao ensino superior. Em 2012, foi criada a lei 12.711, que estabeleceu cotas raciais e sociais como um mecanismo de ingresso nas universidades federais e na Rede Federal de Educação Científica e Tecnológica de Ensino, representando uma das mais importantes transformações no ensino superior brasileiro, que passou a contar com um perfil mais diversificado de seu público, principalmente por uma ampliação da presença de negros nesse nível de ensino[14]. Ainda persiste um padrão de desigualdade entre jovens negros e brancos no ensino superior, mas as políticas de ação afirmativa revelam que houve uma modificação do cenário, indicando que estamos no caminho certo para uma transformação efetiva desse nível do ensino (Heringer, 2018).

5.4 Considerações finais

No Brasil, a escravidão foi uma instituição longa e duradoura que imprimiu marcas profundas no modelo de sociedade que se estabeleceu no país. Esse processo tem suas origens no tráfico de escravizados e em um padrão fortemente negativo de racialização da população negra.

A força dessa dinâmica social pode ser encontrada no modelo de independência, estabelecido em 1822, que operou um

---

14. Segundo Heringer (2018), entre 2001 e 2014, a presença de estudantes entre 18 e 24 anos classificados como pretos saiu de 2,2% para 11,4%; os pardos passaram de 3,6% para 12,1%; já os brancos passaram de 14,5% para 25,3%.

rompimento com o passado colonial, mas conservou a escravidão como uma linha de continuidade. Em 1822, o modelo de sociedade criado pela independência foi estruturado a partir de uma elite que sustentava sua condição através da exploração de trabalhadores escravizados. Essa realidade teve continuidade na abolição da escravidão, que preservou o racismo e a discriminação como elementos de um projeto de inclusão marginal da população negra em uma sociedade organizada pelo trabalho livre.

Um dos contrapontos mais contundentes a essa realidade foi a ação coletiva da população negra que, ao longo de todo o século XX, construiu organizações que agiram permanentemente na luta contra a discriminação e o preconceito. Dentro dessa luta, a educação foi um elemento constante de suas reivindicações e ação na construção de um movimento antirracista.

A luta antirracista empreendida pelo movimento negro promoveu transformações importantes na sociedade brasileira, que ingressou no século XXI produzindo mudanças nas formas de estabelecimento das relações raciais. Entre elas, destaca-se a criação de princípios e diretrizes para educação das relações raciais como parte das políticas destinadas a fazer do campo educacional um espaço de construção de uma sociedade plural, fundada nos valores representados pela diversidade e pela democracia.

Referências

BARROS, S. A. P. Um balanço sobre a produção da história da educação dos negros no Brasil. *In*: FONSECA, M. V.; BARROS, S. A. P. *A história da Educação dos negros no Brasil*. Rio de Janeiro: EdUFF, 2016.

BRASIL. Câmara dos deputados. *Elemento Servil*: parecer e projeto de lei apresentado a Câmara dos Deputados em 1871. Rio de Janeiro: Typografia Nacional, 1874.

BRASIL. *Diretrizes curriculares nacionais para a educação das relações étnico-raciais e para o ensino da história afro-brasileira e africana.* Brasília: SECAD/MEC, 2004.

DOMINGUES, P. Movimento Negro Brasileiro: alguns apontamentos históricos. *Revista Tempo*, Rio de Janeiro, UFF, n. 23, p. 100-122, 2007.

DOMINGUES, P. O recinto sagrado: educação e antirracismo. *Cadernos de Pesquisa*, Rio Janeiro, v. 39, n. 138, p. 963-994, 2009.

FERRARA, M. N. *A imprensa negra paulista (1915-1963).* São Paulo: USP, 1986.

FONSECA, M. V. *A educação dos negros*: uma nova face do processo de abolição de escravidão no Brasil. Bragança Paulista: Edusf, 2002.

FONSECA, M. V. A educação das relações raciais em uma perspectiva histórica. *Araucaria: Revista Iberoamericana de Filosofía, Política, Humanidades y Relaciones Internacionales*, v. 24, n. 51, p. 291-317, 2022.

GOMES, N. L. O Movimento Negro Brasileiro indaga e desafia as políticas educacionais. *Revista da ABPN – Caderno temático: Raça Negra e Educação 30 anos depois*, v. 11, p. 141-162, 2019.

HERINGER, R. Democratização da educação superior no Brasil: das metas de inclusão ao sucesso acadêmico. *Revista Brasileira de Orientação Profissional*, v. 19, p. 7-17, 2018.

HENRIQUES, R. *Desigualdade racial no Brasil*: evolução das condições de vida na década de 1990. Rio de Janeiro: IPEA, 2001. Disponível em: http://www.ipea.gov.br/portal/index.php?option=com_content&view=article&id=4061. Acesso em: 20 fev. 2025.

KLEIN, H. A demografia do tráfico atlântico de escravos para o Brasil. *Estudos Econômicos*, São Paulo, v. 17, n. 2, p. 129-149, 1987.

LEÃO, M. Lei Saraiva (1881): o analfabetismo é um problema, exclui-se o problema. *Revista Aedos*, v. 4, n. 11, p. 602-615, 2012.

MARTINS, R. B. *Notas sobre a demografia das populações escravas da América.* Belo Horizonte: Faculdade de Ciências Econômicas, UFMG, 2016. Disponível em: https://diamantina.cedeplar.ufmg.br/portal/download/diamantina-2016/59-86-1-RV.pdf. Acesso em: 20 fev. 2025.

RODRIGUES, T. C. *Movimento negro no cenário brasileiro*: embates e contribuições à política educacional nas décadas de 1980-1990. 2005. 114 f. Dissertação (Mestrado em Ciências Humanas) – Universidade Federal de São Carlos, São Carlos, 2005.

SANTOS, J. A. S. A Lei 10.639/03 como fruto da luta antirracista do Movimento Negro. *In*: SECRETARIA DE EDUCAÇÃO CONTINUADA, ALFABETIZAÇÃO E DIVERSIDADE – Secad. *Educação antirracista*: caminhos abertos pela Lei Federal nº 10.639/03. Brasília: MEC-SECAD, 2005. p. 21.

SERAFIM LEITE, S. I. *Histórica da Companhia de Jesus no Brasil*. Belo Horizonte; Rio de Janeiro: Editora Itatiaia, 2000. Tomo VII – Séculos XVII-XVIII, Assuntos gerais (Fac-símiles).

TOBIAS, J. A. *História da educação brasileira*. São Paulo: Editora Juriscredi, 1972.

6
A (re)descoberta dos saberes ancestrais
Diálogos entre a educação e as histórias dos povos indígenas

Adriano Toledo Paiva

> Oh, cunhado Urutau, por que seus olhos são grandes?
> ũũ ũũ ũũ
> tiktak amap xate xĩy tu ãpa xeka
> E você, amiga Suindara? Por que você também tem olhos grandes?
> xi ãmũn xate xĩy tu ãpa xeka
> E você? Por que você também tem olhos grandes?
> xi ãmũn xate xĩy tu ãpa xeka
> Oh, cunhado Suindara, por que seus olhos são grandes?
> tiktak ku'ut xate xĩy tu ãpa xeka
> E você? Por que você também tem olhos grandes?
> xi ãmũn xate xĩy tu ãpa xeka
> Oh, cunhado Coruja, por que seus olhos são grandes?
> tiktak putuxkup xate xĩy tu ãpa xeka
> Todos nós temos olhos grandes.
> Todos nós temos olhos grandes.
> yã yũmũg paxeka yãy punuk
> yã yũmũg paxeka yãy punuk
> ũũ ũũ ũũ
> Isael Maxakali (2014)

A obra infanto-juvenil de Isael Maxakali, professor bilíngue e liderança indígena na Aldeia Verde, em Minas Gerais, nos convida a observar as diferenças e as similitudes entre as espécies de corujas. Os Maxakali estabelecem comparações, observações e conclusões sobre as diferenças dos seres vivos. Qual é esse processo de construção do conhecimento sobre as diversidades? Ademais, podemos avaliar que o ato do olhar para o outro e para si prescinde de muita coragem e empatia. O líder é autor de importantes obras literárias e um premiado cineasta de seu povo. Na sua epígrafe da obra *Urutau*, ele dedica: "A todos aqueles que olham nos olhos de quem é diferente" (Maxakali, 2014). Dessa maneira, o desafiador ato de olhar nos olhos e realizar o exercício da alteridade é a marca das atividades desempenhadas pelos docentes na sala de aula. Os professores e os alunos estão em um processo contínuo de construção e desconstrução de conhecimentos, (re)elaborando continuamente suas identidades e saberes sobre as diversidades. Desde a aprovação da Lei 11.645 do ano de 2008, que institui a obrigatoriedade do ensino das histórias e culturas afro-brasileiras, africanas e indígenas na educação básica, o tema da diversidade étnico-racial passou a ser indispensável nos currículos e nas práticas pedagógicas. As culturas indígenas valorizam e respeitam a diversidade, pois ela é um elemento constitutivo de seu ser. No documentário *Guerras do Brasil.doc*, série dirigida por Luiz Bolognesi (2020), o pensador indígena Ailton Krenak indica:

> Quando os brancos chegaram, eles foram admitidos como mais um na diferença. E se os pilotos tivessem educação, eles podiam ter continuado aqui no meio daqueles povos e produzir outro tipo de experiência, mas eles chegaram aqui com a má intenção de escravizar o povo que vivia aqui. E foi o que deu errado (Krenak, 2020).

Assim, na contemporaneidade, a sociedade brasileira precisa reconhecer as diferenças provenientes da multidiversidade de povos e de culturas indígenas do Brasil, admiti-los como mais integrantes, partícipes e diversos nas nossas experiências. Em seus estudos doutorais, Daniel Munduruku destaca o caráter educativo dos povos indígenas no movimento social, propondo a valorização dos seus pensamentos, filosofias e protagonistas para destituir preconceitos do Estado e da sociedade brasileira. Quando valorizamos o protagonismo dos povos indígenas, criamos uma renovada consciência histórica em relação ao papel do "índio" na nossa história. Destacando as experiências de diferentes povos, visto que o Brasil tem mais de 300 línguas indígenas faladas em seu território, portanto, compreendemos a nossa diversidade cultural e linguística, que contesta e dialoga com a nossa pretensa unidade nacional (Munduruku, 2012).

6.1 O ensino de histórias e culturas indígenas

No ano de 2018, empreendemos uma pesquisa em parceria com os estudantes de graduação/licenciatura em pedagogia da Universidade do Estado de Minas Gerais (UEMG), Campus Belo Horizonte, no período de estágio supervisionado (2017-2018), para avaliação da abordagem da temática indígena nos anos iniciais do Ensino Fundamental. A pesquisa foi realizada no período em que a publicação da Lei 11.645/2008 completava 10 anos. Assim, cada estudante fez uma entrevista com o professor orientador do estágio supervisionado e produziu um pequeno relatório de sua observação, no formato de dissertação, enfocando especialmente o manejo de sala de aula e as práticas docentes no ensino das histórias e culturas dos povos indígenas do Brasil. Os 92 estagiários participantes também realizaram uma entrevista com formulário semiestruturado. Desse modo, com a cooperação de nossos estudantes da UEMG, contamos com quase 2.760 horas de observação em sala de aula, em diferentes escolas da região metropolitana de Belo Horizonte.

De acordo com nossos relatórios, aproximadamente 39% dos professores entrevistados se autodeclararam brancos, 21,7% se identificaram como negros e 38%, pardos. Um professor entrevistado preferiu não declarar seu pertencimento étnico. A grande maioria dos docentes entrevistados são do sexo feminino (93,5%), tendo apenas 6 homens (6,5%) no universo dos profissionais atuantes nas séries iniciais do Ensino Fundamental (3,3%). Um total de 57,6% dos profissionais possui apenas o curso de graduação e 22,8 % possuem alguma especialização *lato sensu*. Dentre os entrevistados, quase 80% desses professores são formados em licenciatura em Pedagogia. Os demais professores são licenciados em: História, Geografia, Música, Língua Inglesa, Matemática e Química. Com relação ao tempo de magistério, 13% dos trabalhadores declararam atuar na área educacional entre 6 e 10 anos. O mesmo percentual foi avaliado para os que atuam de 1 a 5 anos na educação, enquanto 17,4% atuam nessa área de 15 a 20 anos; 18,5% trabalham de 21 a 25 anos e 18,5% estão na área há mais de 25 anos. Aproximadamente 52% dos professores entrevistados atuam em escolas municipais, 22,8% nas escolas da rede estadual e 20,7% dos profissionais atuam em escolas privadas. O restante dos pesquisados (4%) relataram nos formulários a atuação em creches conveniadas à prefeitura. Infelizmente, não podemos caracterizar regionalmente as nossas entrevistas, pois os nossos personagens estão dispostos em diferentes locais das Secretarias de Educação da zona metropolitana de Belo Horizonte. Contudo, podemos ter uma amostra espacial que contempla diferentes áreas da metrópole, permitindo comparações mais detalhadas sobre as práticas de ensino no tema histórias e culturas dos povos indígenas. Aproximadamente 20% dos entrevistados estão na região Nordeste e 9,8%, na região central de Belo Horizonte e na cidade de Contagem. Analisamos que 17,4% dos professores atuam de 30 a 40 horas semanais, 30,4% trabalham mais de 40 horas e 32,6%, no exercício de 21 a 30 horas. Aproximadamente 60,9% dos professores cumprem sua carga horária em apenas uma escola e 38%, em duas instituições.

Sobre a abordagem do tema em suas atividades de ensino, verificamos que 28,3% dos entrevistados afirmaram abordar o tema em datas comemorativas do calendário escolar, citando textualmente o mês de abril (19, o tradicionalmente chamado "dia do índio"); enquanto 57,6% analisam o tema em diferentes contextos escolares e 14,1% não o abordam no seu cotidiano. Nesse contexto, 33,7% dos professores consideraram as culturas indígenas como "um rico folclore do Brasil", 56,5% como instrumento pedagógico para ser abordado no contexto escolar e 4,3% quando vira assunto na mídia. Ao refletirem sobre o currículo, os docentes afirmam que constroem conteúdos que tratam positivamente a diversidade (76,1%) e 12% incorporam temas da cultura indígena e afro-brasileira em seus métodos de ensino. Cerca de 9% dos docentes empregam unicamente o livro didático em suas atividades. De maneira geral, os professores possuem uma postura crítica e política ao tema da história e cultura dos povos indígenas, pois quase 80% mencionaram reavaliar sua prática refletindo sobre os valores e conceitos que trazem introjetados sobre o povo indígena e sua cultura, repensando suas ações cotidianas. Ainda, 7,6% dos entrevistados manifestaram que se posicionam de forma neutra, empregando a ideia de isonomia e neutralidade, atuando como transmissor de conteúdo dos livros didáticos e manuais pedagógicos.

No tocante ao racismo e a questões raciais na escola, 80,4% dos profissionais manifestaram que contextualizam o tema no cotidiano escolar promovendo o exercício crítico do estudante e comprometendo-o com a transformação social brasileira. Todavia, 14,1% desses profissionais consideraram que a abordagem desse tema é feita de forma mais generalizada, porque a escola não tem condições de incidir e modificar essa realidade. Apenas um dentre os profissionais da educação manifestou não ter interesse em debater o tema, porque pode gerar conflitos em sala de aula. Porém, uma grande parte dos profissionais (53,3%) considera que as diferenças entre os grupos étnicos e culturais devem ser mostradas como diversidade brasileira e 43,5% salientam a possibilidade de enfrentamento de racismos e preconceitos. O racismo contra as populações originárias é pouco trabalhado no cotidiano escolar, pois o enfoque recai sobre a abordagem da discriminação da população afro-brasileira.

Uma porção considerável dos professores, quase 72%, considerou que as situações de desigualdade e discriminação presentes na sociedade são importantes instrumentos pedagógicos para a conscientização dos alunos quanto à sua luta contra todas as formas de injustiça social. E avaliamos quase o mesmo percentual para os profissionais que analisam a linguagem empregada no cotidiano escolar com o poder de influir nas questões de racismo e discriminação (77,2%). Nessa mesma seara, quase 80% dos professores frisaram que precisam promover maior conhecimento sobre as heranças culturais brasileiras (africanas e indígenas). Os profissionais (57,6%) também afirmaram que alguns colegas estudam e debatem com os alunos a cultura indígena na escola, em determinadas etapas do ano letivo (datas comemorativas). Aproximadamente 27,2% dos professores manifestaram a escassez de obras de referência na biblioteca da escola e 4,3% disseram não ter qualquer livro sobre o tema. Quase 70% dos educadores mencionaram que a biblioteca da Escola possui muitos livros que tratam as diversidades e questões étnico-raciais, em virtude de projetos e políticas públicas da SEE-MG e das Prefeituras Municipais da região metropolitana. Ao refletir sobre a sua capacitação para atuar nas questões étnico-raciais, os professores afirmaram não possuírem oportunidades de estudar as questões em um curso de aperfeiçoamento ou de formação continuada (27,2%). Quase 55% desses profissionais têm procurado incorporar o assunto nas discussões, reuniões pedagógicas, grupos de estudo e momentos de formação nas escolas de atuação.

Nos projetos de trabalho nas escolas pesquisadas observamos a valorização da cultura indígena como integrante de nosso arcabouço cultural, mas ora aciona-se uma tradição para reafirmação de um modelo cultural ocidental, considerado civilizado e ideal, ora cunha-se um modelo de "cultura brasileira mestiça". Esses projetos desenvolvidos nas escolas e as práticas docentes recaem na rememoração e na constatação da violência e exclusão sofrida pelos negros e indígenas, não concedendo contornos precisos à memória desses agentes históricos. Ao analisarmos os relatos sobre o estágio, destacamos a necessidade de estratégias pedagógicas e de propostas de ação que abordem a temática em todo o currículo escolar, no cotidiano institucional, e das práticas didáticas, valorizando produções teóricas, audiovisuais, literárias e cosmológicas dos povos originários. Segundo Takuá,

> Muitos dos desequilíbrios, do racismo e do preconceito que existem ainda hoje no Brasil são resultado desse modelo de educação colonial. Precisamos metamorfosear os currículos e ampliar os diálogos sobre a utilidade da escola e o verdadeiro sentido de transmissão de saberes. Uma escola que não prioriza a multiplicidade dos conhecimentos é esvaziada de direção. Penso numa escola viva, que valoriza o potencial de cada um em sua complexa essência, que dialoga sobre valores de ser e estar nos territórios de forma equilibrada, que fala das muitas artes, de diversas formas de cura, dos cantos e encantos da vida que pulsa a cada novo dia. Uma escola que estabelece relações epistemológicas, artísticas e espirituais com todas as formas de vida (Takuá, 2021, p. 48).

Com o intuito de desconstruir esse modelo colonial de educação, em nossa atuação como professor visitante no Instituto Federal de Educação, Ciência e Tecnologia Minas Gerais (IFMG, Campus Congonhas), efetuamos projetos de ensino sob a forma de seminários intitulados "Pensamentos e filosofias indígenas" (2023-2024), no qual os estudantes escolheram alguns escritores, artistas audiovisuais e plásticos, músicos, curadores, políticos e influenciadores digitais indígenas para debate. Os grupos apresentaram os trabalhos orais e escritos (apresentação audiovisual) em fóruns de discussão em sala de aula abordando as narrativas e as filosofias dos povos indígenas. Os alunos poderiam escolher livremente o seu personagem, mas indicamos algumas sugestões: Jaider Esbell Makuxi; Daiara Tukano; Uýra Sodoma; Denilson Baniwa; Arissana Pataxó; Glicéria Tupinambá; Gustavo Caboclo; Moara Tupinambá; Ibã Huni Kuin; Joseca Yanomami; Day Molina (Aymará/Fulni-ô); Maurício Duarte Brand (Kaixana); Aline Rochedo

Pachamama – Churiah Puri; Xipú Puri; Katú Bororos; Brisa Flow (Mapuche); Oz Guarani; Kaê Guajajara; Kunumí MC Guarani; Wera Mc (Guarani); Souto Mc Kariri; Wescritor (Tupinambá); Oxóssi Karajá; Brô Mcs (Guarani e Kaiowá); Daniel Munduruku; Cacique Raoni; Ailton Krenak; Deputado Juruna; Célia Xakriabá; Sônia Guajajara; Joênia Wapichana; Kaka Werá; Myrian Krexu (Guarani Mbya), dentre outros. Estabelecemos alguns caminhos para a pesquisa e discussão: a) Identifique o personagem indígena selecionado; b) Destaque sua formação acadêmica e sua origem étnica. Empregue dados e aborde o povo; c) Discuta a relevância desse personagem no cenário da cultura brasileira contemporânea; d) Estruture a abordagem de algumas de suas ações e seus projetos de trabalho; e) Aborde e analise algumas de suas obras, pensamentos ou projetos de ação com os seus coletivos; f) Como esses autores discutem e refletem sobre as culturas indígenas? g) Para concluir, o que essas produções e seus autores podem nos ensinar em nossa vivência na sociedade brasileira contemporânea? Assim, com essas questões propostas, os estudantes são orientados a conhecer importantes lideranças indígenas, seus povos, suas culturas, territorialidades e cosmologias, produzindo relatórios e discussões sobre suas atuações e contribuições para nossa sociedade. Quando aproximamos os discursos e as produções dos indígenas da sala de aula, conseguimos demonstrar a diversidade de saberes e culturas de nossa sociedade, desconstruindo os caráteres monolíticos da nossa educação escolar e da pretensa identidade nacional.

Em instigantes estudos, a antropóloga Alcida Rita Ramos destaca os mal-entendidos produtivos e as compatibilidades equivocadas advindas da comunicação imperfeita ou ineficaz no contexto das relações interétnicas entre povos originários e a sociedade nacional. Esse confronto também pode ser chamado de fricção epistêmica, pois esses desencontros semânticos não se constituem como um problema da academia, mas constituem um forte componente de dominação (Ramos, 2014, p. 11; 25). A educação e a academia possuem um mundo semântico, por vezes, impenetrável, causando grandes transtornos para as comunidades nativas. Gersem Baniwa destaca que os povos indígenas possuem cada vez mais acesso ao ensino superior, à educação e às políticas públicas, o que favorece a gestão de seus próprios assuntos, quebrando dinâmicas tutelares que ainda deitam raízes em nossa sociedade (Baniwa, 2015). Destarte, precisamos nos processos educativos valorizar as produções literárias, acadêmicas, artísticas, audiovisuais e narrativas cosmológicas dos povos originários, dando a eles o devido protagonismo.

6.2 Potencialidades do emprego de autores indígenas na educação

Vamos analisar algumas das principais obras de Ailton Krenak, indígena da região do Rio Doce, uma das maiores lideranças do movimento indígena brasileiro. Em 2023, Krenak assumiu cadeiras na Academia Mineira de Letras e na Academia Brasileira de Letras, tornando-se o primeiro imortal de origem indígena. O autor tem se destacado no cenário nacional com a publicação das obras: *Ideias para adiar o fim do mundo* (2019), *O amanhã não está à venda* (2020), *A vida não é útil* (2020) e *Futuro ancestral* (2021). Propomos analisar essas publicações de Krenak com o método de Classificação Hierárquica Descendente (CHD) do IRAMUTEQ[15]. Nessa análise, avaliamos os conteúdos e recursos discursivos das obras de Krenak como sugestão de produção de roteiros pedagógicos e de projetos de ação na Educação.

O *corpus* geral foi constituído por textos de quatro livros de Krenak, separados em 719 segmentos de texto (doravante ST), com aproveitamento de 546 segmentos (75,94%) de seu total (468 ST). Desse conjunto, emergiram 25.541 ocorrências (palavras, formas ou vocábulos), sendo 5.226 palavras distintas e 3.205 com apenas uma ocorrência (12,55%). Para conseguirmos uma melhor visualização das classes, elaboramos um dendrograma com a lista de palavras de cada classe, geradas a partir do teste qui-quadrado (x^2). Nele, emergem as evocações que apresentam vocabulário semelhante entre si e vocabulário diferente das outras classes. A seguir, serão descritas, operacionalizadas e exemplificadas cada uma dessas classes de medidas na classificação hierárquica descendente (cf. Dendrograma 6.1).

---

15. Para análise das obras de Krenak empregamos o método de Classificação Hierárquica Descendente (CHD) do IRAMUTEQ, que é um *software* livre ligado ao R para análise de dados textuais, desenvolvido pelo Laboratoire d'Études et de Recherches Appliquées em Sciences Sociales da Universidade de Toulouse. Nesta análise, os segmentos de texto são classificados em função dos seus respectivos vocabulários, e o conjunto deles é repartido em função da frequência das formas reduzidas. Esse fator permite classificarmos em grupos discursos diversos e valorizar temas, expressões e vocábulos que possuem maior impacto na análise dessa produção intelectual indígena. IRAMUTEQ. Disponível em: http://www.iramuteq.org/documentation/fichiers/tutoriel-en-portugais. Acesso em: 24 jun. 2024.

Dendrograma 6.1 – Classificação hierárquica descendente e ascendente das obras de Ailton Krenak

Classe 3		Classe 2		Classe 5		Classe 1		Classe 4	
Pensamento colonial		Processos educativos contemporâneos		Saberes da Natureza		Construção do ser		Lutas e resistências indígenas	
138/546 ST | 25,27%		134/546 ST | 24,54%		94/546 ST | 17,22%		86/546 ST | 15,75%		95/546 ST | 17,22%	
lá	35,85	criança	46,73	rio	74,02	organismo	41,15	experimentar	40,58
mais	29,4	coletivo	29,03	corpo	41,83	povo	34,07	possível	39,04
levar	27,79	escola	28,14	tecnologia	37,63	entendimento	32,45	política	28,75
botar	19,61	ano	27,22	usar	32,98	pensar	30,36	mundo	25,19
dizer	18,83	cultura	25,55	pedra	32,98	humano	28,77	consciência	24,27
acabar	18,42	experiência	24,13	montanha	29,63	humanidade	26,09	afeto	23,34
riqueza	17,94	adulto	23,57	matéria	29,17	construir	25,52	vir	22,86
questão	17,94	sala	21,8	oceano	28,14	perspectiva	22,59	cotidiano	19,91
ancestral	16,64	aula	21,8	ferro	24,26	vírus	21,48	afetar	19,38
descobrir	14,92	pandemia	20,46	mergulhar	23,34	vivo	18,55	político	19,38
nome	13,71	educação	19,73	d'água	23,34	volta	16,14	interessado	19,38
espaço	13,71	família	18,65	água	19,65	casa	15,7	base	19,38
índio	11,91	carro	18,65	correr	19,38	tradição	15,7	evento	19,38
pobre	11,91	presente	16,92	cimento	19,38	natureza	15,24	ameaçar	19,38
criatura	11,91	decidir	15,52	fúria	19,38	ouvir	15,03	aliança dos povos da floresta	19,38
esquecer	11,91	viver	14,42	fruição	19,38	respirar	11,85	existência	19,38

Fonte: Elaborado pelo autor com base nos relatórios de IRAMUTEQ.

O dendrograma ou a classificação Hierárquica Descendente (CHD) (análise padrão) das obras apresentou cinco classes. O conjunto de quatro livros (dissertações) sofreu duas divisões a partir do processamento do programa computacional. Houve a partição do *corpus* em dois subgrupos e classificamos o primeiro sob o título "Práticas pedagógicas no ensino de história e culturas indígenas", composto pelas classes 3 (138/546 ST – 25,27%) e 2 (134/546 ST – 24,54%). Por conseguinte, nomeamos o subgrupo 2 como análise do tema "Saberes das culturas indígenas". Assim, o conjunto 2 é composto pelas classes 5 (94/546 ST – 17,22%), 1 (86/546 ST – 15,75%) e 4 (95/546 – 17,22%). O percentual que significou uma maior expressão dos conteúdos foram as classes 3 e 2, designadas por "Pensamento colonial" e "Processos educativos contemporâneos", representando respectivamente 25,27% e 24,54% do nosso *corpus*. É importante ressaltar que a análise do programa é por incidência de léxicos, ou seja, as palavras mais significativas dos conteúdos estão dispostas nas primeiras linhas do dendrograma, sendo consideradas mais relevantes e mais recorrentes para cada classe. Podemos verificar, pelo agrupamento das classes apresentadas, uma predominância da descrição e da crítica da cultura ocidental e do seu pensamento colonialista que domina os conteúdos da educação e os discursos que invisibilizam os corpos, os saberes e as culturas indígenas na sociedade nacional e capitalista.

Na segunda ramificação, foram agrupadas 3 classes diferentes, como se fossem subtemas, comparando a proximidade dos vocábulos nos diferentes textos. Identificamos a classe 5 pelo título "Saberes da Natureza" (94/546 ST – 17,22%), a classe 1 por "Construção do ser" (86/546 ST – 15,75%) e a classe 4 identificamos por "Lutas e resistências indígenas" (95/546 ST – 17,22%). Nessa ramificação do dendrograma, as classes 1 e 4 estão diretamente relacionadas, tendo correspondência com o conjunto 5.

Desse modo, podemos verificar que a abordagem dos movimentos sociais e de resistências indígenas promovem a formação do sujeito e sua conscientização identitária e política, assim como ele é também construído por suas relações com a natureza.

Ao realizar a análise fatorial de correspondência (AFC), o *software* IRAMUTEQ processou o *corpus* das obras de Krenak e preparou um plano fatorial, demonstrado na figura 1, contendo as oposições e relações entre as cinco classes. Os conteúdos das narrativas dos livros se distribuíram em cinco zonas ou conglomerados, de modo não aleatório e correspondente às formas específicas das classes.

Figura 6.1 – Análise Fatorial de Correspondência

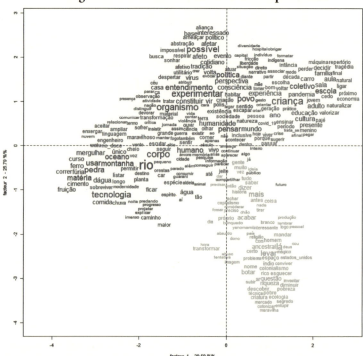

Fonte: Análise fatorial de correspondência. Imagem gerada pelo *software* IRAMUTEQ.

Para o eixo 1 (horizontal), destacam-se, no lado negativo (à esquerda) da figura, as palavras que objetivaram contexto lexical aglutinadas nas classes 1 e 4. No espaço fatorial, as classes citadas se posicionam próximas umas das outras, confirmando as duas nuvens espacialmente agrupadas, assim como agregadas à classe 5. A conformação desse conglomerado localizado no lado esquerdo corresponde à temática basilar do presente estudo, culturas e saberes indígenas. Essas classes se relacionam diretamente com a classe 2 (Processos educativos contemporâneos), pois o autor defende a aproximação da cultura indígena do conhecimento ensinado nas escolas, assim como avalia como esses conteúdos são abordados nas práticas pedagógicas e metodologias nas salas de aula. Dessa maneira, no eixo oposto, no lado positivo (à direita), posicionam-se as palavras com maiores cargas fatoriais agrupadas na classe 2. Na linha vertical da figura avaliamos o agrupamento de palavras relacionadas à necessidade de modificações no processo educativo, com a inserção da temática étnico-racial no ambiente escolar, visando à promoção da igualdade e à valorização de toda diversidade. Os argumentos teóricos, filosóficos e historiográficos do pensamento ocidental (representados pela classe 3) são também apresentados na sessão inferior do eixo 1, estando em maior conexão com a classe 2, mas oposta às classes que representam os conhecimentos e as culturas nativas. Essa associação das representações discursivas nos demonstra a principal proposição teórica de Krenak: devemos aproximar a produção historiográfica e do conhecimento acadêmico aos métodos e projetos de ação social no cotidiano escolar, por intermédio da inclusão de autores e de saberes indígenas nos processos educativos. Esses conglomerados ou nuvens de palavras nos sugerem uma maior integração das classes 1, 2, 4 e 5, pois estão interconectadas e sobrepostas. A análise de conteúdo das obras de Krenak nos indica a necessidade imperiosa de um maior diálogo das populações indígenas com a produção historiográfica e a formação continuada e capacitação de professores. O repertório conceitual e metodológico construído pelos nossos estudantes nos espaços das universidades e os conteúdos ministrados nos espaços escolares parecem não ressoar ou dialogar com os temas da diversidade étnico-racial e das histórias das populações indígenas.

6.3 Pensamentos e saberes de Ailton Krenak

Nesta seção, vamos analisar a ramificação da classificação hierárquica descendente que designamos por "Saberes das culturas indígenas", sendo formada pelo conjunto das classes: 5, "Saberes da Natureza" (94/546 ST – 17,22%), 1, "Construção do ser" (86/546 ST – 15,75%) e 4, "Lutas e resistências indígenas", (95/546 – 17,22%). Krenak discute em suas obras que o pensamento ocidental tende a separar o homem da natureza, propondo "a separação da Terra e da humanidade":

> Há centenas de narrativas de povos que estão vivos, contam histórias, cantam, viajam, conversam e nos ensinam mais do que aprendemos nessa humanidade. Nós não somos as únicas pessoas interessantes no mundo, somos parte do todo. Isso talvez tire um pouco da vaidade dessa humanidade que nós pensamos ser, além de diminuir a falta de reverência que temos o tempo todo com as outras companhias que fazem essa viagem cósmica com a gente (Krenak, 2019).

Assim, Krenak nos convida a ouvir a natureza. Segundo o autor, "sempre estivemos perto da água, mas parece que aprendemos muito pouco com a fala dos rios, esse exercício de escuta do que os cursos d'água comunicam foi produzindo em mim uma espécie de observação crítica das cidades". Devemos aprender a linguagem da água, sendo, como argumenta o indígena, "água em matéria e espírito", precisamos "escutar a voz dos rios" (Krenak, 2021). A relação com a natureza é fundamental para a definição da humanidade e do ser indígena, sendo parte integrante de sua cultura e vida.

A cosmologia ou as visões de mundo indígenas guardam as relações entre a natureza e seus seres vivos e a configuração do ser e de sua diversidade. A produção da memória e os seus processos de transmissão, produção/reprodução cultural estão muito associados à oralidade, a narrativa histórica é pensada e repetida "palavra por palavra", que constitui um dos principais recursos de ensino e aprendizagem. Os cantos são empregados para memorização de histórias dos antepassados, histórias de conflitos e aprendizados dos nomes e sons de animais e plantas. Algumas lideranças e os mais velhos da aldeia desempenham importantes papéis no ensino e na difusão de suas histórias, que, por vezes, se confundem com o mito, tendo como principal ponto de referência e convergência "os primórdios da aldeia", "a construção de uma tradição" e a noção de coletividade.

Nas obras de Krenak, observamos o recurso às memórias e algumas delas são transcrições de suas palestras e comunicações, portanto referem-se à transmissão de conhecimentos considerados secretos, manipulados pelas lideranças, pelos que detêm o poder do canto, das curas, do intérprete da natureza e do contato com os antepassados. Dessa forma, estamos diante de uma memória e conhecimentos que estão calcados no aprendizado pela repetição, pela memorização e por remeterem a uma tradição, ou ainda, a um período imemorial (o tempo dos ancestrais). Ao compartilhar os mistérios de seus conhecimentos, Krenak estabelece diálogos dessa realidade com a sociedade contemporânea. A cultura escrita da liderança indígena representa a inserção da humanidade em um universo mais amplo, local de confluência e da presença concomitante do sobrenatural, da natureza e dos humanos. Para concluirmos, nos procedimentos de registro escrito de seu povo podemos sinalizar o confronto de diferentes realidades cósmicas, ou seja, a sua humanidade e as forças da natureza, e os diálogos com seus antepassados, para possivelmente realocar as peças de sua cosmologia, que é constantemente estilhaçada pelo avanço dos interesses capitalistas (mineradoras) sobre os seus territórios. Ademais, a terra e a natureza para os povos originários representam muito mais que um simples meio de subsistência, porque expressa o suporte da vida material e o elemento norteador de práticas socioculturais, tais como a difusão de seus saberes e suas crenças.

Em nossa pesquisa, avaliamos que a classe 1 refere-se às teorias metafísicas do ser nas sociedades indígenas. Em seus livros, Ailton Krenak elabora um conjunto estruturado de termos e conceitos que revelam a compreensão e o conhecimento dos indígenas sobre o mundo. Segundo o intelectual: "quando João Paulo Barreto fala da concepção do corpo feito de barro na tradição do povo Tukano do Alto Rio Negro também está dizendo que não existe fronteira entre o corpo humano e os outros organismos que estão ao seu redor". Em seu entender, "muitos povos de diferentes matrizes culturais têm a compreensão de que nós e a terra somos uma mesma entidade, respiramos e sonhamos com ela, alguns atribuem a esse organismo as mesmas suscetibilidades do nosso corpo" (Krenak, 2020a).

Diante disso, devemos questionar: por que não nos aproximamos de autores e saberes indígenas em nossos currículos escolares e processos educativos? Em seus projetos político-pedagógicos e procedimentos didáticos, os povos indígenas apresentam a proposta de um "diálogo intercultural", inserindo sua tradição em múltiplas dinâmicas culturais. A escola tem como função a promoção e o fortalecimento da sua cultura, difundindo novas concepções e aprendizados da relação da comunidade com seu território, que passa a ser vislumbrado como uma conquista política e um campo ideal na preservação e no resgate dos valores de um povo. Assim, a escola nas aldeias figura como importante conquista dos indígenas e dos movimentos sociais, ensinando às novas gerações seus direitos de cidadão, e reforçando sua identidade e conhecimentos tradicionais. O artigo 231 da Constituição Brasileira de 1988 reconhece a organização social, os costumes, as línguas, as crenças e as tradições dos povos indígenas, sendo todos os seus direitos culturais e territoriais assegurados pelos direitos originários. Então, desde os anos de 1990, processaram-se movimentos sociais e de políticas públicas para a educação e preservação cultural dos povos nativos. Dentre elas, podemos destacar a formação inicial e continuada de professores indígenas em nível médio (magistério indígena) e superior (licenciaturas interculturais), a ampliação da oferta das séries do ensino fundamental e do médio nas aldeias, a articulação com o Ministério dos Povos Indígenas e com a Funai nos cursos de formação de professores e de lideranças indígenas para conhecimento de seus direitos e programas de apoio/financiamento e a produção de material didático (livros, cartilhas, cartazes, vídeos, CDs, DVDs) em línguas indígenas, bilíngues e no português.

Ademais, os caciques, os mais velhos da aldeia e os professores indígenas são os responsáveis pela história e pela coleta de experiências das memórias e dos trajetos individuais e familiares da comunidade. Destarte, os indígenas anseiam a sua valorização cultural e de tradições no emprego de métodos de ensino e aprendizagem que resgatem sua relação com o ambiente, o vínculo da comunidade com sua terra e seus antepassados e o emprego da medicina tradicional. Os professores indígenas consolidam informações com o auxílio de recursos audiovisuais, empregando a *internet*, novas tecnologias, assim como realizam a gerência e gestão das suas práticas de ensino. Por meio da capacitação e da formação de professores indígenas, as comunidades conseguem organizar seu currículo escolar conforme as demandas apresentadas pelos alunos, seus pais e lideranças das aldeias. Nesse sentido, a comunidade participa de forma efetiva da educação de seus integrantes, colaborando no processo de construção curricular e socializando seus conhecimentos e seus projetos de futuro. Na escola indígena, promove-se o intercâmbio e o aprendizado da língua e da história de sua cultura, ensinam-se artesanato, pintura, músicas, danças, culinária etc. Os professores indígenas constroem seus próprios manuais e recursos didáticos, estudam a história da colonização e dos povos indígenas e ensinam os principais conteúdos legais sobre os seus direitos (saúde, educação, território, língua etc.). As constantes reuniões e os debates na escola proporcionam uma série de iniciativas relacionadas à orientação e à formação dos jovens, incentivando a participação e integração da comunidade na vida da aldeia. Assim, toda a comunidade constrói e acompanha os processos de confecção do projeto político pedagógico e práticas didáticas da sua escola.

Ailton Krenak compara as escolas não indígenas com as escolas das aldeias observando que "enchem a sala de meninos e trancam a porta", sendo aquele espaço um local de "renúncia da família à educação de suas crianças". Ressalta ainda as violências da inserção de um grupo de crianças da mesma faixa etária sob a batuta de um professor que lhe transmite todos os conhecimentos. Conforme Krenak, "a verdade é que uma criança com sete, oito anos de idade já começa a ser treinada para ignorar o meio ambiente, é isolada em uma sala de aula para ser alfabetizada e vai sendo incutida nela desde cedo a ideia de uma vida sanitária" (Krenak, 2021). Ao longo do livro *Futuro ancestral*, Krenak avalia que o modo de vida ocidental, sob a ordem do capitalismo, formatou o mundo como uma mercadoria e dissemina essa perspectiva de maneira tão naturalizada. Na educação escolar indígena, os procedimentos de formação e atuação docente embasam-se na constituição de currículos e conteúdos programáticos próprios, envolvendo saberes, valores e habilidades de sua etnia, promovendo, portanto, metodologias de ensino mais eficientes e produzindo seus próprios materiais e recursos didáticos (Brasil, 1999).

Quando avaliamos as obras de Krenak, verificamos a importância da aproximação dos saberes produzidos pelos autores e pelas escolas originárias e com as escolas não indígenas. Se, desde os anos de 1990, muitos materiais didáticos, livros paradidáticos, literaturas e audiovisuais são produzidos por pessoas indígenas, por que não incorporamos essas produções como um exercício de alteridade e de respeito à diversidade sociocultural brasileira? O projeto de construção de materiais didáticos bilíngues e na língua indígena é um trabalho pioneiro e arrojado, que reúne um renomado grupo de linguistas e uma equipe multidisciplinar, contando com a participação ativa das comunidades e dos falantes de sua língua. Esse plano de trabalho promove a valorização e a preservação das línguas nativas, para evitar seu desaparecimento e promover sua difusão e aprendizado. Os indígenas têm empregado novas mídias, as redes sociais e os portais eletrônicos, para registro de sua cultura, práticas de ensino/aprendizagem, comunicação entre as aldeias, formação e capacitação universitária, luta pelos seus direitos e mobilização de grupos. Na atualidade, as novas tecnologias de informação e de comunicação são importantes experiências e potencialidades para a formação docente indígena, bem como para a divulgação da sua história e culturas. Quando incorporarmos os conhecimentos indígenas em nossos processos de ensino, destituiremos do imaginário escolar a ideia de que o português é a única língua falada em nosso território, assim como deixaremos de tratar a língua e a cultura nativas como extravagante, pitoresca e pensada como uma unidade compósita, ou mesmo meras variantes da língua Tupi, da família Tupi-Guarani, ou do "nhengatu" ("língua geral"). O censo de 2022 revelou em dados parciais a presença de 1,7 milhão de indígenas no Brasil, falantes de aproximadamente 300 línguas. Dessa maneira, precisamos divulgar e valorizar a diversidade étnica das populações indígenas do Brasil em nossa atuação docente.

Segundo a antropóloga Manuela Carneiro da Cunha, o valor do conhecimento científico e do conhecimento tradicional são incomensuráveis, mas essas diferenças não residem apenas em seus resultados, tendo suas raízes em suas concepções e representações. Conforme os argumentos da estudiosa, a ciência possui uma pretensão histórica de universalidade; propondo explicar de forma racional, objetiva e experimental uma realidade. Esse conhecimento hierarquiza e discrimina outros saberes, considerando-se a forma mais eficaz e verdadeira de interpretação do mundo (Cunha, 2007). Desse modo, as culturas e histórias indígenas são consideradas como inferiores e por vezes são olvidadas pelas instituições escolares. Para Hugh Lacey, "o conhecimento tradicional e indígena pode não estar em oposição ao conhecimento científico, mas aberto à interpretação como resultado das práticas de aquisição de conhecimento". Ainda segundo o pesquisador, esses valores culturais que diferem dos valores ocidentais, considerados hegemônicos, impactam positivamente sobre estratégias e abordagens da prática científica (Lacey, 2012, p. 426; 440).

Desse modo, o conhecimento indígena não precisa opor-se ao conhecimento científico, porque possui credenciais empíricas legítimas que independem do uso de metodologias e estratégias de pesquisa. Esse conjunto de saberes indígenas não se pauta nas classificações e nas subdivisões precisamente definidas, tal como acontece nas ciências e culturas ocidentais. Esses saberes estão ligados às cosmologias e aos territórios dos povos nativos, portanto envolvem conjuntos de rituais, cantos, mitos, danças, ancestrais, os mais velhos das aldeias, os espíritos, a fauna e a flora. Segundo Manuela Carneiro da Cunha, o conhecimento tradicional é geralmente considerado como uma tradição imóvel e homogênea, como um acervo transmitido pelos antepassados e preservado sem mudanças. E essa interpretação ocorre quando esse conhecimento é comparado ao científico, mas é importante frisar que essa tradição se modifica constantemente conforme os interesses e histórias de seu povo, assim como cada etnia possui seu próprio repertório cosmológico e práticas culturais (Cunha, 2007, p. 78). Enfim, para a difusão desses saberes é necessário manter suas práticas e ter grupos adeptos, ou seja, um dado repertório deve atender as aspirações culturais e as visões de mundo de um grupo.

Para o antropólogo Eduardo Viveiros de Castro, por vezes os pesquisadores e professores se colocam na perspectiva de produtores do conhecimento, conferindo aos nativos o patamar de meros objetos de estudo. Viveiros de Castro nos instiga ainda a colocar fim nessa relação assimétrica entre o estudioso e o seu objeto, procurando entender o discurso do indígena como detentor de sentido (Castro, 2002). Em sua opinião, torna-se necessário compreender as ideias nativas. Nas suas atividades, o professor emprega sua cultura para a análise da história dos índios, por vezes ampliando interpretações etnocêntricas criadas pela própria ciência. Desse modo, a problematização das experiências nativas é olvidada nas suas pesquisas e práticas de ensino. Precisamos observar os significados das vivências de seus sujeitos, observando o indígena como ator, protagonista de sua história, e não como um mero objeto de estudo. Ao abordarmos os conceitos e as leituras do passado relativos à história indígena e às relações interétnicas no Brasil, problematizamos a compreensão de nossa realidade sociocultural e histórica e, portanto, evidenciamos o tipo de escola e sociedade que almejamos.

6.4 Considerações finais

As temáticas das culturas e histórias dos povos indígenas não devem ser trabalhadas apenas no dia "19 de abril", porque os temas de diversidade étnico-cultural, preconceitos e racismos devem ser tratados de maneira pedagógica pela escola. Assim, a história e a cultura dos povos indígenas precisam ser integradas a toda a grade curricular e projeto político pedagógico das instituições. O docente deve empregar a Lei n. 11.645/2008 e abordar a temática em todo o currículo escolar, no cotidiano institucional e das práticas didáticas, evocando a história dos nossos povos indígenas como incentivo ao aluno no aprendizado e no respeito às diferenças culturais no mundo contemporâneo.

A história dos povos originários não pode ser estudada pelo viés da "vitimização", ou seja, avaliadas como sociedades fadadas ao desaparecimento e à desagregação cultural. Em grande parte das escolas, os projetos desenvolvidos e as práticas docentes recaem na rememoração e na constatação da violência e exclusão sofrida pelos negros e indígenas, não concedendo contornos precisos à memória desses agentes históricos. Devemos nos apropriar e inserir autores indígenas e suas obras em nosso cotidiano, fazendo a nossa prática não ser mais sobre os indígenas, mas com todos os seus povos. Nesse sentido, podemos estudar a participação política de lideranças indígenas nas negociações dos interesses de seus grupos ao longo do tempo, analisar os direitos e as conquistas adquiridas pelo movimento social e pelos indigenistas. Enfim, devemos abordar o indígena como sujeito de sua história.

Atualmente, os diferentes povos originários conhecem e estudam seus direitos legais, acionam a justiça para assegurar seus próprios interesses, criam espaços para intermediação, negociação e luta política diante do cenário de conflitos nas suas terras e ações genocidas e etnocidas. Acreditamos que os povos indígenas podem contribuir de forma efetiva para o aprimoramento dos saberes e ciências do mundo contemporâneo, apresentando dinâmicas possíveis para pensarmos nossa relação com os meios de produção material e com a natureza, assim como para problematizarmos as nossas identidades e vinculações políticas.

Devemos em nossos procedimentos metodológicos e didáticos ressaltar a importância do conhecimento da realidade cultural das sociedades indígenas, para analisarmos suas produções materiais e representações sociais e culturais sem reducionismos e anacronismos. Destarte, com a análise das obras de Ailton Krenak, verificamos que os saberes, os fazeres, a educação e os conhecimentos nativos contribuíram decisivamente para a cultura brasileira, podendo também ser caminhos para o "bem viver", o "desenvolvimento responsável" e a sustentabilidade. O nosso futuro deve ser regido por uma retomada ancestral.

Referências

BANIWA, G. L. Os indígenas antropólogos: desafios e perspectivas. *Novos Debates: Fórum de Debates em Antropologia*, v. 2, n. 1, p. 233-243, 2015.

BANIWA, G. L. Antropologia colonial no caminho da antropologia indígena. *Revista do PPGCS – UFRB – Novos Olhares Sociais*, v. 2, n. 1, p. 22-40, 2019.

BRASIL. Resolução CEB Nº 3, de 10 de novembro de 1999. Artigos 6 a 8. *Diário Oficial da União*, seção 1, Brasília, p. 19, 17 nov. 1999.

CASTRO, E. V. O nativo relativo. *Mana*, v. 8, n. 1, p. 113-148, 2002.

CUNHA, M. C. Relações e dissensões entre saberes tradicionais e saber científico. *Revista USP*, São Paulo, n. 75, p. 76-84, 2007.

GUARANI-KAIOWÁ, T. B. Os antropólogos indígenas: desafios e perspectivas. *Novos Debates: Fórum de Debates em Antropologia*, v. 2, n. 1, p. 244-251, 2015.

KRENAK, A. Depoimento no documentário *Guerras do Brasil*. Direção: Luiz Bolognesi, 2020.

KRENAK, A. *Ideias para adiar o fim do mundo*. São Paulo: Companhia das Letras, 2019.

KRENAK, A. *A vida não é útil*. São Paulo: Companhia das Letras, 2020a.

KRENAK, A. *O amanhã não está à venda*. São Paulo: Companhia das Letras, 2020b.

KRENAK, A. *Futuro ancestral*. São Paulo: Companhia das Letras, 2021.

LACEY, H. Pluralismo metodológico, incomensurabilidade e o status científico do conhecimento tradicional. *Scientiæ zudia*, v. 10, n. 3, p. 425-53, 2012.

MAXAKALI, I. *Urutau*. Belo Horizonte: Editora Fino Traço, 2014.

MUNDURUKU, D. *O caráter educativo do movimento indígena brasileiro (1970-1990)*. São Paulo: Paulinas, 2012.

RAMOS, A. R. *Ensaio sobre o não entendimento interétnico*. Brasília: Universidade de Brasília, 2014.

TAKUÁ, C. Sementes de transformação. *In*: MAKUXI, J. E. *Catálogo da exposição Moquém Surarî*: arte indígena contemporânea. São Paulo: Museu de Arte Moderna de São Paulo, 2021. p. 46-51.

7
Guerrilheiros, professores e cantoras de ladainha
O poder da leitura na teimosa resistência indígena

Florêncio Almeida Vaz Filho

7.1 Introdução

Após um século de silêncio, quando se falava que os indígenas haviam sido extintos da região de Santarém, esses povos irrompem nos anos 90, com suas reivindicações por demarcação de territórios, educação, saúde e outros direitos[16]. Bem-organizados e ousados nas suas estratégias de mobilização e

---

[16]. Os primeiros europeus passaram pela região onde hoje está localizada a cidade de Santarém em 1542, quando encontraram uma diversidade de povos e uma numerosa população indígena. A colonização e a catequese missionária começaram de forma sistemática em 1661. Após séculos de exploração, epidemias, guerras, violências físicas e simbólicas, os indígenas foram dados como extintos no início do século XX. Porém, nos anos 90, os povos indígenas no entorno de Santarém voltaram a se organizar e tornar visíveis suas reivindicações, mostrando que não haviam desaparecido. Atualmente há 13 povos e aproximadamente 90 aldeias indígenas no Baixo rio Tapajós, organizados no Conselho Indígena dos rios Tapajós e Arapiuns (CITA).

pressão diante do Estado, eles alteraram consideravelmente o cenário político e passaram a ser um dos movimentos sociais mais respeitados na região. Estudos mais aprofundados mostram que, mesmo quando eram aparentemente invisíveis, esses povos seguiam seu processo de resistência, teimosia e recriação do seu projeto de vida, profundamente abalado com a chegada dos europeus a partir do século XVI (Vaz Filho, 2010).

Ao longo desses cinco séculos, marcados pelos vários aspectos da colonização, os indígenas na região de Santarém (PA) usaram diferentes instrumentos na tentativa de resistir às violências e imposições dos invasores. Ao lado da memória oral, a leitura e a comunicação escrita, quando apropriadas por alguns poucos indivíduos, tornaram-se poderosas armas. Neste capítulo, vamos apresentar como exemplos os casos de [1] Apolinário Maparajuba, líder rebelde na Guerra da Cabanagem (1835-1840), que, sabendo ler, animava os demais guerrilheiros com discursos baseados nos relatos bíblicos; [2] as mulheres cantoras de ladainha, que, nos últimos três séculos, na ausência dos padres, tornaram-se as oficiantes do culto dedicado aos santos, por saberem ler em português e até em latim. Desde meados do século XX, algumas dessas mulheres, que atuavam também como professoras, foram fundamentais na alfabetização de adultos e na formação política de comunidades católicas; [3] Armindo Lopes (1911-1987), indígena que atuava como professor autônomo na aldeia Pinhel em meados do século XX e desafiou os missionários católicos em defesa das festas de santo conforme o estilo indígena. Tais casos confirmam a tese de que, ao longo do período colonial, em toda a Amazônia, houve pessoas e grupos que se serviram do seu conhecimento na língua portuguesa falada e escrita para defender

161

sua liberdade[17] ou liderar os indígenas, seja em combates militares abertos, seja em combates simbólicos.

7.2 Apolinário Maparajuba

Pouco sabemos sobre Miguel Apolinário Maparajuba Firmeza, um dos maiores líderes da Guerra da Cabanagem (1835-1840), na região do Baixo Amazonas, que, antes de se juntar aos revoltosos, serviu à primeira infantaria de ligeiros de Santarém (Barriga, 2014), espécie de soldado durante uma parte do tempo. Maparajuba e Firmeza foram apelidos que ele acrescentou ao seu nome, sendo que Maparajuba deriva de uma madeira muito dura. Esses sobrenomes que ele mesmo se deu indicam a visão que ele tinha de si, de sua força e capacidade de liderança. Não sabemos se ele se via como indígena ou negro, porém é quase certo que não era branco. Como a grande maioria dos revoltosos no interior eram indígenas destribalizados ou mestiços, os chamados *tapuios*[18], Maparajuba muito provavelmente era um deles.

---

17. Estudos realizados nas últimas décadas demonstram que, tanto no Estado do Brasil como no estado do Maranhão e Grão-Pará, principalmente no século XVIII, homens e mulheres indígenas empreenderam "ações de liberdade", fazendo uso da legislação em vigor e do aparato colonial da Justiça (requerimentos, petições e apelações) para contestar sua situação de cativeiro e defender seu direito à liberdade. Alguns deles, que tiveram negada sua demanda, até apelaram para a 2ª instância. Podiam apresentar suas petições diretamente ou por meio da intermediação jurídica do Procurador dos Índios. Cf. Bombardi; Prado, 2016.

18. Durante o período da Guerra da Cabanagem e até o fim do século XIX, os paraenses usavam o termo *tapuio* para categorizar, em geral de forma depreciativa, os indígenas ou filhos de indígenas mestiçados com brancos, principalmente, e com negros. Os indígenas que continuavam vivendo na floresta, longe das vilas e cidades, eram chamados de *gentios*. Com o tempo, o termo "tapuio" passou a ser usado para todo o indivíduo descendente de *índio* e quase sempre carregava o sentido de menosprezo. Os tapuios constituíram as grandes massas que lutaram na Cabanagem e, por isso, sofreram com a repressão pós-guerra. Desde o fim do século XIX o termo *caboclo* passou a ser mais comum e substituiu "tapuio".

Em uma Santarém do início do século XIX, em que pouquíssimos sabiam ler, Maparajuba deve ter estudado talvez com os padres para adquirir grande familiaridade com a Bíblia, da qual usava trechos nas suas cartas e, certamente, nos seus discursos entusiasmados para animar suas tropas. Em uma carta aberta, ele escreveu: "Bem-aventurados os mansos" (Souza, 1875), entre outras referências à Bíblia e até ao exército de Bonaparte (Harris, 2017), o que demonstra seus vastos conhecimentos da história.

Foi esse chefe de posições firmes, treinado como militar e na prática da leitura, que liderou os cabanos do acampamento de Ecuipiranga. O lugar, que ainda hoje tem as ruínas de uma antiga igreja, provavelmente do tempo das missões jesuíticas, fica às margens do Rio Arapiuns, a 30 km da atual cidade de Santarém. Seus moradores são mestiços descendentes dos indígenas e negros que viveram na região. Ecuipiranga se tornou um bem-preparado quartel dos cabanos a partir de 1835, porém, desde pelo menos 1832, já era uma referência de esconderijo seguro para opositores do regime e militares rebeldes que desertavam das forças legais (Harris, 2017, p. 277). É preciso lembrar que à época da Independência do Brasil, em 1822, a Província do Pará continuou ligada a Portugal e foi forçada pelas armas a se submeter ao Império do Brasil em 1823, quando a mesma elite dominante, formada basicamente por portugueses, continuou no poder. Isso frustrou e revoltou os proprietários e líderes políticos paraenses e as pessoas das camadas populares da sociedade. Eles desejavam se unir ao Brasil, mas sem a dominação portuguesa. A insatisfação continuou até que, em 1835, irrompeu na forma de uma guerra que se estendeu por toda a área dos atuais estados do Pará e Amazonas e até mesmo por toda a atual Amazônia Brasileira.

Então, Ecuipiranga se tornou um dos mais resistentes acampamentos dos revoltosos conhecidos como cabanos. Ali se reuniram moradores da região que lutavam pelo fim do governo despótico que estava nas mãos dos portugueses e seus descendentes. Eram desertores da Guarda Nacional, brancos, negros libertos, indígenas, mestiços, agricultores, vaqueiros e pescadores, gente comum. Autodenominados como Forças dos Brasileiros Reunidos, eles obrigaram Santarém a reconhecer o líder cabano Eduardo Angelim como governante do Pará, o que aconteceu em 9 de março de 1836. Uma das descrições mais detalhadas sobre Apolinário Maparajuba foi feita pelo historiador João Santos (1986, p. 19-20), que passamos a transcrever, uma vez que a obra está esgotada:

> Miguel Apolinário Maparajuba Firmeza era um homem "dotado de natural vivacidade e de tal e qual coragem" (Souza, 1875), predicados que lhe recomendaram para a chefia da fortaleza. Era um líder forjado na luta, muito respeitado e querido pelos cabanos.
>
> Dotado de um conhecimento da realidade em que vivia, reconhecia que o processo revolucionário só alcançaria seus objetivos, com união e "disciplina" dos seus militantes. Foi com essa ideia que, de Ecuipiranga, em longa proclamação endereçada aos cabanos e ao povo, Maparajuba Firmeza concitava-os a permanecerem "Unidos e firmes, obedientes e subordinados" (Souza, 1875).
>
> O grande líder, perspicaz, alerta seus comandados e também ao povo da Vila do Tapajós, para os efeitos negativos das "notícias sinistras" que eram divulgadas pelos adversários em detrimento do movimento cabano. Pede a todos "vigilância" de modo que "o sossego" e a "tranquilidade" de todos sejam preservados.
>
> Ainda nessa notável proclamação, o líder cabano revela apreciáveis conhecimentos da Bíblia, pois com exemplos bíblicos incentiva seus subordinados a "obediência" usando os seguintes termos:

> "A desobediência lançou Lúcifer no inferno e pela desobediência de Adão entrou o pecado no mundo. Porém, por serem obedientes, Isaac foi livre do sacrifício e ficou glorioso, e Noé entrou na Arca e ficou salvo"
>
> Fazendo ainda apologia da "obediência", Maparajuba cita o exemplo da "Augusta Rainha dos Anjos, a Virgem Nossa Senhora, no cântico "Magnificat" (Souza, 1875).
>
> A figura de Maparajuba projeta-se no cenário cabano da vila, como um homem esclarecido, equilibrado, preocupado com o bem-estar de todos […]."

Apesar da forte resistência dos cabanos, o quartel de Ecuipiranga foi vencido militarmente pelas forças legalistas brasileiras em 12 de julho de 1837. Os cabanos resistiram lutando na forma de guerrilha em outros pontos mais distantes do Rio Amazonas. A guerra se estendeu até meados de 1840, quando 800 cabanos se renderam no lago Autaz, no Rio Madeira, e o governo concedeu anistia aos sobreviventes (Lima, 2008). Militarmente, os cabanos foram vencidos e enfrentaram uma cruel repressão. Suas vilas e lugarejos às margens dos rios ficaram vazios. Seus habitantes ou foram mortos ou tiveram que fugir para a mata ou lugares mais seguros. Calcula-se o total dos mortos em 40 mil, quase a metade da população da Província à época (Sodré, 1978), que tinha aproximadamente 100 mil habitantes (Oliveira, 1983), excetuando-se os povos indígenas que viviam no meio da floresta recusando o contato com a colonização.

7.3 Mulheres cantoras de ladainha, professoras e catequistas

A antiga Prelazia e hoje Arquidiocese de Santarém, no Oeste do Pará, teve grande importância na guinada em direção a uma "evangelização libertadora" na Igreja Católica na Amazônia, que começou nos anos 60 (Vaz Filho, 2022). Olhando o contexto latino-americano mais amplo, vemos que, na primeira metade dos anos 60, o padre sociólogo colombiano Camilo Torres começou a falar sobre a Igreja fazer uma opção preferencial pelos excluídos da sociedade em vista da sua libertação. Ele, que falava de libertação mais em termos políticos do que espirituais, se juntou à guerrilha do Exército de Libertação Nacional (ELN) e foi morto em combate em 1966. No mesmo ano, na Colômbia, aconteceu em Medellín a II Conferência Geral do Episcopado Latino-Americano, que colocou no foco da missão dos cristãos a urgência da libertação das pessoas e dos povos. Estava nascendo assim a chamada Teologia da Libertação.

Tratava-se de libertação também no sentido espiritual, mas o peso maior do termo recaía nos seus aspectos econômico e político, visto que, naquela época, a maioria dos países da América Latina vivia sob ditaduras militares das quais as pessoas desejavam se libertar. Veio dali o apelo à formação das "comunidades de base" e à "opção pelos pobres", com seus rostos concretos: indígenas, negros, famintos, desempregados, camponeses, analfabetos, jovens etc.

Inspirados nessa mensagem e buscando lhe dar consequências, os bispos da Amazônia Brasileira se reuniram em Santarém, de 24 a 30 de maio de 1972. Aquele encontro histórico ajudou a definir o perfil da Igreja que o clero e os líderes leigos católicos queriam para a Amazônia. Os participantes do encontro viram a necessidade de a Igreja se encarnar na realidade do povo, incluindo seus sofrimentos, suas lutas e sua cultura. As linhas de ação pastoral discutidas e definidas indicavam novidades em uma Igreja até então bastante elitista e distante das questões sociais que afetavam as camadas mais humildes: a formação dos agentes leigos, a pastoral indígena e a formação sociopolítica dos cristãos em suas Comunidades Eclesiais de Base (CEBs).

Na verdade, esses encontros dos bispos em Medellín e Santarém refletiam já uma efervescência de renovação vivida nas igrejas locais. Os bispos legitimaram e deram mais vigor a um processo de transformação que já era experimentado em vários cantos da América Latina, inclusive na então Prelazia de Santarém. Voltemos ao contexto local e voltemos no tempo, para meados do século XX.

Em Santarém, desde o fim dos anos 50, começaram a ganhar corpo a Catequese Rural e as suas "semanas catequéticas", com forte conteúdo político crítico, mas tendo sempre como referência a Bíblia. Catequese Rural era um setor da atuação da Igreja Católica formado principalmente por mulheres leigas e alguns poucos sacerdotes estadunidenses. Semanas catequéticas eram os encontros anuais de formação pastoral coordenados pela Catequese Rural. Um dos principais nomes da Catequese Rural foi Jandira Maria de Souza Pedroso[19], ribeirinha da vila Aramanaí, município de Belterra (PA). Nascida em 1945, ela estudou nos primeiros anos na sua comunidade, depois, aos 10 anos, continuou em Belterra, onde estudou em um colégio de freiras, e concluiu o ensino médio na cidade de Santarém, sempre morando nas casas de outras famílias, às vezes em regime de severa exploração. Ainda adolescente, em 1959, junto ao sacerdote franciscano Frei Ricardo Duffy, ela começou o trabalho de formação de lideranças leigas. Ela foi a pioneira nessa preparação de catequistas, ensinando a ler e interpretar a Bíblia

---

19. Além de Jandira Maria de Souza Pedroso, faziam parte da equipe central da Catequese Rural: Lourdinha Silva Makoto, Eliana Pereira Brasil, Benedita Brasil e Isabel Maria Matos Miranda Peloso da Silva.

conforme a Teologia da Libertação. Isso foi possível porque Jandira já tinha aprendido a ler e escrever, o que não era muito comum naquela época, ainda mais em se tratando de mulheres filhas de ribeirinhos. E as suas primeiras alunas eram também em sua grande maioria mulheres, que atuavam como professoras nos vilarejos rurais. Também por saberem ler, eram essas mulheres que cantavam as ladainhas em latim, ponto alto das festas de santos celebradas quase sempre sem a presença de padres.

Esse papel de protagonismo feminino nesses vilarejos tem uma história mais antiga que é preciso registrar. Desde a expulsão dos missionários das aldeias indígenas pelo Marquês de Pombal, em 1757, os leigos tiveram que administrar seus ritos religiosos, pois se tornaram bem raras as visitas de sacerdotes. Os homens, acompanhados de instrumentos musicais (principalmente tambores), cantavam as *folias*, e, por isso, eram chamados *foliões*. Alguns, que sabiam ler, oficiavam as ladainhas em latim. Com o passar do tempo, as mulheres assumiram o posto de cantoras de ladainha, porque algumas delas sabiam ler. Conforme mencionado, as ladainhas e os hinos eram cantados em latim e, por isso mesmo, elas também atuavam informalmente como professoras. Foi assim que essas mestras e sacerdotisas populares foram chamadas pelos padres, em 1959, para se tornarem catequistas, preparando a *libertação* dos moradores.

Para fortalecer esse trabalho de evangelização, na perspectiva libertadora, a Igreja criou, em 1965, a Rádio Rural de Santarém, que passou a desenvolver um projeto de educação radiofônica de jovens e adultos por intermédio do Movimento de Educação de Base (MEB), inspirado no método do pedagogo Paulo Freire. Era preciso erradicar o analfabetismo reinante no Baixo Amazonas e foram novamente as mulheres as primeiras educadoras do MEB. Cabe registrar que a primeira diretora do MEB em Santarém foi a Profa. Francisca do Rosário Carvalho (1926-2016), negra oriunda de um povoado ribeirinho de Juruti (PA), que estudou enfermagem na USP e serviço social na PUC, ambas faculdades de São Paulo (SP) (Cordeiro, 2014). Como uma jovem humilde conseguiu estudar nessas universidades de elite na distante São Paulo? Isso foi possível, pois ela veio para Santarém como órfã e começou seus estudos no internato de um colégio de freiras. Com o apoio das irmãs, ela fez seus cursos superiores no Sudeste. Aliás, cabe registrar que a maior parte do apoio para essas mulheres estudarem nas cidades veio de padres e freiras. Ao mesmo tempo que dirigia o MEB, a Profa. Francisca Carvalho era diretora da Rádio Rural, o que comprova o reconhecimento da sua competência por parte das autoridades da Igreja[20].

A partir do trabalho do MEB, liderado pela Profa. Francisca e por outras mulheres, começou a crescer o número de moradores alfabetizados, com capacidade para ler a Bíblia e se tornar catequista. Então, começaram a chegar os catequistas homens, que, com as mulheres, participavam das semanas catequéticas, os famosos cursos de preparação de líderes de comunidade, que, como já mencionado, eram ministrados anualmente desde 1959. Até os anos 80 a assessoria e a preparação desses cursos ainda estavam nas mãos daquelas pioneiras professoras-catequistas.

Era característico da atuação da Catequese Rural, além da insistência na participação comunitária, procurar despertar uma visão crítica sobre a realidade, o que era expresso no objetivo de

---

20. Além da Profa. Francisca do Rosário Carvalho, atuaram no MEB, entre outras mulheres: Conceição Castro, Rosilda Wanghom, Gersira Carneiro, Mirasselva Alho e Aurenice Gabler. É questão de justiça que essas mulheres que atuaram tanto na Catequese Rural como no MEB sejam lembradas. Essa lista é provisória e deve apenas nos estimular a empreender uma pesquisa mais aprofundada.

ligar o tempo da Bíblia ao tempo atual ou ligar fé à vida. Cabe ressaltar que o MEB enfatizava também a participação comunitária. Essa formação de catequistas com acentuado conteúdo social e político teve vários impactos na sociedade, como a organização dos agricultores no Sindicato de Trabalhadores e Trabalhadoras Rurais (STTR) e na Colônia de Pescadores Z-20 e, já nos anos 90, a reorganização de parte dessas comunidades como quilombolas e povos indígenas. A Catequese Rural e o MEB incentivavam a valorização dos saberes, costumes e tradições culturais locais, inclusive com a realização de um grande evento anual no centro da cidade de Santarém: a Feira da Cultura Popular. Muito provavelmente isso influenciou bastante no processo da emergência política dos indígenas e quilombolas no entorno de Santarém, por reavivar a memória e as identidades étnico-raciais desses coletivos.

Um outro resultado da atuação dessas mulheres na Catequese Rural e no MEB foi a formação das *comunidades*, termo que atualmente é o mais usado para referir aos povoados rurais. Até a década de 50, esses povoados eram chamados de *sítios*, termo que possuía um sentido um pouco pejorativo, como lugares no meio do mato, com moradores incultos, rudes e pobres. Com a disseminação do termo "comunidade" no sentido bíblico, os moradores colocaram-no no lugar de sítio, hoje quase em desuso. As práticas implementadas pela Catequese Rural, como o culto dominical, os trabalhos comunitários e as reuniões regulares, fizeram com que os moradores fossem construindo suas casas próximas umas das outras. Essa parte urbana do povoado geralmente tem como seu centro a área onde estão a igreja, a praça, a escola, o campo de futebol e o salão de reuniões e festas.

As pessoas falam orgulhosamente "eu sou da comunidade de Arapixuna" ou "Eu sou da comunidade de Piracãoera", como uma afirmação positiva de identidade ligada a um território e uma vila, digamos, "civilizada", em oposição ao antigo sentido da palavra sítio, lugar "selvagem" ou inculto. Tudo começou com as professoras catequistas. Não é exagero dizer que foram principalmente as mulheres que trabalharam para moldar a nova cara da Igreja e da sociedade na região, e o fato de elas dominarem bem a leitura, a escrita e a oratória fez toda a diferença para melhor.

7.4 Seu Armindo Lopes

Seu Armindo Lopes foi um morador da aldeia Pinhel, localizada na margem esquerda do Rio Tapajós, município de Aveiro (PA), distante de Santarém 10 horas de viagem de barco. Pelas informações fornecidas por seus filhos, ele sabia ler e escrever e até atuou como ajudante de professor na aldeia (Vaz Filho, 2010). Trabalhava de forma voluntária, ajudando a um outro professor. Armindo e seus irmãos herdaram a imagem de São Benedito e, consequentemente, a missão de continuar a realizar as festas anuais para o santo. Isso ocorreu em meados do século XX. As festas de São Benedito eram realizadas conforme um ritual muito comum no interior da Amazônia, em que os nativos aprenderam de seus antepassados: canto de *folias*, esmolação, ladainhas, levantação e derrubada do mastro, distribuição gratuita de comidas e bebidas fermentadas, danças etc. Em Pinhel, essa folia é associada à dança do gambá[21], um ritmo

---

21. Gambá, nesse caso, nada tem a ver com o animal conhecido por esse nome. No Pará e no Amazonas, gambá também é um tambor comprido feito de madeira oca fechado com couro de animal em uma das extremidades. Os tocadores do gambá sentam-se em cima do tambor para bater no couro com as duas mãos, produzindo o som da música que também é chamada de gambá, assim como sua dança. Aliás, em Pinhel, toda a festa de São Benedito é chamada de Festa do Gambá. O tambor gambá é um pouco semelhante ao tambor do carimbó, outro ritmo musical e dança de origem negra e indígena, típicos do Pará.

marcado pelo toque de tambores. Tais festas desagradavam aos missionários estadunidenses, que as denominavam de profanas devido às danças e às bebidas, principalmente. Ainda, desde a época da implantação das missões na região (séculos XVII e XVIII), os missionários se incomodavam muito com a "beberagem", as danças e o xamanismo dos indígenas (Vaz Filho, 2010).

Por volta dos anos 50, aproximadamente, um missionário franciscano teria proibido a festa de São Benedito e lançado fora da capela as imagens de vários santos, inclusive a de São Benedito. Uma menina sobrinha de Armindo Lopes recolheu a imagem do santo negro. Armindo passou a ser um dos *protetores* da imagem e defendeu a continuação da tradição da festa, desafiando a ordem do missionário. Por isso, este o ameaçou de excomunhão, de ser proibido de batizar filhos e de ser padrinho de outras pessoas. Ele era professor, portanto, uma pessoa esclarecida, um intelectual dentro daquele contexto em que poucos tinham acesso à leitura e à escrita. Pode ter advindo daí a sua autonomia diante da atitude do padre. De fato, ele continuou organizando a festa de São Benedito, com a dança do gambá. Eis o relato de sua filha Arlinda Pedroso, 70 anos, sobre o fato:

> [...] quando o padre chegou aqui, que foi frei Ivo, então ele mandou chamar o papai, e Rosa e Guilherme, que eram os três irmãos que promoviam essa festa. Aí, começaram a conversar. E aí, o padre disse que não podia, que acabasse porque acabasse essa festa, que era uma festa profana, dizendo que o papai, Rosa e Guilherme não podiam ser padrinho de ninguém, de criança nenhuma, por causa que eles promoviam essa festa, que eles consideravam como se fosse profana. [...]. Aí meu pai disse: "Não, se é por isso, tem muitas outras religiões que possa batizar crianças". [...] Aí, ele disse que ele [padre] não podia acabar assim, por causa que era uma tradição, que era dos pais dele essa festa, o São Benedito era do tempo dos pais dele (Vaz Filho, 2010, p. 211).

Dona Arlinda Pedroso está segura de que a festa não desapareceu somente por seu pai não ter permitido. Uma afirmação muito comum entre os mais velhos é "os padres proibiram o gambá", mas, mesmo assim, os moradores de Pinhel continuaram fazendo a festa, ainda que meio clandestina, e até enfrentando certa rejeição por parte de alguns moradores, que diziam que o gambá era "dança de índio". Quanto ao Seu Armindo Lopes, depois desse confronto com o padre, apesar de ser um líder católico local, ficou mais afastado da Igreja. Depois de morto, seu corpo não entrou na capela, conforme seu pedido, o que constitui um fato raríssimo em Pinhel. É o que relata seu filho Zormar Pedroso (Vaz Filho, 2010, p. 211), já falecido:

> [...] depois, ele ficou afastado, porque antes ele foi até mariano[22], ele foi o presidente dos marianos, e todos os domingo ele chegava à igreja. Todos os domingos ele vinha lá da onde nós morava no lugar Badajó, ele vinha aqui pro culto. Aí, depois que o padre excumungou, ele disse que num era prá ele frequentar a igreja [...]. Aí, também se afastou um pouco da igreja, passou um tempo que ele não ia. A dipois que ele vinha sempre, mas não era como ele era antes. [...] antes, que ele tava doente, juntou todos os filhos e disse: "Olhem, meus filhos, quando eu morrer, vocês num levem meu cadáver lá na igreja, porque eu já tô morto. E prá mim retirar meus pecados é preciso eu ir bom lá, mas depois de eu morto? Tão, me peguem, me levem no cemitério. Eu num quero que vocês ocupem ninguém, vocês são um bucado de irmãos, se ajuntem e levem meu corpo prá dentro do cemitério, e fazem um sepulcro meu, e pronto, acabou-se. Já num carece está chamando os outro, nem levar na igreja". E nós fizemos esse pedido dele. Meu pai num foi na igreja não.

---

22. Armindo pertenceu à congregação de leigos católicos chamada de Marianos, que era muito forte na região em meados do século XX.

Os filhos de Armindo Lopes afirmam que ele foi "excomungado", com todo o peso que essa palavra tem em uma aldeia ribeirinha no interior da Amazônia. Lembram também que ele não poderia batizar seus filhos. Essa proibição, em um lugar onde os indígenas dão um valor muito grande ao batismo das crianças (como proteção contra os ataques de entidades sobrenaturais), deve ter sido profundamente sentida tanto pelo próprio Armindo Lopes como pelos demais moradores. Porém, pareceu-me muito interessante a atitude do Seu Armindo Lopes diante do missionário, não temendo a ameaça de excomunhão. Segundo Zormar Pedroso Lopes, seu pai teria dito ao padre: "Tá bem, padre. Se eu num posso batizar meus filhos na igreja, vou procurar a religião crente, e ponho para batizar também. Ponho meus filhos tudo na religião". Lembremos que se tratava de uma pequena aldeia amazônica em meados do século XX, quando os sacerdotes católicos ainda eram vistos com muito respeito ou temor, e as igrejas evangélicas eram muito raras.

Segundo os moradores, em meados dos anos 70, um outro padre, já brasileiro e, certamente, inspirado pelas ideias da Teologia da Libertação, passou por Pinhel, e disse que queria ver a dança do gambá, a dança realizada durante a festa de São Benedito. Os foliões tocaram os tambores, e o padre foi para o meio do salão com os moradores e dançou o gambá. Esse padre teria, então, *liberado* os moradores para dançarem livremente o gambá. Assim foi feito. Nos anos 80, o missionário que demonstrou intolerância para com a festa de São Benedito, já idoso e informado por novas ideias na Igreja Católica, teria pedido desculpas, na comunidade, por sua atitude. Armindo Lopes já havia falecido, porém, devido à sua atitude corajosa, a tradição do gambá continuava viva.

Além de Armindo Lopes, a continuidade da tradição do gambá dependeu dos foliões, que prosseguiram cantando e batendo seus tambores; e dependeu também das mulheres cantoras de ladainha. Sim, sempre elas. Certamente, a atitude corajosa de Armindo Lopes animou também foliões e cantoras de ladainha a continuarem a sua tradição cultural. Graças a eles, a festa de São Benedito ou Festa do Gambá ainda hoje é realizada anualmente em Pinhel, mobilizando todos os moradores e visitantes das comunidades vizinhas e até das cidades.

No fim dos anos 90, os moradores de Pinhel decidiram se identificar novamente como indígenas e reivindicar a demarcação do seu território tradicional, recuperando o etnônimo maytapu, que tinha sido o nome da antiga missão dos jesuítas: Missão de São José dos Maytapus. A dança do gambá passou a ser orgulhosamente destacada por eles como uma das suas tradições indígenas, uma das suas marcas identitárias, especialmente por existir essa dança apenas em Pinhel, na região do Rio Tapajós. Outra marca que eles destacam são as *trincheiras*, que acreditam ser do tempo da Cabanagem. Trincheiras são enormes buracos de forma circular e valas profundas em linha reta, que teriam sido construídas como estratégia de combate pelos cabanos. Os mais velhos fazem animados relatos sobre fatos do "tempo da guerra", que ouviram dos seus avós, afinal, afirmam que os cabanos são os seus antepassados. Realizando a cada ano a Festa do Gambá e contando as histórias dos cabanos, esses moradores seguem na trilha do Seu Armindo: a defesa e a manutenção da sua cultura, herança dos antepassados.

7.5 O poder da apropriação da leitura e da escrita

Os indígenas na região do Baixo Tapajós usaram diferentes instrumentos nos seus esforços para resistir à violência, exploração e dominação colonial, seja aquela imposta pelos portugueses nos séculos passados, seja a atual, comandada pelos governantes, instituições e classes proprietárias brasileiras. Nos três exemplos apresentados podemos observar como, em contextos bem distintos, o manuseio da leitura, da escrita e da comunicação oral em língua portuguesa serviu aos seus objetivos. Nos duros combates militares, no campo político, e nos enfrentamentos mais discretos e sutis, no campo simbólico, os líderes souberam usar essa poderosa arma.

Assim como os indígenas e mestiços soldados desertavam dos quartéis para se reunir aos cabanos, levando armas de fogo, espadas e estratégias de guerra, em outros contextos, eles (na verdade, principalmente elas) se apropriavam inteligentemente dos conhecimentos da língua portuguesa obtidos a duras penas, estudando com padres, freiras e famílias mais abastadas. Ainda que a educação escolar não fosse um recurso acessível a todas as famílias, alguns moradores conseguiram furar o bloqueio e se apropriar da escrita como uma poderosa arma que passou a ser usada em favor de seu projeto coletivo maior. Humildes cantoras de ladainhas nas festas de santo, acompanhadas pelo batuque e pelo canto dos foliões (a maioria deles analfabetos), estavam conservando e recriando formas religiosas indígenas, que mantinham o grupo unido no mesmo território ancestral. Os banquetes e as bebidas fermentadas gratuitas, frutos dos dons entregues devotamente ao santo, também cumpriam a sagrada tarefa de manter vivos os sonhos coletivos do bem-viver. Reunir-se em torno da imagem de São Benedito dançando o gambá, e tudo o que sua festa implicava, era manter viva e atualizada a memória indígena contra o esquecimento e as tantas proibições impostas pelos padres, governantes e colonos.

Não é mera coincidência a presença da Bíblia e da Igreja Católica nos três relatos. Essa instituição, ao lado e atuando bem articulada com o Estado, foi a mais influente no processo de negação do indígena como Outro. Desde o século XVI, os primeiros missionários combateram os pajés e as cosmologias indígenas e impuseram o cristianismo; proibiram costumes tradicionais e impuseram modos estrangeiros de vida social; proibiram as línguas nativas e impuseram o português etc. Até hoje, no Baixo Tapajós, o clero olha com preconceito as práticas da pajelança indígena e proíbe as festas de santo com bebidas alcoólicas, músicas e danças. Porém, os indígenas já não temem a excomunhão e desafiam o clero em defesa da sua *tradição*, como disse Seu Armindo Lopes.

Nos três relatos é possível observar como os indígenas reagem criativamente, apropriando-se dos ensinamentos da própria Igreja e aproveitando o apoio material fornecido por parte do clero, para continuar a viver *sossegados* (como diriam os cabanos), libertos, do seu jeito e no seu território. Maparajuba e seus guerrilheiros se apropriaram da Bíblia na luta contra a dominação dos portugueses. As mulheres da Catequese Rural e do MEB se apropriaram das ideias de libertação, opção pelos pobres e participação, para alfabetizar e organizar os camponeses, descendentes dos indígenas e dos negros escravizados. Seu Armindo Lopes, foliões e cantoras de ladainha se apegaram à devoção aos santos de origem europeia, para preservar o banquete indígena da gratuidade e a sua relação com o sagrado.

7.6 Conclusão

Antes de terminar, gostaria de chamar a atenção mais uma vez para alguns aspectos dos exemplos citados. Vejamos que nas festas de santo não pode faltar a ladainha, mesmo que faltem os demais elementos (Vaz Filho, 2021). Como algo imposto no período das missões pode ter se tornado um dos momentos mais especiais e profundos de uma festa indígena? Ora, a imagem do santo, rodeada por velas acesas, o som das folias executadas pelos mestres foliões, o pipocar dos fogos de artifício, tudo isso faz da ladainha um convite irresistível para o contato com o transcendental, com o mais sublime. O canto das senhoras é como o rogo terno de um devoto implorando piedade diante da sua divindade. É o momento em que os devotos se colocam diante de um divino que está ali à sua altura, à sua frente. Durante a ladainha um festeiro pega a imagem no seu colo e todos os presentes fazem fila para beijar a imagem ou as fitas coloridas que estão nelas amarradas. É durante a ladainha que aquelas pessoas tocam e são tocados pelo sagrado, que podem até beijar. Não à toa, muitos chegam a chorar de emoção.

A cena de mulheres indígenas entoando uma ladainha em latim, a partir de livros antigos de cor amarelada, não significa a vitória da colonização europeia sobre esses nativos. Assim, também, apesar da violência e das milhares de mortes durante a Cabanagem, o ideal de Apolinário Maparajuba e de seus companheiros não foi derrotado ou vencido. Muito ao contrário. Ainda que os tataravós dos moradores de Ecuipiranga e Pinhel tenham se escondido por anos na floresta para sobreviver, de fato, eles acabaram permanecendo nos seus territórios. Também, se queriam sossego, de alguma forma, após a repressão, os moradores foram deixados em relativa paz. Eles realizaram o seu desejo de serem deixados na sua terra e sossegados, ainda que tenham pagado um alto preço por isso.

A Cabanagem foi o enfrentamento vitorioso do modo de ser indígena contra a subordinação, personificada nos portugueses. O maior sucesso da luta dos cabanos foi que seu modo de vida ou sua cultura popular (devoção aos santos, laços de parentesco, trabalho autônomo e não compulsório, falta de ambição desmedida etc.) emergiu relativamente ilesa do período da Cabanagem (Harris, 2017). Assim, não podemos falar em "derrota dos cabanos" (Rodrigues, 2009, p. 183), pois essas populações permanecem fiéis aos principais parâmetros do seu antigo modo de vida, com o ritmo menos desgastante do trabalho, mantendo as pausas entre os turnos, reservando tempo para o trabalho coletivo de ajuda mútua e associando, sempre que possível, trabalho, esporte, lazer e festa.

Por fim, cabe registrar que ainda hoje os moradores de Cuipiranga (a antiga Ecuipiranga) realizam ali anualmente uma grande reunião, com visita ao cemitério, orações, rodas de conversa, almoço coletivo, folias e festa dançante, para fazer memória da luta dos cabanos. Esses Encontros da Cabanagem reúnem moradores das comunidades vizinhas e até de Santarém, que chegam de canoas e barcos de todos os tamanhos. Já os moradores de Pinhel que, depois da Cabanagem, evitaram se dizer *tapuios* ou *índios*, por medo da repressão, em 2000 passaram a se identificar orgulhosamente como indígenas e a reivindicar a demarcação do seu antigo território como terra indígena. O atual mestre-cantor da folia de São Benedito, Tiago Deodato, é o cacique, e a cantora-chefa das ladainhas, Marilza Santiago, é a tuxaua. Vejam só! Apolinário Maparajuba e Armindo Lopes, as professoras e cantoras de ladainha venceram. O seu sonho de libertação continua de pé.

Referências

BARRIGA, L. *Entre leis e baionetas*: independência e Cabanagem no médio Amazonas (1808-1840). 2014. Dissertação (Mestrado em História Social da Amazônia) – Universidade Federal do Pará, Belém, 2014.

BOMBARDI, F. A.; PRADO, L. R. Ações de liberdade de índias e índios escravizados no Estado do Maranhão e Grão-Pará, primeira metade do século XVIII. *Brasiliana – Journal for Brazilian Studies*, v. 5, n. 1, p. 174-199, 2016.

CORDEIRO, E.; DUTRA, M. Profa. Francisca Carvalho: "Amem essa Rádio; seus frutos são muito grandes". *Blog Manuel Dutra*, 2014. Disponível em: https://blogmanueldutra.blogspot.com/2015/01/tributo-conceicao-castro-hoje-falecida.html. Acesso em: 13 jul. 2024.

HARRIS, M. *Rebelião na Amazônia*. Campinas: Editora da Unicamp, 2017.

LIMA, L. M. *Rios vermelhos*: perspectivas e posições de sujeito em torno da noção de cabano na Amazônia em meados de 1835. 2008. Dissertação (Mestrado em Antropologia Social) – Universidade de São Paulo, São Paulo, 2008.

OLIVEIRA, A. I. Ocupação Humana. *In*: SALATI, E. *et al. Amazônia*: desenvolvimento, integração, ecologia. São Paulo: Brasiliense, 1983.

RODRIGUES, D. S. *Revolução Cabana e construção da identidade amazônica*. Belém: EDUEPA, 2009.

SANTOS, J. *Cabanagem em Santarém*. Santarém: Livraria Ática, 1986. p. 19-20.

SODRÉ, N. W. *As razões da independência*. 3. ed. Rio de Janeiro: Civilização Brasileira, 1978.

SOUZA, F. B. *Comissão do Madeira*. Rio de Janeiro, 1875. Microfilme.

VAZ FILHO, F. A. *A emergência étnica dos povos indígenas no baixo rio Tapajós (Amazônia)*. 2010. Tese (Doutorado em Antropologia Social) – Universidade Federal da Bahia, Salvador, 2010.

VAZ FILHO, F. A. Festas de santo e devoção familiar no baixo rio Tapajós. *In*: CAVALCANTI, M. L.; GONÇALVES, R. S. (orgs.). *A falta que a festa faz*: celebrações populares e antropologia na pandemia. Rio de Janeiro: Museu Nacional/UFRJ, 2021. p. 145-158.

VAZ FILHO, F. A. Uma Igreja de mulheres: 50 anos do "Documento de Santarém". *Custódia São Benedito da Amazônia*, 2022. Disponível em: https://franciscanosamazonia.org.br/uma-igreja-de-mulheres-50-anos-do-documento-de-santarem/. Acesso em: 13 jul. 2024.

8
A Educação Escolar Quilombola
Perspectivas e desafios

Ramofly Bicalho dos Santos
Guilherme Goretti Rodrigues

8.1 Introdução

> O povo camponês
> O homem e a mulher
> O negro quilombola
> Com seu canto de afoxé
> Ticuna, Caeté
> Castanheiros, seringueiros
> Pescadores e posseiros
> Nessa luta estão de pé
> (Não vou sair do campo – Gilvan Santos)

A epígrafe que abre este capítulo sinaliza para a diversidade de povos do campo, das águas e das florestas que marcam a realidade brasileira; sinaliza para as múltiplas identidades e formas de ser camponês, indígena e quilombola, de construir maneiras próprias de produzir a existência humana e de se relacionar com o mundo, que está no trabalho, na cultura, no sagrado, na partilha da terra, na coletividade e nos saberes. *Não vou sair do campo* revela a marcha histórica de homens e mulheres por reconhecimento como sujeitos de direitos, protagonistas e portadores de suas próprias histórias.

Dentre os vários povos que marcam a diversidade do campo brasileiro, destacam-se as comunidades quilombolas e as suas lutas pelo direito à educação, que é fundamento da formação e da sociabilidade humana, pois organiza a cultura e nos leva a um indissociável processo de transmitir, trocar e receber conhecimentos ou saberes. Os sujeitos quilombolas "nessa luta estão de pé", encaminhando uma educação socialmente referenciada, aberta, sensível e dialógica para as diversas realidades sociais.

Os quilombos se originam no processo de formação política, econômica, social e cultural do Brasil. Trata-se de sujeitos individuais e coletivos que resistiram aos brutais processos de exploração e expropriação material e simbólico-cultural desde a colonização e escravização, mas que existem e afirmam suas identidades e territorialidades no presente. As comunidades quilombolas contribuíram de forma orgânica para o processo civilizatório brasileiro, deixando-nos um importante acervo e legado que articulam as dimensões patrimoniais (materiais e imateriais), culturais, religiosas, artísticas, além de valores, oralidades, memórias, saberes, fazeres e concepções de mundo com base no trabalho coletivo, na troca, no mutirão e no uso comum da terra – isso contando a produção de alimentos saudáveis, de base orgânica e/ou agroecológica, postos em circulação a milhares de brasileiros(as).

Desse modo, abordar a realidade educacional e o direito à educação no Brasil requer reconhecer as múltiplas diversidades e pluralidades de sujeitos, experiências e práticas educativas existentes, ou seja, não se pode pensar em uma educação para todos(as) os(as) brasileiros(as) sem que ela seja a unidade do diverso, dialógica e conectada às diversas realidades sociais, quer seja no campo ou na cidade. Para os quilombolas, o último censo do Instituto Brasileiro de Geografia e Estatística (IBGE, 2022) confirmou a potência desse grupo no Brasil e a sua afirmação étnico-racial e social no presente: existem aproximadamente 1,3 milhão de quilombolas, divididos pelas cinco grandes regiões, compondo as mais de 3.500 comunidades espalhadas pelo território nacional, entre aquelas demarcadas e tituladas pelo Instituto Nacional de Colonização e Reforma Agrária (Incra), certificadas ou aguardando certificação pela Fundação Cultural Palmares (FCP).

Nesse sentido, a Educação Escolar Quilombola – como modalidade da Educação Básica, aprovada por meio da Resolução nº 8, de 20 de novembro de 2012, que define as *Diretrizes curriculares nacionais para a Educação Escolar Quilombolas* (DCNEEQ), parte da enorme história e do acúmulo de lutas dos quilombos e do Movimento Negro[23], colocando em perspectiva não somente o direito fundamental à educação, mas do reconhecimento étnico, ancestral, cultural, social, econômico, afirmando as múltiplas diversidades, identidades e práticas educativas construídas pelos sujeitos quilombolas em seus territórios.

Dessa maneira, é necessário advertir que, para as comunidades quilombolas, não há educação dissociada da luta pela terra e pelo território, na medida em que seu uso comum e socialmente partilhado se torna "sinônimo de um conjunto de relações vividas; é trabalho concreto; é trabalho de uma memória que se fabrica conjunturalmente; é experiência pessoal e coletiva, relação cotidiana, organização e resistência" (Gusmão, 1995,

---

23. Há uma extensa literatura sobre a história dos quilombos e do Movimento Negro. Porém, para a construção deste texto, tomamos como referência teórica as contribuições de Gonzalez (1982), Gomes (2015) e Domingues (2007).

p. 124). Trata-se de elementos materiais e simbólicos comuns aos quilombos, conferindo-lhes uma identidade própria e, portanto, práticas e processos educativos específicos.

Sem dúvida, as DCNEEQ representam um marco e uma conquista fundamental para as comunidades quilombolas, uma vez que coloca como referência central a contribuição dos quilombos para o processo civilizatório brasileiro. Por outro lado, avança em uma concepção de educação que envolve a construção de marcos políticos, educativos e filosóficos alinhados à organização material-simbólica de cada comunidade ou mesmo referenciada em suas lutas populares; a defesa de escolas quilombolas que mobilizem e articulem os saberes e os fazeres dos sujeitos; e a educação antirracista, contra os processos estruturais de inferiorização, desumanização e violência contra negros(as), inclusive em seus territórios.

Entretanto, inúmeros desafios ainda se colocam para a plena efetivação das DCNEEQ e do direito à educação, o que revela as tensas violações cometidas pelo Estado e pela classe dominante contra os quilombos. Portanto, este trabalho tem por objetivo dialogar sobre as perspectivas e os desafios da Educação Escolar Quilombola, apresentando como se deu a construção das DCNEEQ, seus eixos, princípios e fundamentos centrais, assim como apresentando e refletindo sobre as dificuldades para a sua efetivação nas comunidades quilombolas.

8.2 A construção da Educação Escolar Quilombola: perspectivas e desafios

Do ponto de vista da história da educação brasileira, torna-se necessário entender "a violência simbólica que foi a desvalorização dos sedimentos culturais não ocidentais" (Oliveira,

2013, p. 44), isto é, negou-se um conjunto de saberes e visões de mundo construídos pelos mais variados povos africanos que, durante a diáspora, chegaram na condição de escravizados. Durante séculos, a educação hegemônica pensou as comunidades quilombolas e afro-brasileiras dentro de determinados estereótipos, o que acabou por reforçar o preconceito, a inferiorização e a desumanização, rebaixando os saberes construídos por negros(as) frente a uma visão e padrão dominante de mundo moderno-colonial, patriarcal, branco e racista. Com isso, do ponto de vista da educação, negou-se também a contribuição dos povos africanos para a arte, a literatura, a história, a produção de conhecimentos, dentre outros elementos. Isso reproduziu no imaginário social a ideia de que tudo que estava fora desse padrão dominante não tinha humanidade e, por isso, podiam ser explorados, expropriados e violentados dos seus direitos mais elementares, tais como a própria manutenção de sua existência.

Contudo, houve processos de resistência e, contra um padrão de dominação, surge a "tensa história de suas emergências", sobretudo "por se tornarem presentes, visíveis em tantas ações coletivas e em movimentos sociais e exigindo seu reconhecimento" (Arroyo, 2013, p. 156). Ao encaminhar e lutar por uma educação que reconheça a pluralidade, a diversidade, a memória, a oralidade, a cultura, o trabalho, os saberes produzidos e partilhados nas dimensões objetivas e subjetivas, as comunidades quilombolas colocam em primeiro plano o reconhecimento de suas identidades, "da cor da pele, da cultura e da produção cultural do negro, bem como da contribuição histórica do negro na sociedade brasileira e na construção da economia do país [...]" (Oliveira, 2013, p. 53).

Nesse sentido, o direito à educação resulta de uma extensa luta do Movimento Negro e Quilombola. Apesar de não ser um fato recente, ganha reconhecimento no Estado durante o processo de redemocratização brasileira. Com o esgotamento da ditadura empresarial-militar, que violentou as camadas populares (assassinatos, torturas e prisões), os movimentos sociais populares (organizados pelo conjunto da classe trabalhadora) passam a encaminhar e reivindicar direitos sociais, políticas públicas, educação pública e universal, que culminaram em um intenso processo de disputa na Constituição Federal de 1988. A isso se somam as experiências e os acúmulos políticos e educativos conduzidos pelo Movimento Negro Unificado (MNU) e da grande parcela das comunidades negras rurais, que resultaram, por exemplo, em mobilizações tais como a Marcha Zumbi dos Palmares contra o racismo, pela cidadania e pela vida, em Brasília (DF), no ano de 1995; e, posteriormente, a Marcha Zumbi +10, no ano de 2005, momentos em que se denunciaram a falta de políticas públicas, a realidade de vulnerabilidade, a desigualdade socioeconômica e o racismo contra a população negra no Brasil.

No âmbito da educação, algumas importantes ações e conquistas foram observadas, tais como: a Lei 10.639/03 e 11.645/08, que altera o art.26-A da Lei de Diretrizes e Bases da Educação Nacional (LDB), propugnando a obrigatoriedade do ensino de história e cultura afro-brasileira e africana na Educação Básica. Ambas as leis se fundamentam nos Pareceres CNE/CP 01/2004 e CNE/CP 03/2004, que define as *Diretrizes curriculares nacionais para a educação das relações étnico-raciais para o ensino de história e cultura afro-brasileira e africana*. Em suma, busca-se reconhecer, valorizar, respeitar a cultura, a história e a descendência africana, combatendo um racismo que inferioriza, animaliza e desumaniza negros e negras. Portanto, está tanto no currículo, na educação, quanto nas ações afirmativas e reparatórias – tais como na política de cotas raciais nas universidades e em cargos públicos.

Destaca-se também o importante papel que assumiu tanto a Secretaria de Políticas de Promoção da Igualdade Racial (SEPPIR), criada em 2003, quanto a Secretaria de Educação Continuada, Alfabetização, Diversidade e Inclusão (Secadi), criada em 2004, responsáveis pelos processos de acompanhamento e implementação das políticas educacionais não só relacionadas às ações afirmativas e à educação para as relações étnico-raciais, mas também à questão camponesa, a exemplo do amplo debate e trajetória de luta dos camponeses em torno da Educação do Campo[24]. Entretanto, no caso da SEPPIR e da Secadi, temos assistido nos últimos anos, sobretudo após o golpe de 2016, com os governos conservadores e fascistas de Temer e Bolsonaro, o desmonte de tais secretarias, secundarizando e inviabilizando as políticas em prol da diversidade, da inclusão, das ações afirmativas e do conjunto de reivindicações acumuladas historicamente pelos movimentos sociais populares. Somente no ano de 2023, com a derrota de Bolsonaro e a eleição do terceiro governo Lula, há a tentativa de reconstruir a função da SEPPIR e da Secadi.

É nesse contexto de conquistas ao longo das décadas de 1990 e 2000 que nascem as DCNEEQ. Durante a Conferência Nacional de Educação (CONAE), realizada em Brasília (DF), no ano de 2010, delibera-se no eixo VI, sobre "justiça social, educação e trabalho: inclusão e igualdade" a necessidade de elaborar uma política nacional de Educação Quilombola. Tal deliberação foi acatada pelo então Conselho Nacional de Educação (CNE),

---

24. Para uma aproximação ao tema, cf. Arroyo *et. al.*, 2011.

por meio das Resoluções CNE/CEB 4/2010 e 7/2010, além do Parecer 7/2010. Sendo assim, no ano de 2011 inicia-se o diálogo e a elaboração das Diretrizes para a Educação Escolar Quilombola, contando com a presença de comunidades quilombolas, movimentos sociais, sociedade civil e Estado (Gomes, 2013).

Como resultado desse processo, aprovou-se, em 20 de novembro de 2012, a Resolução n°8, que define as *Diretrizes curriculares nacionais para a Educação Escolar Quilombola na educação básica*. Em outros termos, materializavam-se as diretrizes que iriam orientar e pautar os quilombos nas suas lutas por uma escola e educação mobilizada, referenciada e contextualizada a partir das demandas e dos elementos simbólico-materiais de cada comunidade quilombola, como aponta as DCNEEQ:

> A Educação Escolar Quilombola é desenvolvida em unidades educacionais inscritas em suas terras e cultura, requerendo pedagogia própria em respeito à especificidade étnico-cultural de cada comunidade e formação específica de seu quadro docente, observados os princípios constitucionais, a base nacional comum e os princípios que orientam a Educação Básica brasileira. Na estruturação e no funcionamento das escolas quilombolas, deve ser reconhecida e valorizada sua diversidade cultural (Brasil, 2012).

Algumas importantes reflexões podem ser feitas a partir dessa orientação. Primeiro, apesar de requerer uma pedagogia própria[25], em aderência às especificidades étnico-culturais de cada

---

25. Dizer de uma pedagogia própria implica na observância dos elementos que fundamentam, informam e alimentam a Educação Escolar Quilombola, a saber: da memória coletiva; das línguas reminiscentes; dos marcos civilizatórios; das práticas culturais; das tecnologias e formas de produção do trabalho; dos acervos e repertórios orais; dos festejos, usos, tradições e demais elementos que conformam o patrimônio culturas das comunidades quilombolas de todo o país; da territorialidade (Brasil, 2012).

comunidade, deverá ser acompanhada daqueles conhecimentos necessários a todos(as) os(as) brasileiros(as), expressas nos princípios que orientam a Educação Básica e a própria Base Nacional Comum Curricular (BNCC) – o que não quer dizer que não haja uma disputa permanente em torno da BNCC e da construção de uma base curricular comum em que se amplie o reconhecimento de experiências, práticas educativas e saberes acumulados pelos povos quilombolas.

Além disso, a Educação Escolar Quilombola deve ser elaborada tanto em escolas localizadas em territórios quilombolas quanto nas que recebem alunos de territórios quilombolas. Concomitante, a DCNEEQ atravessa a Educação Básica em suas etapas e modalidades, a saber: Educação Infantil, Ensino Fundamental, Ensino Médio, Educação do Campo, Educação Especial, Educação Profissional Técnica de Nível Médio, Educação de Jovens e Adultos, Educação a Distância (Brasil, 2012).

Como breve reflexão e fundamental síntese, as DCNEEQ apresentam diversos elementos que precisam ser levados em consideração, tais como: nucleação e transporte escolar, tendo em vista que, nos últimos anos, temos acompanhado o fechamento massivo e deliberado de escolas do campo[26], sem levar em consideração o real interesse da comunidade, desprezando leis tais como a 12.960, de 27 de março de 2014, que acresce ao art. 28º da LDB que o fechamento de escolas do campo, indíge-

---

26. De acordo com informações do Movimento dos Trabalhadores Rurais Sem Terra (MST), entre os anos de 1997 e 2018 foram fechadas cerca de 80 mil escolas do campo. Disponível em: https://mst.org.br/2019/11/28/80-mil-escolas-fechadas-campo-brasileiro-em-21-anos/. Acesso em: 4 jun. 2021.

nas e quilombolas será precedido de manifestação do sistema de ensino, da justificativa da Secretaria de Educação, dos impactos e da manifestação da comunidade escolar. Do mesmo modo, o transporte escolar não só se apresenta como um direito, mas deve ser observado as questões de tempo de deslocamento, condições das vias de acesso e segurança.

Quanto à organização da escola e do processo de ensino-aprendizagem, as DCNEEQ preveem: (I) projeto político-pedagógico (PPP), calendário escolar e organização do ensino em ciclos, multissérie, alternância, séries anuais ou períodos semestrais. É fundamental a aderência entre PPP e calendário escolar com as peculiaridades locais, isso porque em determinados períodos do ano a comunidade pode estar envolvida no trabalho familiar ou comunitário, como na colheita de cultivos agrícolas ou nos próprios mutirões de trato/preparação coletiva da terra; (II) currículo e material didático, em consonância com as leis 10.639/03 e 11.645/08, na promoção da educação para as relações étnico-raciais e de história e cultura afro-brasileira e africana; (III) gestão escolar e ação colaborativa, isto é, a Educação Escolar Quilombola não é de exclusividade do corpo gestor da escola, tampouco das secretarias de educação municipal ou estadual, mas devem ser levados em consideração os reais interesses das comunidades quilombolas, em um processo aberto, flexível e dialógico; (IV) formação inicial, continuada e profissionalização dos professores, para que haja maior sensibilidade e proximidade entre escola e comunidade. Por outro lado, reforça-se a necessidade de defendermos os cursos de Licenciatura em Educação do Campo (LECs), garantindo um espaço de formação para atuação junto aos povos e comunidades tradicionais, inclusive daqueles profissionais oriundos das próprias comunidades quilombolas.

Por fim, destaca-se a alimentação escolar, de preferência com alimentos oriundos da própria comunidade, por meio de políticas de incentivo e acesso a produtos da agricultura familiar, tais como o Programa de Aquisição de Alimentos (PAA) e o Programa Nacional de Alimentação Escolar (PNAE). Com isso, encaminha-se os princípios tanto da soberania e autonomia alimentar, adequando o cardápio escolar ao que já é produzido na comunidade, quanto na aquisição de alimentos saudáveis, sem uso de agrotóxicos ou fertilizantes que prejudicam a saúde humana e a biodiversidade em geral.

Nesse sentido, em que pese a observância dos princípios que orientam as DCNEEQ e a sua importância para o conjunto das comunidades quilombolas, quais são os desafios que ainda se colocam? Nos mais de dez anos após a sua aprovação, os sujeitos quilombolas, individuais e coletivos, acumularam experiências e práticas educativas para os processos de reconhecimento e implementação da Educação Escolar Quilombola, muita das vezes acirrando as disputas políticas na realidade em que se encontram. A tabela a seguir revela o número de escolas e de matrículas totais no Brasil e em áreas quilombolas, tomando como base os dados fornecidos pelo Censo Escolar da Educação Básica, organizado pelo INEP entre o ano de 2013 e 2022:

Tabela 8.1 – Número de estabelecimentos e matrículas totais e as áreas onde se localizam as comunidades remanescentes dos quilombos[27].

Ano Censo	Total de Estabelecimentos	Total de matrículas	Estabelecimentos em área quilombola	Matrículas em área quilombola
2013	190.706	50.042.448	2.181	221.058
2014	188.673	49.771.371	2.376	233.003
2015	186.441	48.796.512	2.276	235.016
2016	186.081	48.817.479	2.316	235.463
2017	184.145	48.608.093	2.411	247.823
2018	181.939	48.455.867	2.419	249.496
2019	180.610	47.874.246	2.554	273.403
2020	179.533	47.295.294	2.523	260.087
2021	178.370	46.668.401	2.548	280.275
2022	178.346	47.382.074	2.559	283.020

Fonte: Inep – Censo Escolar da Educação Básica (2013-2022).

---

27. Notas referentes à tabela: (I) O mesmo estabelecimento pode oferecer mais de uma Etapa de Ensino; (II) Não inclui estabelecimentos com turmas exclusivas de Atividade Complementar ou Atendimento Educacional Especializado (AEE); (III) Inclui estabelecimentos em atividade com pelo menos uma matrícula de Ensino Regular e/ou EJA; (IV) O número de estabelecimentos do Ensino Regular e/ou EJA considera também os estabelecimentos da Educação Especial em Classes Exclusivas; (V) O mesmo aluno pode ter mais de uma matrícula; (VI) Inclui matrículas do Ensino Regular e/ou EJA; (VII) O número de matrículas do Ensino Regular e/ou EJA considera também as matrículas da Educação Especial em Classes Exclusivas.

Quantificar o panorama da Educação Quilombola requer ponderações e reflexões. A primeira delas é que uma escola em área ou território quilombola não significa que terá práticas e processos educativos (em termos de projeto político-pedagógico, currículo, método, material didático, gestão escolar, dentre outros) alinhados aos princípios das DCNEEQ. Arruti (2017) destaca que, desde que houve a introdução dessa categoria no Censo Escolar de 2004, ocorreu a reclassificação das escolas já existentes. Nesse sentido, o aumento de estabelecimentos observados entre os anos de 2013 e 2022 (de 2.181 para 2.559, respectivamente) não necessariamente representa a criação de escolas em áreas quilombolas. Isso vale também para o número de matrículas, além do fato de os dados não analisarem quantos alunos proveem de outras localidades. É comum uma escola localizada em território quilombola receber alunos provenientes do entorno – ainda mais em realidades em que ocorre a nucleação escolar. A constatação frente à realidade educacional brasileira (total de estabelecimentos) aponta para a diminuição de escolas e decréscimo no número de matrículas entre 2013 e 2022.

A segunda ponderação está nos conflitos decorrentes entre poder público e gestores com os processos de autorreconhecimento da comunidade quilombola. Por exemplo, Arruti (2017) destaca os casos em que o poder público reconheceu as escolas em áreas quilombolas para atrair mais recursos provenientes do FUNDEB, uma vez que a localização diferenciada altera o repasse do valor por aluno. Além de não ter trazido benefício algum para as comunidades envolvidas, atropelou-se o princípio democrático da Educação Quilombola, em que os quilombolas são protagonistas, e não destinatários das políticas educacionais. Tal descompasso e descaso acaba por refletir na precarização das escolas, sendo muito comum encontrar nas comunidades escolas com estrutura inadequada, sem "energia elétrica, água encanada e saneamento básico" (Miranda, 2012, p. 375).

Ademais, é possível que uma parcela significativa das comunidades quilombolas sejam atendidas por escolas municipais que, pela Constituição Federal de 1988 (art. 211) e LDB (art. 11), atuam prioritariamente na oferta da Educação Infantil e Ensino Fundamental (anos iniciais e finais). Isso gera duas situações: a baixa oferta das demais etapas e modalidades de ensino nas próprias comunidades, tais como o Ensino Médio; e, consequentemente, a necessidade do deslocamento de alunos para as escolas localizadas em centros urbanos, muita das vezes descontextualizadas ou reprodutoras de práticas racistas que inferiorizam e desumanizam os sujeitos quilombolas. Atrela-se a isto a disponibilidade de transporte público e as condições de deslocamento (vias de acesso, tempo de locomoção, dentre outros), o que pode gerar a evasão escolar e o baixo nível de escolaridade.

Nesse sentido, o panorama trazido em números se coaduna à realidade concreta enfrentada pelas comunidades quilombolas. Os tensos caminhos para o reconhecimento da Educação Quilombola envolvem também as dimensões políticas e territoriais. Ocorre uma intensa disputa entre quilombos e o poder público, sobretudo em municípios configurados em práticas oligárquicas, coronelistas, em que a ocupação dos cargos de poder e prestígio se dá entre famílias com determinado *status* social e econômico. Por outro lado, o privilégio histórico dado a latifundiários, fazendeiros e mineradoras fazem com que ocorra uma exploração e expropriação dos territórios quilombolas, desarticulando, ameaçando e violentando os quilombolas. Tudo isso gera impasses e representam uma forma de coação quando os sujeitos quilombolas, por meio de suas organizações coletivas, encaminham a proposta da Educação Escolar Quilombola[28].

De todo modo, apesar de a Tabela 8.1 trazer elementos de contradição, o aumento de estabelecimentos e de matrículas em territórios quilombolas também refletem "as formas como as comunidades se mobilizam para a garantia do direito à educação, as estratégias e articulações construídas" (Miranda, 2015, p. 77). Esse aspecto é fundamental quando pensamos as DCNEEQ, pois trata das especificidades de cada quilombo, isto é, como os sujeitos individuais e coletivos articulam as dimensões objetivas e subjetivas em seus territórios e as mobilizam para uma prática educativa na escola. Desse modo, a luta pelo território coloca-se intrínseca à luta pela educação, uma vez que "as comunidades existem por sua referência a um território, real ou sonhado, habitado ou perdido" (Miranda, 2015, p. 78). O território é constructo dos sujeitos, portanto, está carregado de afetividades, pertencimentos, ancestralidades, oralidades, memórias coletivas, patrimônios e acervos culturais, saberes e fazeres próprios.

Nesse sentido, quando os quilombos, por meio de suas organizações coletivas, trazem essas referências materiais-simbólicas para se afirmarem enquanto sujeitos de direitos, abre-se uma disputa política, social e pedagógica. Frente à dialogicidade em que se coloca o ser social[29], em que o sujeito educa ao mesmo tempo em que está sendo educado, nas suas relações com os outros e com o mundo, se tem permitido ampliar o nível de consciência crítica, fortalecendo o encaminhamento das demandas frente aos respectivos municípios, secretarias de educação, órgãos ou

---

28. Fato que pode ser refletido e abordado na pesquisa de um dos autores deste capítulo. Cf. Rodrigues, 2022.
29. A referência da perspectiva dialética sustenta-se em Freire, 2020.

conselhos no âmbito da educação, para que se construa efetivamente a política educacional entorno das DCNEEQ. Concomitantemente, tem atuado para questionar a estrutura social, política e econômica de cada realidade que reproduz as práticas racistas.

As estratégias de luta das comunidades quilombolas têm sido conduzidas de diferentes maneiras e há pesquisas[30] que realizam o inventário das comunidades, as práticas e os processos que refletem a dinâmica territorial e educacional. Entretanto, como esforço de síntese, elencamos alguns aspectos que mostram como os quilombos têm mobilizado a Educação Escolar Quilombola em seus territórios: a revisão ou construção do projeto político-pedagógico, assim como do currículo, do material didático e das práticas educativas realizadas na escola, valorizando a identidade negra, quilombola e os seus valores civilizatórios, trazendo concepções filosóficas, políticas e educativas socialmente referenciadas; a reivindicação da contratação (inclusive, via concurso público) de professores quilombolas e demais profissionais (secretários(as), bibliotecários(as), coordenadores(as), merendeiros(as)) que moram na comunidade; a formação de estudantes quilombolas nos cursos de licenciatura, sobretudo nas Licenciaturas em Educação do Campo (LEC) das universidades federais.

No âmbito jurídico-político, ocorrem também: a disputa política ou pelo poder político no município ou Estado em que estão localizadas as comunidades, abrindo debates para defender

---

30. Trata-se de pesquisas que contribuem tanto para debater a realidade de uma comunidade quilombola quanto para realizar uma revisão bibliográfica sobre o tema. Pode ser encontrada em autores já citados neste texto, como Miranda (2012), Arruti (2017) e em teses e dissertações como as de Bezerra-Perez (2014), Nogueira (2020), Freitas (2022) e Rodrigues (2017). Destaca-se que essas referências foram importantes para a construção desse texto, especialmente por abarcar realidades nas diferentes regiões do Brasil.

e fazer valer as DCNEEQ; a articulação em comissões formadas nas câmaras e assembleias legislativas, inclusive no Congresso Nacional; a mobilização contra o fechamento de escolas ou pela abertura de escolas, bem como a melhoria da estrutura, inclusive no âmbito das condições de acesso (vias de deslocamento e transporte público); a denúncia, ao Ministério Público, das violações de direito social, educacional ou territorial, por meio de núcleos, instituições, coletivos aliados às comunidades quilombolas (tais como as universidades públicas, assessorias comunitárias, dentre outros) ou de próprios quilombolas que atuam na área do direito.

Portanto, debater as perspectivas e os desafios da Educação Escolar Quilombola de forma alguma se esgota neste texto, pois entende-se que se trata ainda de um objeto em construção (Arruti, 2017). Entretanto, a discussão oferece um importante inventário acerca das DCNEEQ e das estratégias de luta organizadas coletivamente pelas comunidades quilombolas. Com isso, mantém-se viva a memória da Educação Quilombola como direito étnico-racial, social, cultural, compreendendo a sua visceral contribuição para a realidade e história da educação brasileira.

8.3 Considerações finais

Com base nas reflexões levantadas ao longo deste capítulo, considera-se que ainda há uma longa marcha de luta para que se implementem as DCNEEQ nas comunidades quilombolas, fortalecendo as escolas quilombolas que tenham como referência os elementos materiais e imateriais das comunidades, sem excluir aqueles conhecimentos necessários a todos(as) os(as) brasileiros(as). Como foi abordado, apesar dos quilombos pautarem e encaminharem a Educação Escolar Quilombola como resultado do acúmulo em torno de suas organizações populares, das experiências e práticas educativas, esbarra-se ainda no conflito com o poder público e gestores, transitando tanto pelo desconhecimento da política educacional, quanto do silenciamento intencional, pautado em princípios não democráticos que só reforçam o racismo estrutural. Da mesma forma, não se pode desconsiderar a ação dos interesses antagônicos, tais como os de latifundiários, mineradoras, agronegócio, que buscam desarticular os territórios quilombolas e enfraquecer suas formas de mobilização e luta.

Em um período histórico de intensificação da violência contra comunidades e povos tradicionais (quilombolas, indígenas e camponeses), do desmonte das políticas públicas e educacionais conquistadas pelos movimentos sociais populares ao longo das últimas décadas, defender a Educação Quilombola conecta-se ao desafio de reconstrução da democracia, que efetivamente se paute pela construção popular, assim como mantém viva a existência e resistência dos quilombos, os saberes e fazeres produzidos e compartilhados pelos seus sujeitos.

Isso nos lança como desafio compreender o que as comunidades vêm nos ensinando e acumulando em torno de suas experiências políticas e educativas, não só nos desafios a serem enfrentados na implementação das DCNEEQ e de seus princípios fundamentais, mas como a educação deve assumir seu caráter público, universal, democrático, com qualidade, com direito a diferença, a diversidade, atuando para superar as desigualdades, tanto na perspectiva de acesso e oportunidade, quanto nas relações que historicamente inferiorizam e oprimem os sujeitos (nas dimensões étnico-raciais, de origem, de classe e de gênero).

Ou seja, trata-se de defender uma educação socialmente referenciada e ligada à ampla diversidade e multiplicidade brasileira, que tenha como fundamento o reconhecimento e a afirmação legítima das muitas maneiras de experienciar e viver o mundo, de produzir a existência humana. Portanto, uma educação libertadora, que contribua para a superação das injustiças e desigualdades sociais, do preconceito, da discriminação, do racismo, da violência, enfim, questões estruturais tão caras e candentes para pensarmos a educação e um país livre e emancipado.

Referências

ARROYO, M. G. *Currículo, território em disputa*. 5. ed. Petrópolis: Vozes, 2013.

ARROYO, M. G.; CALDART, R. S.; MOLINA, M. C. (orgs.). *Por uma educação do campo*. 5. ed. Petrópolis: Vozes, 2011.

ARRUTI, J. M. Conceitos, normas e números: uma introdução à Educação Escolar Quilombola. *Revista contemporânea de Educação*, Rio de Janeiro, v. 12, n. 23, p. 107-142, 2017. Disponível em: https://revistas.ufrj.br/index.php/rce/article/view/3454. Acesso em: 10 out. 2023.

BEZERRA-PEREZ, C. S. *Entre a serra e o mar*: memória, cultura, tradição e ancestralidade no ensinar-aprender entre as gerações do Quilombola da Fazenda, Ubatuba, SP. 2014. 400 p. Tese (Doutorado em Educação) – Universidade de São Paulo, São Paulo, 2014.

BRASIL. Ministério da Educação. Dispõe sobre a Resolução n°8, de 20 de novembro de 2012 que Define as Diretrizes curriculares nacionais para a educação escolar quilombola na educação básica. *Diário Oficial da União*: seção 1, Brasília, DF, p. 26, 21 nov. 2012.

DOMINGUES, P. Movimento Negro Brasileiro: alguns apontamentos históricos. *Revista Tempo*, Niterói-RJ, v. 12, n. 23, p.100-122, 2007. Disponível em: scielo.br/j/tem/a/yCLBRQ5s6VTN6ngRXQy4Hqn/?format=pdf&lang=pt. Acesso em: 10 out. 2023

FREIRE, P. *Pedagogia do oprimido*. 74. ed. Rio de Janeiro; São Paulo: Paz e Terra, 2020.

FREITAS, D. S. *Identidade quilombola e racismo*: análise etnográfica da comunidade do Umbuzeiro/BA. 2022. 99 p. Dissertação (Mestrado em Educação) – Pontifícia Universidade Católica de São Paulo, São Paulo, 2022.

GOMES, F. S. *Mocambos e quilombos*: uma história do campesinato negro no Brasil. São Paulo: Claro Enigma, 2015.

GOMES, N. L. Diretrizes curriculares nacionais para a educação escolar quilombola. *In*: BRASIL. Ministério da Educação. *Diretrizes curriculares nacionais gerais para a educação básica*. Brasília: MEC, SEB, DICEI, 2013.

GONZALEZ, L.; HASENBALG, C. *Lugar de negro*. Rio de Janeiro: Marco Zero, 1982.

GUSMÃO, N. M. M. Terra de uso comum: oralidade e escrita em confronto. *Revista Afro-Ásia*, Salvador – BA, n. 16, p. 116-132, 1995. Disponível em: https://periodicos.ufba.br/index.php/afroasia/article/view/20850/13450. Acesso em: 10 out. 2023.

IBGE. *Quilombolas*: primeiros resultados. Rio de Janeiro: IBGE, 2023.

MIRANDA, S. A. Educação escolar quilombola em Minas Gerais: entre ausências e emergências. *Revista Brasileira de Educação*, Rio de Janeiro, v. 17, n. 50, p. 369-383, maio/ago. 2012.

MIRANDA, S. A. Dilemas do reconhecimento: a escola quilombola "que vi de perto". *Revista da ABPN*, Goiânia, v. 8, n. 18, p. 68-89, nov./fev. 2015.

NOGUEIRA, L. R. *A educação das relações étnico-raciais no currículo de uma escola quilombola no município de Guaçuí-ES*. 2020. 234 f. Dissertação (Mestrado em Educação) – Universidade Federal do Espírito Santos, Vitória, 2020.

OLIVEIRA, J. M. Perspectivas epistemológicas de matrizes africanas e educação. *In*: OLIVEIRA, J. M. (org.). *Interfaces das africanidades em educação nas Minas Gerais*. Juiz de Fora: Editora UFJF, 2013. p. 41-63.

RODRIGUES, G. G. *A Educação Quilombola na Comunidade Colônia do Paiol – Bias Fortes (MG)*. 2017. 111 f. Dissertação (Mestrado em Educação) – Universidade Federal de Juiz de Fora, Juiz de Fora, 2017.

RODRIGUES, G. G. *Movimentos sociais e as experiências dos trabalhadores da comunidade quilombola Colônia do Paiol*. 2022. 412 f. Tese (Doutorado em Educação) – Universidade Federal Rural do Rio de Janeiro, Seropédica/Nova Iguaçu, 2022.

9
A educação do campo na história do MST e desenvolvimento da consciência social e crítica

Elias Canuto Brandão

9.1 Apresentação

Compreender a história da educação do campo no Brasil significa ampliar o conhecimento e os níveis de consciência. Nesse viés, sequenciaremos a história da educação com um olhar para a educação do campo entre 1997 e 2010. Para não tornar enfadonha a leitura, organizamos as informações desde 1500, ano da invasão do Brasil pelos portugueses[31].

A invasão dos portugueses apregoa a nosso passado uma triste história, cheia de tragédias humanitárias, a exemplo da dizimação dos indígenas e do tráfico dos africanos. Assim, tornar a história acessível contribui na formação socioeducacional e no desenvolvimento da consciência a partir de visões críticas sobre o que os livros didáticos e paradidáticos apresentaram e apresentam, visto serem organizados – em grande escala – a partir do olhar e interesses do capitalismo, do dominador.

---

31. O viés é de que o Brasil não foi descoberto, mas invadido pelos portugueses.

Com esse olhar, consideraremos as constituições que o Brasil vivenciou, a começar por 1824, finalizando na Constituição de 1988, perpassando a de 1967, destacando que a educação para os povos do campo não foi preocupação dos governos colonial, imperial e republicano, não aparecendo em nenhuma Constituição.

Neste capítulo, daremos ênfase à organização dos trabalhadores rurais a partir de 1979, ainda no governo militar-civil, quando mobilizações e ocupações de terras se iniciaram a partir do Rio Grande do Sul e, na sequência, no Paraná, em Santa Catarina, em São Paulo e no Mato Grosso do Sul. Desde as primeiras ocupações, a preocupação era a educação das crianças acampadas.

Realizamos, assim, um recorte histórico de forma linear, desde a invasão do Brasil, em 1500, até 2010, final do governo Luiz Inácio Lula da Silva, com um olhar à educação do campo, priorizando os acontecimentos a partir do I Encontro Nacional das Educadoras e Educadores da Reforma Agrária (I Enera), em 1997.

9.2 A educação na história: um olhar para o campo

Iniciaremos este capítulo contextualizando epistemologicamente a educação do campo, pois, considerando a educação *no*, *do*, *com* ou *para* os povos do campo, esta não foi preocupação dos diferentes governos do Brasil, desde a Colônia. Historicamente, os povos do campo sempre sofreram descasos, e os governos os tratavam pejorativamente, como se não pensassem, sofressem, tivessem vozes e vezes. Assim, pensavam a escolarização e não a educação, e a pensavam verticalmente, de cima para baixo, ou seja, *para* as crianças, sem pensar em seres humanos com sentimentos. Pensavam para a escola x ou y generalizada, sem envolverem e ouvirem os interessados sobre a possível "escola", menos ainda a respeito do *que* e *como* poderiam apreender. Era o campo sem voz, fosse criança indígena, quilombola ou filho de português.

Dessa forma, historicizar a educação *do* campo é contextualizar a história do Brasil olhando e respeitando quem está *no* campo, mais ainda que as lutas e resistências históricas ocorreram e se deram *no*[32] campo, desde a invasão do Brasil pelos portugueses, em 1500, quando se calcula terem massacrado e dizimado mais de dois milhões de indígenas; e quando escravizaram por volta de cinco milhões de africanos por aproximadamente 300 anos, e que nem mesmo as lutas e resistências dos quilombos[33] impediram a desumanização praticada pelos portugueses.

Tratando-se dos povos originários do Brasil – os indígenas –, que merecem nosso respeito e defesa, caberia um julgamento aos portugueses que praticaram atos de genocídio durante a história do Brasil, mesmo tendo passado mais de 500 anos. Silva (2018) observa que "Dos primeiros anos da colonização até a Lei de Terras (séculos XV-XIX) ocorre uma destruição radical das populações originárias, bem como a dispersão e diversas formas de migrações compulsórias, produto da expulsão de seus territórios" (Silva, 2018)[34]. O que há são estimativas do quantitativo de indígenas em 1500. Há estudos que indicam três milhões ou mais e outros estimam um número menor, a exemplo do Instituto

---

32. No final deste capítulo, discorreremos os significados dos termos *no* e *do* campo a partir do olhar de Roseli Salete Caldart.
33. A resistência dos quilombolas na Serra da Barriga, final do século XVI, atual município de União dos Palmares-AL, é uma das primeiras resistências documentadas.
34. "A Lei de Terras exerceu a função de institucionalizar formas de expropriações. Os povos que resistiram e adentraram os sertões e outras regiões de difícil acesso no país, durante o século XX, continuam ameaçados com os avanços de formas de exploração capitalista no campo. Os processos constantes de expulsão de indígenas levam-nos (sic) a compor uma massa de trabalhadores espoliados e em condições de extrema precariedade, seja nas pequenas ou nas grandes cidades" (Silva, 2018).

Brasileiro de Geografia e Estática (IBGE). Para este, "De uma estimativa de mais de 2.000.000 índios para o século XVI [...], chegou-se em 1998 a um total de 302.888 índios, considerando as pessoas que vivem nas Terras Indígenas" (IBGE, 2024).

A respeito dos negros, os portugueses adentram essa história antes mesmo da invasão do Brasil, visto que "A partir de 1440 o comércio de escravizados já era visto como bem lucrativo, sobretudo para os portugueses" (Ribeiro; Marques de Sá, 2015, p. 907), e em 1448 já se estabeleceram na Ilha de Mauritânia, em Arguim, onde organizaram uma agência/escritório para comercializar regularmente seres humanos por bens e mercadorias e, assim, desde a invasão do Brasil até 1700, aproximadamente três milhões de escravizados foram traficados, negociados, trocados, comercializados e explorados para este país (Ribeiro; Marques de Sá, 2015).

A luta vai para além dos indígenas e negros. Continuou com Canudos, na Bahia, final do século XIX; com Contestado, no início do século XX, no Paraná e em Santa Catarina, entre tantas outras. Atualmente, as lutas continuam por terra, saúde, vida, trabalho, dignidade, habitação, educação, produção e comercialização, seja implementada por meio dos trabalhadores do Movimento dos Trabalhadores Rurais Sem Terra (MST), iniciada em 1979, perdurando em pleno século XXI, seja por outras categorias e organizações sociais do campo e das cidades.

Dessa forma, conhecer a educação do campo é conhecer como a educação foi e continua sendo tratada e marginalizada pelo Estado brasileiro. No passado não fez parte das constituições dos governos e, no momento, sofre ataques por meio do fechamento de escolas que resistem no campo.

Vamos historicizar os fatos que se voltam à educação, com um olhar para o campo. Como se constata, na Constituição de 1824, o art. 179 trata da "inviolabilidade dos Direitos Civis, e Politicos dos Cidadãos Brazileiros" (Brasil, 1824), e entre todos os incisos, apenas dois se referem rapidamente à instrução: "XXXII. A Instrucção primaria, e gratuita a todos os Cidadãos; XXXIII. Collegios, e Universidades, onde serão ensinados os elementos das Sciencias, Bellas Letras, e Artes" (Brasil, 1824), sem que sejam contundentes aos povos do campo que era a maioria no Brasil Colônia.

Em 1891, a Constituição republicana prescreveu, no art. 35 (Brazil, 1891):

> Incumbe, outrossim, ao Congresso, mas não privativamente:
>
> 1º) velar na guarda da Constituição e das leis e providenciar sobre as necessidades de caráter federal;
>
> 2º) animar no País o desenvolvimento das letras, artes e ciências, bem como a imigração, a agricultura, a indústria e comércio, sem privilégios que tolham a ação dos Governos locais;
>
> 3º) criar instituições de ensino superior e secundário nos Estados;
>
> 4º) prover a instrução secundária no Distrito Federal.

Fica claro no art. 35, parágrafo 2º, que os olhares do governo republicano que se iniciava estava, da mesma forma que o Império, voltado para a agricultura, exclusivamente para o "desenvolvimento das letras, artes e ciências", formação básica para o trabalho e sobrevivência no campo.

Em 1923 foi realizado o 1º Congresso da Agricultura do Nordeste Brasileiro, e os congressistas demonstravam a preocupação que os patronatos deveriam ter em criar instituições voltadas à instrução, evidência que não havia, mesmo existindo demandas de milhares de crianças sem espaço para estudar. A esse respeito, relata Soares (2001, p. 4):

> Tais instituições, segundo os congressistas, seriam destinadas aos menores pobres das regiões rurais e, pasmem, aos do mundo urbano, desde que revelassem pendor para a agricultura. Suas finalidades estavam associadas à garantia, em cada região agrícola, de uma poderosa contribuição ao desenvolvimento agrícola e, ao mesmo tempo, à transformação de crianças indigentes em cidadãos prestimosos.
>
> A perspectiva salvacionista dos patronatos prestava-se muito bem ao controle que as elites pretendiam exercer sobre os trabalhadores, diante de duas ameaças: quebra da harmonia e da ordem nas cidades e baixa produtividade do campo.

A preocupação dos congressistas não foi de pressionar o governo federal e os entes federados, mas os patrões – patronatos.

Na década seguinte, em 1932, os pioneiros da Educação, por meio do Manifesto dos Pioneiros da Educação Nova, expuseram pela primeira vez a educação como direito de cada indivíduo. Defenderam uma educação integral, com função social pública, gratuita, de qualidade e leiga, com responsabilidade do Estado. Manifestaram que a instrução pública não tem sido senão um "sistema de canais de êxodo na mocidade do campo para as cidades e da produção para o parasitismo" (Azevedo, 1932, p. 9).

Evidenciaram ser preciso reagir e "pôr em via de solução o problema educacional das massas rurais e do elemento trabalhador da cidade e dos centros industriais já pela extensão da escola do trabalho educativo e da escola do trabalho profissional" (Azevedo, 1932, p. 9), pois a mocidade camponesa estava emigrando para as cidades, o que resultaria em parasitismo.

A aparição pela primeira vez da referência "educação rural" se dá no artigo 121 da Constituição de 1934. A ótica do entendimento a respeito do modelo pelo qual a educação era pensada era da elite fundiária da época:

> A lei promoverá o amparo da produção e estabelecerá as condições do trabalho, na cidade e nos campos, tendo em vista a proteção social do trabalhador e os interesses econômicos do País.
>
> § 1º – A legislação do trabalho observará os seguintes preceitos, além de outros que colimem melhorar as condições do trabalhador:
>
> § 4º – O trabalho agrícola será objeto de regulamentação especial, em que se atenderá, quanto possível, ao disposto neste artigo. Procurar-se-á fixar o homem no campo, cuidar da sua educação rural, e assegurar ao trabalhador nacional a preferência na colonização e aproveitamento das terras públicas (Brasil, 1934, art. 121).

Para a época, pode-se inferir que o texto constitucional foi inovador ao atribuir ao Estado a responsabilidade de educador, garantindo o direito à educação, como prescreveu o art. 149, de que "A educação é direito de todos e deve ser ministrada pela família e pelos Poderes Públicos" e o art. 150, letra a) fixando "o Plano Nacional de Educação, compreensivo do ensino de todos os graus e ramos" (Brasil, 1934, art. 150), além da organização do ensino em *sistemas* e da instituição do Conselho Nacional de Educação.

A educação rural volta a ficar esquecida nos documentos oficiais e constitucionais de 1937 e nas interferências cirúrgicas e nos ataques à educação durante o governo militar/civil, entre 1964 e 1985.

Em 1967, os militares alteraram a Constituição e, no art. 168, prescreveram que "A educação é direito de todos e será dada no lar e na escola; assegurada a igualdade de oportunidade, deve inspirar-se no princípio da unidade nacional e nos ideais de liberdade e de solidariedade humana" (Brasil, 1967, art. 168), não se reportando aos povos que viviam na zona rural. É como se a população camponesa não existisse.

Inicia-se mecanismos de expulsão dos trabalhadores do campo. Um deles foi a garantia da terra ao banco quando no momento de financiamento, conhecida como hipoteca. Ocorre que, diante dos altos juros impagáveis, milhares de agricultores perderam suas terras para os bancos e foram expulsos do campo para as cidades, sendo mão de obra barata, sem qualificação, sem casa, sem estudos e sem perspectivas. Outro mecanismo de expulsão dos camponeses foram as construções de usinas elétricas, alagando terras às margens dos rios – os que pagaram o maior preço por essas expulsões foram os pequenos agricultores em vários estados. Nas cidades, se organizaram em movimento, que teve como consequência primeira ocupação nas fazendas Macali e Brilhante, em 1979, no Rio Grande do Sul, em pleno governo militar-civil, ocupação embrião do futuro Movimento dos Trabalhadores Rurais Sem Terra (MST), se consolidando com mais quatro estados, Paraná, Santa Catarina, São Paulo e Mato Grosso do Sul. Juntos, iniciam a história na luta pela reforma agrária:

> Em 1979, houve as lutas das fazendas Macali e Brilhante, relacionadas com a reserva indígena de Nonoai, no Rio Grande do Sul. No Paraná, a luta dos agricultores que perderam a terra com a construção da Barragem de Itaipu.
> Em 1980, famílias ocuparam a fazenda Burro Branco, em Santa Catarina, no município de Campo Erê.
> Em São Paulo, 400 famílias ocuparam a fazenda Primavera, em Andradina. E no Mato Grosso do Sul, se desenvolvia uma intensa luta pela resistência na terra, por milhares de arrendatários que trabalhavam nas fazendas nos municípios de Naviraí, Glória de Dourados etc.

> Em 1981, surgiu o acampamento da Encruzilhada Natalino, em Ronda Alta, no Rio Grande do Sul, que mexeu com a opinião pública nacional, estimulando todos os trabalhadores sem terra do Brasil a lutarem pela terra.
>
> [...] em julho de 1982, realizou-se no município de Medianeira, no Paraná, o primeiro grande encontro de trabalhadores sem terra da região Sul do País: SP, MS, PR, SC, RS.
>
> Em seguida, setembro de 1982, aconteceu o primeiro grande encontro de caráter nacional em Goiânia, onde participaram 16 Estados (Sem Terra, 1986, p. 42-43).

Os quatro primeiros anos são de grande movimentação no campo com ocupações, e a "primeira escola de assentamento de que se tem registro" é de 1983, funcionando "no assentamento de Nova Ronda Alta no Rio Grande do Sul. E com a primeira escola, as primeiras preocupações com que tipo de ensino deveria ser desenvolvido nesta nova realidade" (Caldart, 1997, p. 30).

As mobilizações no campo não param e em "[...] janeiro de 1984, realizou-se no município de Cascavel, no Paraná, o Encontro Nacional dos Sem Terra, onde o Movimento se consolidou e tirou aí os princípios do Movimento" (Sem Terra, 1986, p. 43). No entanto, o Movimento vai se consolidar no ano seguinte, quando,

> [...] em janeiro de 1985, na cidade de Curitiba, no Paraná, aconteceu o primeiro grande Congresso Nacional dos Trabalhadores Rurais Sem Terra, com a participação de 1.500 delegados de todos os Estados do Brasil, onde foi estruturada a Coordenação Nacional, composta por 2 representantes de cada um dos 12 estados onde o movimento estava organizado (RS, SC, SP, PR, MS, MG, BA, SE, ES, RJ, RO, MA) (Sem Terra, 1986, p. 43-44).

Constata-se que, desde as primeiras ocupações, a preocupação era a educação das crianças acampadas. Como as crianças teriam acesso à escola?

A preocupação do MST com a educação das crianças permeia a organização desde as primeiras ocupações, ampliando-se às crianças assentadas, resultando em movimentações por ocasião das discussões da nova constituição do Brasil que estava em andamento.

A Constituição foi promulgada em 1988, mas não garantiu no texto a educação rural, mas a educação como "direito de todos e dever do Estado e da família", devendo ser "promovida e incentivada com a colaboração da sociedade, visando ao pleno desenvolvimento da pessoa, seu preparo para o exercício da cidadania e sua qualificação para o trabalho" (Brasil, 2020, art. 205). Em suma, os artigos 205 a 214 tratam dos direitos e deveres do Estado e da sociedade de forma ampla, generalizada, aburguesada.

O avanço da Constituição – em comparação com as anteriores – foi a proclamação da educação como "direito de todos e dever do Estado", abrindo possibilidades às organizações sociais cobrarem políticas públicas para os povos que residem e produzem no campo.

Oito anos após a promulgação da Constituição, aprova-se a LDB, Lei nº 9.394, de 20 de dezembro de 1996, contemplando um artigo (art. 28) com olhar à questão rural, que prescreve:

> Na oferta de educação básica para a população rural, os sistemas de ensino promoverão as adaptações necessárias à sua adequação às peculiaridades da vida rural e de cada região, especialmente:
>
> I – conteúdos curriculares e metodologias apropriadas às reais necessidades e interesse dos alunos da zona rural;
>
> II – organização escolar própria, incluindo adequação do calendário escolar às fases do ciclo agrícola e às condições climáticas;
>
> III – adequação à natureza do trabalho na zona rural (Brasil, 1996, art. 28).

O art. 28 está amparado no art. 1º da LDB, que preceitua:

> [A] educação abrange os processos formativos que se desenvolvem na vida familiar, na convivência humana, no trabalho, nas instituições de ensino e pesquisa, nos movimentos sociais e organizações da sociedade civil e nas manifestações culturais (Brasil, 1996, art. 1).

Vale destacar, antes da continuidade da historicização, que 18 anos após a aprovação da LDB, em 2014, visto o fechamento de milhares de escolas no campo pelos gestores municipais e estaduais Brasil adentro, foi acrescentado no artigo 28 o parágrafo único proibindo o fechamento de escolas sem que a comunidade seja consultada:

> Parágrafo único. O fechamento de escolas do campo, indígenas e quilombolas será precedido de manifestação do órgão normativo do respectivo sistema de ensino, que considerará a justificativa apresentada pela Secretaria de Educação, a análise do diagnóstico do impacto da ação e a manifestação da comunidade escolar (Brasil, 2014, art. 28).

Esse desdém, chamado de "fechamento de escolas *no* e *do* campo", tem sido uma luta constante pelas articulações, movimentos sociais do campo, indígenas, quilombolas e universidades em todo Brasil, desde os anos de 1990, pois os governos municipais e estaduais, com apoio de programas do governo federal, priorizam o transporte das crianças para as escolas dos perímetros urbanos, forçando o êxodo rural, a concentração das terras, e matando comunidades, vilas e patrimônios.

Um ano após a aprovação da LDB, foi realizado o "I Encontro Nacional de Educadoras e Educadores da Reforma Agrária" (I Enera), em 1997, promovido pelo MST, com apoio da Organização das Nações Unidas para Educação, Ciência e Cultura

(Unesco), do Fundo das Nações Unidas para a Infância (Unicef), da Conferência Nacional dos Bispos do Brasil (CNBB) e da Universidade de Brasília (UnB). Esse encontro nacional foi o embrião da educação do campo.

> O entusiasmo com o êxito do I Enera levou a representante do Unicef, Ana Catarina Braga, a desafiar as entidades promotoras e as que apoiaram o evento para um trabalho mais amplo sobre a educação a partir do mundo rural, levando-se em conta o contexto do campo em termos de sua cultura específica quanto à maneira de ver e de se relacionar com o tempo, o espaço, o meio ambiente e quanto ao modo de viver, de organizar família e trabalho (Kolling; Nery; Molina, 1999, p. 13-14).

O "trabalho mais amplo sobre a educação a partir do mundo rural" foi uma provocação para que se realizasse um evento "mais amplo" dialogando a respeito da educação para os povos do campo, resultando na "Conferência por uma Educação Básica do Campo", em 1998[35], com o tema "Por uma educação básica do campo", em Luziânia (GO).

A conferência foi organizada pelo MST, CNBB, Unesco, Unicef e UnB, reunindo 23 estados, aprovando dezenas de pontos e sugestões que serviram como referências à educação do campo em contraponto à educação rural, subsidiando as políticas públicas de educação *no*, *do* e *para* o campo em âmbito nacional.

No mesmo ano foi criado o Programa Nacional de Educação na Reforma Agrária (Pronera), parceria entre Instituto Nacional de Colonização Agrária (Incra), Ministério do Desenvolvimento Agrário (MDA) e MST, objetivando a escolarização

---

35. Este autor participou da I Conferência por uma Educação Básica do Campo, em julho de 1998, em Luziânia (GO), e no final do mesmo ano publicou um artigo intitulado "Educação do Campo – pedagogia da sobrevivência" (Brandão, 1998).

formal dos assentados sob a coordenação de instituições públicas de ensino superior.

Em 2001, dois anos após a Conferência de Luziânia, foi aprovado o Plano Nacional de Educação (PNE) por meio da Lei nº 10.172, de 9 de janeiro de 2001, assim como o Parecer n. 36/2001, da Câmara de Educação Básica (CEB), do Conselho Nacional de Educação (CNE) (Educação, 2001), de relatoria da conselheira Edla de Araújo Lira Soares. Com a aprovação do Parecer, as Diretrizes Operacionais para a Educação Básica nas escolas do campo foram constituídas.

Em abril de 2002, o CNE baixa a Resolução nº 1/2002, instituindo as Diretrizes Operacionais para a Educação Básica nas Escolas do Campo, e, no mesmo ano, o Ministério da Educação e Cultura (MEC) – assegurado na Resolução do CEB/CNE – cria um Grupo Permanente de Trabalho (GPT) de educação do campo, com o objetivo de estudar ações e políticas públicas de educação que favorecessem os povos do campo: pequenos agricultores, sem-terra, povos da floresta, pescadores, quilombolas, ribeirinhos, extrativistas, assalariados rurais, entre outros (Teixeira, 2007).

Mesmo os povos do campo pressionando os governos por escolas no campo[36], este foi esquecido, abandonado e estigmatizado até 1997, e a população brasileira, na sua maioria, era camponesa, ou seja, residia e trabalhava no campo.

---

36. Até o final da década de 1990, lutava-se por escola na zona rural. O embrião do termo Educação do Campo surge a partir do I Enera e se consolida no decorrer e após a Conferência Nacional Por uma Educação Básica do Campo, em 1998, e a terminologia se acentua nacionalmente a partir do relatório de Edla Soares (Parecer 36/2001), que resultou na Resolução 1/2002, reconhecendo a Educação do Campo como prioridade nacional a ser respeitada pelo Estado brasileiro em todas as instâncias.

A partir de 2002, a terminologia utilizada passa a ser educação do campo e foi se fortalecendo nos encontros, cursos, debates, seminários e conferências, nos diferentes movimentos sociais do campo, a começar pelo MST, assim como nas universidades. Em 2003, inicia-se o governo de Luiz Inácio Lula da Silva e a educação para os povos do campo passa a ter um olhar novo a partir do Ministério da Educação, criando-se um espaço institucional de diálogo entre representantes dos movimentos sociais do campo – a exemplo do MST – e governo federal, a exemplo da Secretaria de Educação Continuada, Alfabetização e Diversidade (Secad), incentivando a realização de seminários, conferências, encontros, debates e grupos de estudos e pesquisas a respeito da educação do campo em todo o Brasil. De acordo com Oliveira e Dalmagro (2014, p. 105), com "[...] a criação na estrutura do MEC de uma secretaria específica para cuidar da diversidade, Secad (Secretaria de Educação Continuada, Alfabetização e Diversidade)" foi instituída "um GPT (Grupo de Trabalho Permanente em Educação do Campo) (Portaria 1374/2003)" e a educação do campo avançou.

No ano seguinte, em 2004, foi aprovado o II Plano Nacional de Reforma Agrária com a participação efetiva dos movimentos sociais. Ações de educação e formação passaram a fazer parte das políticas públicas para viabilizar o desenvolvimento dos assentamentos, com mobilizações, negociações e pressões sobre o Estado brasileiro nas três esferas, forçando que o tema "educação do campo" fizesse parte da agenda do governo federal e da educação nacional.

Em agosto do mesmo ano, em Luziânia (GO), foi realizada a II Conferência Nacional por uma Educação do Campo, com o tema: "Por uma política pública de educação do campo".

Foram mais de 1.100 participantes entre educadoras e educadores, além de representantes de movimentos sociais e do governo. Nessa conferência, a partir do tema orientador, discutiu-se os "paradigmas da educação e as estratégias do agronegócio para exclusão" frente ao modelo capitalista que se amplia em alta escala, atingindo diretamente o Brasil.

Também permearam discussões e estudos das "concepções de desenvolvimento do campo, políticas para os camponeses e modelos de agricultura" (MST, 2004) que se almeja *no* e *para* o campo. A conferência contribuiu para que educadoras e educadores do campo estejam atentos, vigilantes e mobilizados em defesa da educação e precavidos contra o fechamento de escolas.

Em 2005, foi realizado, em Brasília, o I Encontro Nacional de Pesquisa em Educação do Campo, com a participação aproximada de 70 pesquisadores das diferentes partes do país. Os pesquisadores eram vinculados a instituições universitárias, governo, movimentos sociais ou sindicais envolvidos em pesquisa de educação do campo. No mesmo ano, foram realizados pelo MEC seminários discutindo a temática sobre educação do campo em 23 estados da Federação.

Ainda no mesmo ano, Caldart (2005) resume um entendimento que amadurecia desde 2002 a respeito das diferenças de uma educação *no* e *do* campo, afirmando ser uma

> [...] luta do povo do campo por *políticas públicas* que garantam o seu direito à educação, e a uma educação que seja no e do campo. No: o povo tem direito a ser educado no lugar onde vive; Do: o povo tem direito a uma educação pensada desde o seu lugar e com a sua participação, vinculada à sua cultura e às suas necessidades humanas e sociais (Caldart, 2005, p. 27. Grifos da autora).

A dificuldade de entendimento dos termos *no* e *do* campo continua e se amplia aos termos *para* e *com*, visto que os gestores não dialogam *com* o campo e, ao decidirem as políticas, decidem verticalmente *para* o campo, como se os povos *do* campo não pensassem, planejassem e produzissem. Poucas são as iniciativas de gestores que pensam e dialogam *com* a população do campo democraticamente, horizontalizadas. O que mais praticam são decisões, projetos, programas e ações políticas verticalizadas, impostas, não dialogadas.

No ano de 2006, o Ministério da Educação propôs realizar cursos de licenciatura em educação do campo por área de conhecimento e não por disciplina, levando em consideração a existência de 354.316 professores atuando na educação básica do campo, o que representava 15% dos profissionais em exercício no país. A maioria tinha pouca qualificação e recebia os menores salários nacionais. Para se ter uma ideia, enquanto 75,9% dos estabelecimentos urbanos estavam equipados com microcomputadores, apenas 4,2% dos estabelecimentos rurais de ensino contavam com esse recurso (Teixeira, 2007). Por outro lado, equipamentos como bibliotecas, laboratórios e quadras de esporte não faziam parte da realidade das escolas rurais, situação que continua no campo, o que foi e tem sido descaso social e político, refletindo em educação, saúde, meio ambiente, cultura, produção, economia e expansão nas cidades.

No mesmo ano, entre 22 e 26 de agosto, foi realizado no Paraná o II Encontro Nacional das Escolas Itinerantes, com aproximadamente 200 educadoras e educadores de todo país, em Quatro Barras, região metropolitana de Curitiba (PR). De acordo com o MST (2006), o objetivo foi realizar

> [...] um balanço dos 10 anos da implantação das Escolas Itinerantes nos acampamentos, promover o intercâmbio entre os educadores, aprofundar o estudo do projeto político-pedagógico e aperfeiçoar o trabalho educativo com as crianças e adolescentes dos acampamentos.

Por que escola itinerante? Porque a escola acompanha "[...] o itinerário do acampamento até o momento em que as famílias chegam à conquista da terra, ao assentamento. É uma escola que funciona em parceria com as Secretarias de Educação dos Estados e o MST".

Em 2007, é criado o Observatório da Educação do Campo pela Capes/INEP com a participação de várias universidades visando incentivar pesquisas voltadas à educação do campo e, como resultado, tem-se doravante centenas de produções acadêmicas tratando da educação do campo com os mais diferentes olhares e concepções sociais e políticas.

Entre 6 e 8 de agosto de 2008, as universidades participantes do Observatório realizaram, na UnB, o II Encontro Nacional de Pesquisa em Educação do Campo (Freitas, 2010). No evento foram socializadas produções acadêmicas que tratavam da educação dos povos do campo, crianças e adultos. Foi um momento para avançar nas discussões de pesquisas com olhares sobre as populações do campo, sobre as escolas do campo e o risco real de fechamento.

Ainda em 2008 foi realizado, no Estado do Paraná, o III Seminário Nacional das Escolas Itinerantes do MST (Paraná, 2008), reunindo cerca de 450 educadores, docentes e representantes do movimento de 13 estados do país no Centro de Capacitação de Faxinal do Céu/PR.

Por último, em 2010, foi realizado em Brasília o "III Encontro Nacional de Pesquisa em Educação do Campo", com "convidados latino-americanos e diversos pesquisadores de sete universidades públicas integrantes do projeto Observatório da Educação do Campo Capes/Inep (UnB, UFRN, UFCE, UFPB, UFPA, UFMG, UFSC)" (EAD no Brasil, 2010).

Em níveis estaduais, vários encontros e seminários foram desenvolvidos a respeito da educação do campo naquele ano com participação de educadores sociais do campo, docentes pesquisadores e lideranças sociais empenhados em conhecer a educação do campo, apresentar resultados de pesquisas e fazer a educação do campo acontecer de fato e de direito.

Infinitos estudos e pesquisas foram realizados desde o I Enera, passando pela 1ª Conferência Nacional por uma Educação Básica do Campo e por ações diversificadas nos estados, todos apontando a preocupação do descaso dos governos para com os povos camponeses, atingindo diretamente as crianças ao fecharem milhares de escolas no campo, em assentamentos ou áreas ocupadas, ilhas, quilombos e terras indígenas. Ao se fechar uma escola, mata-se uma comunidade, fazendo desaparecer milhares de pequenas propriedades, aumentando a concentração das terras em latifúndios, concentrando os camponeses nas cidades, descaracterizando-os e desumanizando-os.

A produção que em pequenas propriedades se voltava para alimentar a população, não utilizando veneno descontroladamente (agroecologia), quando concentradas em latifúndios se voltam para a produção em grande escala, com alto índice de utilização de veneno visando à exportação e ao lucro (agronegócio).

O campo é um espaço geográfico, político, social e cultural. Não é a sobra das cidades. Não é espaço para lazer ou refúgio dos problemas sociais e conjunturais urbanos. O campo é e tem vida, rios e riachos, produção, comercialização, construções, cultura, escolas e educadores, seres humanos e animais de todas as espécies. O campo, no olhar da educação do campo, abastece de alimentos saudáveis os que vivem nele e fora dele, em cidades e vilarejos, e as lutas no campo, assim como os eventos, seminários e congressos realizados, foram resultantes de preocupações sobre o futuro da humanidade, do desaparecimento da pequena agricultura, da agricultura familiar, da floresta e de mangues, dos rios assoreados...

Para ser educação do campo em uma escola do campo é necessário ir além dos estudos, análises e discussões do que está contido nos livros didáticos e paradidáticos. Para ser do campo é necessário intercalar teoria e prática. Tempo escola e Tempo comunidade (TE e TC). Partir da prática e do conhecimento dos estudantes, de sua realidade, estudando relevo, geografia, matemática, história, produção, comercialização, agroecologia e agronegócio, terra concentrada e terra coletiva, perseguições e assassinatos...

A educação em escola do campo se realiza para além do espaço físico do prédio[37], permeando o diálogo freiriano, o escutar, ver, sentir e tocar, para agir e transformar, podendo o processo educativo e a aprendizagem ocorrer dentro ou fora de um espaço

---

37. Escola que não realiza a educação para além do espaço físico da escola, com os estudantes colocando a "mão na massa" na terra, calculando a produção, o gado, as galinhas, os porcos e o dinheiro, precisa ser repensada na terminologia "Educação do Campo". Escola que utiliza em sua nomenclatura o termo "Educação do Campo" apenas para receber recursos do Estado não pratica Educação do Campo, pratica crime contra os recursos públicos.

físico, embaixo de árvores ou lonas, ao ar livre ou coberturas improvisadas, com lápis ou carvão, giz ou dedo, papel ou chão.

O resultado do aprender e conscientizar-se que no início do MST foi resultado da luta, em 2010 era uma realidade e a escola e as educadoras e educadores do campo exigiam respeito aos direitos: manutenção da escola, cumprimento da Constituição e do artigo 28 da LDB e melhores condições de trabalho, salário e respeito aos que vivem e trabalham no campo.

Por fim, este recorte aponta que há de se ficar atento às mazelas do sistema capitalista em pleno decorrer do século XXI, pois a extrema direita se organiza para destruir as conquistas realizadas pelos trabalhadores, perseguir lideranças e criminalizar os movimentos sociais do campo e das cidades, e os fazem infiltrando representantes nas instituições públicas: Câmara de Vereadores, Congresso Nacional, Ministério Público e Justiça, elegendo vereadores, deputados, senadores, promotores, defensores públicos e juízes. É o Estado sendo corrompido por dentro, por máfias organizadas, que resultará em prejuízos às lutas dos trabalhadores do campo e das cidades.

9.3 Conclusão

O recorte entre 1500 e 2010 não foi por acaso, mas, devido ao fato de que o Brasil vivenciou períodos dicotômicos, ora sem que os povos do campo fossem respeitados nas constituições, ora por estar contido indiretamente nela (Constituição de 1988), mas com práticas de fechamento de escolas nas áreas rurais e investimento no transporte escolar, e de 2003 a 2010, quando a educação do campo avançou no decorrer do governo Lula.

Novos estudos e olhares devem avançar nas análises e discussões, com novas concepções sociais e políticas, filosóficas e ideológicas, seja sobre o período discutido, seja a partir de 2011, o que contribuirá para com os movimentos sociais do campo e a academia.

Enfim, a educação do campo é do campo por ir além do que está contido nos livros didáticos e paradidáticos. Ela estuda a realidade a partir do local da escola, estuda o mundo para além das janelas da escola, dos livros e da *internet*.

Referências

AZEVEDO, F. *O manifesto dos pioneiros da educação nova* (1932) – A reconstrução educacional no Brasil – ao povo e ao governo. Disponível em: https://www.histedbr.fe.unicamp.br/pf-histedbr/manifesto_1932.pdf. Acesso em: 6 jan. 2024.

BRANDÃO, E. C. Educação do Campo – pedagogia da sobrevivência. *Revista Comunicações*, UNIMEP-Piracicaba, ano 5, n. 2, p. 205-213, 1998. Disponível em: https://porta-da-cidadania.blogspot.com/2009/12/educacao-do-campo-pedagogia-da.html. Acesso em: 12 jan. 2024.

BRASIL, Constituição da República Federativa do. *Texto constitucional promulgado em 5 de outubro de 1988*, com as alterações adotadas pelas Emendas constitucionais nºs 1/1992 a 108/2020, pelo Decreto legislativo nº 186/2008 e pelas Emendas constitucionais de revisão nºs 1 a 6/1994. – 56. ed. Brasília: Câmara dos Deputados, Edições Câmara, 2020.

BRASIL, Presidência da República. Casa Civil. Subchefia para Assuntos Jurídicos. *Constituição Política do Império do Brazil* (de 25 de março de 1824). Disponível em: https://www.planalto.gov.br/ccivil_03/constituicao/constituicao24.htm. Acesso em: 5 jan. 2024.

BRASIL, Presidência da República. Casa Civil. Subchefia para Assuntos Jurídicos. *Constituição da República dos Estados Unidos do Brasil* (de 24 de fevereiro de 1891). Disponível em: https://www.planalto.gov.br/ccivil_03/constituicao/constituicao91.htm. Acesso em: 5 jan. 2024.

BRASIL, Presidência da República. Casa Civil – Subchefia para Assuntos Jurídicos. *Constituição da República dos Estados Unidos do Brasil*. Brasília,

1934. Disponível em: https://www.planalto.gov.br/ccivil_03/constituicao/constituicao34.htm. Acesso em: 6 mar. 2024.

BRASIL, Presidência da República. Casa Civil – Subchefia para Assuntos Jurídicos. *Constituição da República Federativa do Brasil de 1967*. Disponível em: https://www.planalto.gov.br/ccivil_03/constituicao/constituicao 67.htm. Acesso em: 29 fev. 2024.

BRASIL, Presidência da República. Casa Civil. Subchefia para Assuntos Jurídicos. *Lei nº 9.394, de 20 de dezembro de 1996* – Estabelece as diretrizes e bases da educação nacional. Disponível em: https://www.planalto.gov.br/ccivil_03/leis/l9394.htm. Acesso em: 9 jan. 2024.

BRASIL, Presidência da República. Casa Civil. Subchefia para Assuntos Jurídicos. *Lei nº 12.960, de 27 de março de 2014* - Altera a Lei nº 9.394, de 20 de dezembro de 1996. Disponível em: https://www.planalto.gov.br/ccivil_03/_Ato2011-2014/2014/Lei/L12960.htm#art1. Acesso em: 9 jan. 2024.

CALDART, R. S. *Educação em movimento*: formação de educadoras e educadores no MST. Petrópolis: Vozes, 1997.

CALDART, R. S. Elementos para construção do projeto político e pedagógico da educação do campo. *In*: SECRETARIA DE ESTADO DA EDUCAÇÃO – Superintendência da Educação; Departamento de Ensino Fundamental. *Cadernos Temáticos*: educação do campo. Curitiba: SEED-PR, 2005.

EAD NO BRASIL. A emergência da educação ambiental no Brasil. *III Encontro nacional de pesquisa em educação do campo*, 2010. Disponível em: https://eadnobrasil.wordpress.com/2010/07/29/iii-encontro-nacional-de-pesquisa-em-educacao-do-campo/. Acesso em: 25 fev. 2024.

FREITAS, H. *Histórico educação do campo*. Slides. Disponível em: http://www.slideshare.net/wanessad/historico-educao-do-campo-presentation. Acesso em: 12 jan. 2024.

INSTITUTO BRASILEIRO DE GEOGRAFIA E ESTATÍSTICA. *Território brasileiro e povoamento*. Rio de Janeiro: IBGE, 2024. Disponível em: https://brasil500anos.ibge.gov.br/territorio-brasileiro-e-povoamento/historia-indigena/os-numeros-da-populacao-indigena.html. Acesso em: 6 mar. 2024.

INSTITUTO NACIONAL DE ESTUDOS E PESQUISAS EDUCACIONAIS ANÍSIO TEIXEIRA. *Panorama da educação no Campo*. Brasília: INEP, 2007.

KOLLING, E. J.; NÉRY, I.; MOLINA, M. C. *Por uma educação básica do campo (Memória)*. Brasília: Fundação Universidade de Brasília, 1999.

MOVIMENTO DOS TRABALHADORES RURAIS SEM TERRA. *Construindo o caminho*. São Paulo: Kampus, 1986.

MOVIMENTO DOS TRABALHADORES RURAIS SEM TERRA. *II Conferência Nacional por uma Educação do Campo discute paradigmas sociais*. MST, 2004. Disponível em: https://mst.org.br/2004/08/04/ii-conferencia-nacional-por-uma-educacao-do-campo-discute-paradigmas-sociais/. Acesso em: 1 mar. 2024.

MOVIMENTO DOS TRABALHADORES RURAIS SEM TERRA. *MST realiza seminário nacional das escolas itinerantes*. MST, 2006. Disponível em: https://mst.org.br/2006/08/22/mst-realiza-seminario-nacional-das-escolas-itinerantes/. Acesso em: 25 fev. 2024.

OLIVEIRA, M. A.; DALMAGRO, S. L. A questão agrária, a educação do campo e os projetos em disputa. *Revista Reflexão e Ação*, v. 22, n. 2, p. 94-119, jul./dez. 2014. Disponível em: http://online.unisc.br/seer/index.php/reflex/index. Acesso em: 29 fev. 2024.

PARANÁ – Governo do Estado. Secretaria da Educação. *Seminário nacional discute a educação nos acampamentos do MST*. Curitiba: Secretaria da Educação, 9 fev. 2008. Disponível em: https://www.educacao.pr.gov.br/Noticia/Seminario-nacional-discute-educacao-nos-acampamentos-do-MST. Acesso em: 12 jan. 2024.

RIBEIRO, E. T. N.; MARQUES DE SÁ, L. A. C. Mapeamento histórico sobre tráfico de escravo em África. *Revista Brasileira de Cartografia*, n. 67/4, p. 905-911, jul./ago. 2015.

SILVA, E. C. A. Povos indígenas e o direito à terra na realidade brasileira. *Serviço Social e Sociedade*, n. 133, p. 480-500, 2018. Disponível em: https://www.scielo.br/j/sssoc/a/rX5FhPH8hjdLS5P3536xgxf/#. Acesso em: 6 mar. 2024.

SOARES, E. A. L. Câmara de Educação Básica do Conselho Nacional de Educação. Diretrizes Operacionais para a Educação Básica nas Escolas do Campo. *Parecer nº 36/2001*. Brasília: MEC, 2001. Disponível em: http://portal.mec.gov.br/cne/arquivos/pdf/ARural.pdf. Acesso em: 6 mar. 2024.

10
A educação popular como resistência histórica[38]
Paulo Freire e os movimentos sociais no Brasil urbano-industrial

Daniel Ribeiro de Almeida Chacon
Aline Choucair Vaz
João Victor Jesus Oliveira Nogueira

De acordo com os dados presentes no "Mapa do analfabetismo no Brasil", publicação elaborada em 2003 pelo Instituto Nacional de Estudos e Pesquisas Educacionais Anísio Teixeira, constata-se um desenvolvimento vagaroso dos processos de alfabetização e letramento no Brasil ao longo do século XX. Não obstante, o país experimentou um crescimento vertiginoso do número de habitantes no período considerado. É possível discernir, ainda, uma aceleração relativa na redução do analfabetismo entre as décadas de 1950 e 1960, um ritmo que só foi retomado a partir da década de 1980. Esse fenômeno coincide

---

38. O presente capítulo resulta do apoio da Fundação de Amparo à Pesquisa do Estado de Minas Gerais (FAPEMIG) e insere-se na pesquisa intitulada "Educação popular e o debate ideológico na conjuntura brasileira contemporânea: uma análise crítica a partir de Karl Marx e Paulo Freire".

sobremaneira com os períodos de abertura democrática vivenciados ao longo da trajetória republicana brasileira.

Isso posto, somente em 1961, com a promulgação da primeira Lei de Diretrizes e Bases da Educação, a educação foi reconhecida como um direito de todos(as) e, na Constituição de 1967, foi estabelecida a obrigatoriedade dos oito anos de escolarização fundamental, ou seja, até os quatorze anos de idade[39]. Evidencia-se, assim, o atraso das políticas públicas no Brasil em ampliar os níveis de alfabetização e letramento no país, situação que não deriva de simples descaso fortuito[40], senão de uma determinada concepção política economicamente liberal e socialmente conservadora.

Contrapondo-se a esse cenário, na década de 1960, o Movimento de Educação de Base (MEB), da Igreja Católica; o Movimento de Cultura Popular (MCP), no Recife; o Centro Popular de Cultura (CPC), da UNE; o "De pé no chão também se aprende a ler", no Rio Grande do Norte; e a Campanha de Educação Popular da Paraíba (Ceplar), para citar apenas algumas iniciativas presentes nas regiões mais vulneráveis quanto à alfabetização no Brasil daquela época, deram grande impulso aos processos de redução do analfabetismo nacional (Fávero, 2001).

As lideranças envolvidas nessas instituições e programas dos movimentos sociais eram, em grande medida, inspiradas pelos ideais e pelo método pedagógico inovador de Paulo Freire, em

---

39. Embora tal fato tenha ocorrido exclusivamente devido à pressão exercida pelos Estados Unidos, com seu objetivo de disseminar uma visão liberal tecnicista sobre a educação, sob uma lógica privatista (Saviani, 2008, p. 297-298).
40. Evocamos aqui a célebre expressão, popularmente atribuída a Darcy Ribeiro, de que "a crise da educação no Brasil não é uma crise; é um projeto". Para sermos precisos(as), foi em 1977 que, por ocasião da 29ª reunião anual da Sociedade Brasileira para o Progresso da Ciência (SBPC), Darcy Ribeiro proferiu a seguinte assertiva: "[...] em consequência, a crise educacional do Brasil, da qual tanto se fala, não é uma crise, é um programa. Um programa em curso, cujos frutos, amanhã, falarão por si mesmos" (Ribeiro, 1986, p. 20).

ascensão naquela época. O pensador educacional despontava no cenário brasileiro e internacional com uma abordagem revolucionária para a alfabetização e o desenvolvimento/desdobramento do pensamento crítico dos(as) alfabetizandos(as), conquistando, de todo modo, reconhecimento e impacto significativos.

10.1 Resistências, conflitos e confluências – a história de Paulo Freire nos movimentos educativos populares

No decorrer dos anos de 1950 e 1960, período em que as categorias de "cultura democrática" e "culturas políticas" eram objeto de acalorados debates entre intelectuais de diversas partes do mundo, o Brasil se via às voltas com elevados índices de analfabetismo e uma cultura letrada ainda incipiente, desafios que se apresentavam como sérios entraves ao fortalecimento da cidadania nacional. Diante desse cenário, discussões e iniciativas de alfabetização eram disseminadas por todo o território brasileiro, um movimento que, de fato, já se delineava desde a década de 1940, momento de transição para a Quarta República brasileira, após um expressivo período ditatorial. Esse contexto se entrelaça com o início de um processo de urbanização e industrialização mais pronunciado no Brasil (cf. IBGE, 1950; Paiva; Oliveira, 2009).

Nesse cenário, durante o 2º Congresso Nacional de Educação de Adultos, realizado em 1958, o intelectual e ativista educacional Paulo Freire identificou a desigualdade social como a raiz do problema do analfabetismo no Brasil. Freire argumentava que essa disparidade não apenas dificultava os processos educacionais de escolarização, mas também comprometia os níveis de alfabetização e integração social. Ele defendia que, sem abordar diretamente as condições materiais que constituíam a verdadeira barreira ao avanço da alfabetização e do letramento da população, as discussões educacionais seriam apenas exercícios retóricos desprovidos de eficácia (Fávero, 2001; 2006).

Nos anos subsequentes, a crítica de Paulo Freire adquiriu maior robustez, incorporando progressivamente e, em especial, a partir de sua obra *Pedagogia do oprimido*, elementos mais substanciais da tradição crítica marxista. Na referida obra, já se delineavam os vestígios inequívocos de uma adesão fundamental ao postulado de Marx e Engels, tal como proclamado nas páginas inaugurais do *Manifesto Comunista*, em que se anuncia que

> opressores e oprimidos, em constante oposição, têm vivido numa guerra ininterrupta, ora franca, ora disfarçada; uma guerra que terminou sempre, ou por uma transformação revolucionária, da sociedade inteira, ou pela destruição das duas classes em luta (Marx; Engels, 2011, p. 40).

Nesse sentido, a categorização freiriana das classes opressoras e oprimidas está intrinsecamente ligada a outra designação de significado marcante no pensamento marxiano[41]: "a sociedade divide-se cada vez mais em dois vastos campos opostos, em duas grandes classes diametralmente opostas: a burguesia e o proletariado" (Marx; Engels, 2011, p. 41)[42].

---

41. Sobre a contradição opressor(a)-oprimido(a), Freire asseverava com radicalidade que, "não podendo negar, mesmo que o tentem, a existência das classes sociais, em relação dialética umas com as outras, em seus conflitos, falam na necessidade de compreensão, de harmonia, entre os que compram e os que são obrigados a vender o seu trabalho. Harmonia, no fundo, impossível pelo antagonismo indisfarçável que há entre uma classe e outra (Freire, 2016, p. 222).
42. "Por burguesia entende-se a classe dos capitalistas modernos, proprietários dos meios de produção social que empregam o trabalho assalariado. Por proletariado, a classe dos assalariados modernos que, não tendo meios próprios de produção, são obrigados a vender sua força de trabalho para sobreviver" (nota de Engels, 1888).

Sob tal perspectiva, Paulo Freire asseverou que:

> [p]ara a concepção crítica, o analfabetismo nem é uma "chaga", nem uma "erva daninha" a ser erradicada, nem tampouco uma enfermidade, mas uma das expressões concretas de uma realidade social injusta. Não é um problema estritamente linguístico nem exclusivamente pedagógico, metodológico, mas político, como a alfabetização através da qual se pretende superá-lo. Proclamar sua neutralidade, ingênua ou astutamente, não afeta em nada a sua politicidade intrínseca (Freire, 2015, p. 19).

Por essa razão, Freire postulava um sistema de alfabetização que fosse concatenado a uma leitura histórico-social pelos(as) educandos(as), notadamente por meio da incorporação de uma educação problematizadora como método, de modo a ter como resultado formativo a constituição de sujeitos críticos e afeitos à internalização da crítica social como prática de vida, o que extrapola as dimensões tradicionais e conservadoras, segundo as quais o exercício da cidadania se esgotaria nos pleitos eleitorais e/ou na política partidária.

Como reconhecimento do êxito das práticas orientadas pelo Sistema Paulo Freire[43] de alfabetização, desde a seminal ex-

---

43. O "Método Paulo Freire" é frequentemente referido como Sistema Paulo Freire, uma vez que o termo "sistema" evoca uma abordagem mais abrangente e complexa. Sob essa perspectiva, Carlos Rodrigues Brandão concebe o método como a base de um extenso sistema educacional: "[…] o método foi a matriz construída e testada de um sistema de educação do homem do povo (e de todas as pessoas, por extensão) que imaginou poder inverter a direção e as regras da educação tradicional, para que os seus sujeitos, conscientes, participantes, fossem parte do trabalho de mudarem as suas vidas e a sociedade que, pelo menos em parte, as determina. Em Pernambuco esse sistema previa as seguintes etapas: 1ª) alfabetização infantil; 2ª) alfabetização de adultos; 3ª) ciclo primário rápido; 4ª) extensão universitária (universidade popular); 5ª) Instituto de Ciências do Homem (pensado para ser criado na Universidade Federal de Pernambuco); 6ª) Centro de Estudos Internacionais (com foco sobre questões do Terceiro Mundo)" (Brandão, 2021, p. 47).

periência em Angicos (RN), na qual cerca de trezentos jovens e adultos foram alfabetizados, até as experiências subsequentes disseminadas pelos movimentos sociais, no ano de 1963, o então presidente do Brasil, João Goulart, lançou a Campanha Nacional de Alfabetização. Coordenada por uma organização fundada pelo próprio presidente, a Comissão de Cultura Popular (CCP), a liderança da campanha ficou a cargo do próprio Paulo Freire (cf. Freire, 2017, p. 143-145; Fávero, 2001; 2006).

Inspirado pelo Movimento de Cultura Popular (MCP), uma iniciativa pioneira em Pernambuco que antecedeu o projeto extensionista de alfabetização da Universidade do Recife e que posteriormente se expandiu para diversos outros estados do Nordeste, assim como pelas práticas do Centro Popular de Cultura (CPC) da UNE, o projeto político-pedagógico em gestação visava à difusão dos processos de alfabetização e conscientização crítica e cidadã no Brasil (Fávero, 2001; 2006).

Contudo, a conjuntura sofreu drástica mudança após o golpe empresarial-militar de 1964. Os militares, ao assumirem o poder, prontamente inviabilizaram a execução do programa de alfabetização idealizado por Paulo Freire. A Ditadura reconhecia nas propostas do educador uma ameaça ao modelo conservador de sociedade. Destarte, como forma de estigmatizar a atuação educativa voltada à transformação social da realidade, Paulo Freire foi associado ao "comunismo", conceito identificado ideologicamente como um conjunto de ideias perversas e corruptoras[44].

---

44. Ademais, julgamos oportuno citar parte do inquérito policial militar do Quartel da 2ª Companhia de Guardas do Recife, publicado parcialmente na biografia escrita por Araújo Freire. No relatório em questão, o Ten.-cel. Hélio Ibiapina Lima escreveu sobre Paulo Freire: "Dr. PAULO REGLUS NEVES FREIRE – É um dos maiores responsáveis pela subversão imediata dos menos favorecidos. Sua atuação no campo da alfabetização de adultos nada mais é que uma extraordinária tarefa marxista de politização das mesmas. O mais grave, contudo, é que essa subversão era executada com os recursos

10.2 Reação conservadora – da educação crítica ao positivismo educacional: o caso do Mobral

Em 1967, instituiu-se a Lei 5.379, que criou o Movimento Brasileiro de Alfabetização (Mobral), uma fundação pública com o objetivo primordial de erradicar o analfabetismo no Brasil e promover os ideais reacionários. O Mobral representava, portanto, a tentativa estatal de promover a erradicação do analfabetismo de forma centralizada e verticalizada. Enquanto os grupos progressistas, fortalecidos por movimentos sociais como o Movimento de Educação de Base (MEB), da Igreja Católica, ampliavam suas demandas populares, os militares buscavam se consolidar como um grupo com ampla ressonância social, estimulando iniciativas conservadoras que se opusessem àquelas de cunho libertário, especialmente as vinculadas a uma concepção de educação popular.

Em vista disso, a "Cruzada ABC", um projeto da Igreja Presbiteriana do Recife, recebeu significativa atenção dos governos militares. Vinculada à *United States Agency for International Development* (USAID), a Cruzada ABC foi difundida em alguns Estados do Nordeste brasileiro. No entanto, o movimento não demonstrou sustentabilidade no decorrer dos anos, o que levou o Estado brasileiro a assumir integralmente os processos de alfabetização de indivíduos jovens e adultos não alfabetizados (Paiva, 2003; Teixeira *apud* CEV, 2014; Silva, 2006).

---

financeiros do próprio governo federal e com ajuda da Aliança para o Progresso e outros. Isso torna mais grave a traição que fazia à Pátria. [...] E não era criador de sistema, nem de método, não passava de um mistificador entre tantos outros que infestavam o País" (Freire, 2017, p. 173). No mesmo relatório, afirma-se que "nenhum motivo tem a pátria para agradecer os trabalhos de PAULO FREIRE e, ao contrário, a Pátria traída o procura, pelos atuais responsáveis pelo seu destino, para que lhe pague os danos causados. É um criptocomunista encapuçado [sic] sob a forma de alfabetizador" (Freire, 2017, p. 174).

Nesse contexto, a instituição do Mobral não representava meramente um esforço para acelerar a legitimação política do regime governante, mas também uma tentativa de eclipsar o Programa Nacional de Alfabetização, coordenado por Paulo Freire.

As significações atribuídas ao Mobral delinearam, assim, os contornos ideológicos conservadores do projeto, o que se traduzia num discurso de suposta "desideologização" da educação. Tal operação buscava fundamento na pretensa neutralidade das ciências humanas no âmbito educacional. Na prática, esse artifício teórico, retórico e ideológico manifestou-se numa orientação tecnicista do processo educativo, culminando no empobrecimento dos métodos de ensino e aprendizagem, bem como no insucesso do movimento de erradicação do analfabetismo no Brasil (Sepúlveda *apud* CEV, 2014).

Em tal cenário, a proliferação de cartilhas para a alfabetização e a mobilização de professores(as) sem a devida qualificação evidenciaram a natureza do projeto, calcado em certo conservadorismo político e educacional, o qual, dada sua ineficácia, acarretou vultosas despesas ao erário ao longo dos anos. Dessa maneira, ainda que em determinados momentos se intentasse resgatar categorias exitosas de outros métodos de alfabetização, como a concepção de "palavras geradoras" do Sistema Paulo Freire, tais esforços se revelaram infrutíferos, pois eram realizados de maneira deliberadamente descontextualizada e, portanto, dissonante em relação a um sistema educativo que, por sua natureza sistêmica, não pode ser reduzido a simples metodologia (Vargas; Vargas; Santos, 2013).

Em 1974, a Pesquisa Nacional por Amostra de Domicílios (PNAD), organizada pelo IBGE, indicou que 24% da população brasileira era composta por pessoas não alfabetizadas, contrastando com as afirmações dos gestores do Mobral, que alegavam uma redução desse índice para cerca de 14% no decurso dos anos. No entanto, em 1980, o Censo Demográfico, também conduzido pelo IBGE ainda no regime ditatorial, corroborou as estatísticas da PNAD, demonstrando que, ao longo de uma década, as taxas de analfabetismo haviam sofrido poucas alterações, especialmente quando se se considera o expressivo crescimento populacional no período (CPDOC, 2009).

O Mobral perdurou aproximadamente dezoito anos, estabelecendo-se como uma das iniciativas estatais de alfabetização de jovens e adultos mais onerosas da história brasileira. Seu retumbante fracasso pode ser, inclusive, qualitativamente mensurado, visto que se tratava de um programa concebido com objetivos predominantemente ideológicos, prejudiciais à classe trabalhadora. Com efeito, mais do que alfabetizar o expressivo contingente de pessoas excluídas do sistema educacional tradicional, almejava-se concretizar um projeto de cidadania fundamentado em uma gramática epistemológica conservadora, com o intuito explícito de manter o *status quo*, perpetuando a relação de subserviência e exploração trabalhista.

Nesse sentido, adotava-se um recorte teórico positivista-tecnicista como eixo filosófico e prático das ações do Mobral, haja vista a longa presença do positivismo como filosofia política nos ambientes de formação militar, além do apelo retórico que o tecnicismo liberal encontra em períodos que postulam a despolitização da vida pública para, na verdade, politizá-la sob outros termos.

Esse conservadorismo educacional alinhava-se, tanto teórica quanto metodologicamente, ao que Paulo Freire denominou de "educação bancária", ou seja, uma educação autoritária e descontextualizada, perpetuadora do processo de alienação em relação à realidade socioeconômica e cultural, e que acentua ainda mais as exclusões socioeducacionais. Tal abordagem implicava a obstrução dos processos ativos pelos quais os sujeitos usualmente aprendem com maior eficácia, notadamente pela imposição de um método de ensino que, ao pressupor os indivíduos aprendentes como seres passivos no processo de aprendizagem, contribuiu decisivamente para sua ineficácia pedagógica (Paiva, 2003; Sepúlveda *apud* CEV, 2014; Simon, 2014).

Ora, de acordo com a crítica freiriana:

> Na medida em que esta visão "bancária" anula o poder criador dos educandos ou o minimiza, estimulando sua ingenuidade e não sua criticidade, satisfaz aos interesses dos opressores: para estes, o fundamental não é o desnudamento do mundo, a sua transformação. O seu "humanitarismo", e não humanismo, está em preservar a situação de que são beneficiários [...]" (Freire, 2016, p. 107-108).

Ademais, a má gestão do projeto e seu caráter coercitivo, fundamentado no autoritarismo do regime, conduziram à desmobilização e enfraquecimento do programa, uma vez que se tratava de uma iniciativa promovida pelo Estado, e não de uma mobilização que emergisse, de forma horizontal, dos movimentos populares vinculados à educação. Com o fim da Ditadura Empresarial-Militar em 1985, o Mobral deu lugar à Fundação Nacional para Educação de Jovens e Adultos (Fundação Educar), extinta em 1990 pelo então presidente do Brasil, o neoliberal Fernando Collor de Mello (Paiva, 2003).

10.3 (Re)-resistências: redes de enfrentamento à educação conservadora pelos movimentos sociais

Cumpre-nos destacar, nesse momento, que a convergência entre políticas governamentais voltadas à contenção de despesas sociais e os interesses do setor privado não se circunscreve apenas aos períodos dos governos de Fernando Collor de Mello (1990-1992) e Fernando Henrique Cardoso (1995-2002). Desde o regime da Ditadura Empresarial-Militar Brasileira (1964-1985), tem-se observado uma intensificação das interações entre o empresariado e as correntes mais autoritárias do aparato estatal brasileiro. Esse longo período de predominância autocrática pode ser interpretado como um empreendimento com marcada inclinação privatista cujo impacto sobre as políticas educacionais do país fora significativo.

Aprecia-se notar que o processo de privatização do sistema educacional brasileiro remonta à influência exercida pela ala conservadora associada à Igreja Católica cuja pressão se fez sentir desde as primeiras discussões acerca da implementação de uma Lei de Diretrizes e Bases (LDB) para o ensino nacional. Esse marco regulatório teve sua concepção iniciada imediatamente após a saída de Getúlio Vargas do poder, em 1945, estendendo-se até 1961, período marcado pela significativa oposição promovida por grupos de orientação religiosa notadamente conservadora (Cunha, 2015).

Entretanto, uma análise mais aprofundada das complexas interações entre os movimentos sociais e educacionais revela que os trabalhadores e trabalhadoras, em seu processo de auto--organização, bem como os diversos movimentos sociais, redes de sociabilidade e atuações conjuntas, desempenharam e continuam a desempenhar um papel crucial na construção do sistema educacional no Brasil. Tal contribuição se atribui à sua resistência persistente, de fundamental importância para a expansão e democratização da educação escolar no país. Isso encontra reflexos tanto na ampliação das oportunidades de acesso à educação escolar quanto na democratização das práticas e metodologias educacionais, conforme observado por Moraes (2023).

Nesse contexto, vale ressaltar a análise de Moraes (2023), que revisita o exemplo das escolas de trabalhadores em São Paulo, erguidas em resposta à Ditadura Empresarial-Militar entre o final dos anos de 1960 e meados dos anos de 1970. Conforme observação da autora, essas instituições emergiram como expressão concreta de engajamento político durante um período de repressão intensa, destacando-se pela iniciativa da classe trabalhadora em assumir a responsabilidade pela formação de seus pares na luta pela sobrevivência. Esse empenho pode ser interpretado tanto no âmbito da subsistência econômico-social quanto no tocante à afirmação da própria dignidade humana. Tais iniciativas orientaram-se por "uma política de ação direta em educação, num contexto de ditadura explícita do capital e de repressão aos movimentos sociais" (Moraes, 2023, p. 5).

Sob tal perspectiva, ecoando as agitações políticas globais de fins da década de 1960, as propostas educacionais das classes trabalhadoras tratavam da construção, por parte dos movimentos sociais, de um sentido mais autêntico do que, na época, denominava-se "educação permanente". Esse conceito foi disputado tanto pelo capital quanto pelos movimentos de trabalhadores(as); a educação permanente, conduzida pelos(as) operários(as), representou uma ruptura com a abordagem tecnicista do ensino profissional, assumindo os contornos de uma educação de perspectiva humanista (Gadotti, 2016, p. 3-4).

Contudo, segundo Moraes (2023, p. 5), nos anos que se seguiram à promulgação do Ato Institucional nº 5 (AI-5), "o clima de medo se espalhou pelas fábricas e as greves desapareceram quase por completo". Daí a resistência operária se deu de modo clandestino, com destaque para a criação de organizações categorizadas de oposição à estrutura sindical de então, destacando-se entre elas, pela combatividade, a Oposição Sindical Metalúrgica de São Paulo (OSM-SP). Nesse contexto, julgamos pertinente ressaltar uma declaração de Sebastião Lopes Neto, antigo dirigente da referida organização: "a esquerda antiestalinista, marxistas – críticos ao que se fazia antes de 1964, à linha do Partido Comunista Brasileiro (PCB) e do Partido Comunista do Brasil (PC do B), além dos cristãos defensores da Teoria [Teologia] da Libertação":

> As oposições, junto com o sindicalismo autêntico, Lula, Jacob, Wagner Benevides, João Paulo Vasconcelos, Olívio, são os sindicalistas – nós não éramos os sindicalistas, éramos o movimento de oposição, mas oposição a uma estrutura sindical.... Eu venho desse movimento, que tinha uma relação muito interessante porque a oposição metalúrgica faz uma opção muito radical de trabalho de base. Tanto é que quando aparecem as greves de 1978 ninguém entende de onde vieram, mas elas já vinham sendo gestadas há cinco, seis, sete, oito anos, não era coisa de três meses, cinco meses. Nós ficamos dentro das fábricas muitos anos acumulando. Era uma concepção de trabalho, porque a gente não tinha esperança nenhuma de ganhar o sindicato por cima – estávamos na ditadura, tínhamos que ganhar por baixo. E dentro desse movimento – eu já vou entrar direto no assunto aqui – a gente tinha muitas relações com o que depois veio a ser o movimento popular nos bairros: cursos de Madureza, curso supletivo, curso de formação profissional. Era um período em que os trabalhadores, inclusive eu, não tinham escolaridade. Pouca gente tinha Ensino Médio, 2º grau, na época. Eu fiz supletivo de 2º grau. A maioria tem essas trajetórias (Entrevista, 1999 *apud* Moraes, 2023, p. 5-6).

A educação, compreendida como estratégia de resistência, configurou-se como um instrumento por meio do qual os(as) trabalhadores(as) buscavam superar a perseguição e a exclusão de sindicalistas e operários(as) demitidos(as) das fábricas, além de enfrentar os eventuais despreparos técnicos diante das transformações introduzidas pelas novas indústrias multinacionais (cf. Paulista; Bauer, 2013, p. 138-139).

Segundo entrevista concedida por Sueli Bossam a Maria Inês Paulista e Carlos Bauer (2013):

> Nos primeiros tempos, o ensino e a troca de conhecimentos desenvolviam-se informalmente, num canto da própria fábrica, na hora das refeições, depois passaram a se realizar em outros espaços mais organizados, como o fundo de uma igreja ou de qualquer agremiação existente perto da fábrica. A politização ocorria na hora do cafezinho, mas depois o debate deixou de ser casual e passou a fazer parte do currículo dos cursos (Bossam *apud* Paulista; Bauer, 2013).

Em sentido semelhante, Sebastião Neto afirmou, em entrevista concedida a Carmen Sylvia Moraes, que "os cursos eram ministrados pelos próprios trabalhadores" ou por "diversas pessoas que estavam saindo da vida clandestina, do exílio", a exemplo de professores e graduandos das universidades (Neto *apud* Moraes, 2023, p. 6). Esses cursos desempenharam um papel fundamental na autoeducação do movimento, integrando-se ao arcabouço teórico delineado por Paulo Freire, que concebia a educação como uma força propulsora para o desenvolvimento da consciência de classe. Nesse sentido, conforme destacado por Vito Giannotti, à época militante da Oposição Sindical:

> "as greves da década de 1970 resultaram, seguramente, também dessas atividades desenvolvidas em São Paulo, no Recife e no Rio de Janeiro, contribuindo para a criação, o delineamento de um novo sindicalismo, desatrelado do Estado" (Gianotti *apud* Moraes, 2023, p. 7).

No ano de 1978, um marco na retomada dos movimentos grevistas após a greve de 1968, em Contagem (MG), a Oposição Sindical Metalúrgica de São Paulo (OSM-SP) realizou seu inaugural Congresso, ratificando a batalha por um "sindicato independente", forjado desde a base, inclusive na elaboração de seu estatuto, sujeito à aprovação em assembleias democráticas (Moraes, 2023, p. 7). Diante desses desígnios, e contrapondo-se ao "movimento sindical tradicional", emergiu, vigoroso, um sindicalismo mais belicoso e politizado:

> Esse procedimento permaneceu até o ano de 1979. A decisão de se criar uma escola profissionalizante foi parte dos objetivos propostos e aprovados nas Teses do I Congresso da Oposição Sindical Metalúrgica de São Paulo, realizado de 24 a 26 de março de 1979. Nas Propostas de Linha de Ação para as Oposições Sindicais, item 2, afirmava-se o compromisso de "criar associações culturais e outras que permitam uma aproximação constante e facilitem a formação de setores de oposição baseadas em reuniões interfábricas", ou seja, a formação de quadros políticos trabalhando e atuando nas fábricas (Paulista; Bauer, 2013, p. 139).

Nesse contexto, é importante destacar que, entre 1983 e 1991, foram concebidas diversas iniciativas que moldaram as centrais sindicais e seus propósitos:

> [...] a Central Única dos Trabalhadores/CUT, criada em 1983; a Central Geral dos Trabalhadores, em 1986, e sua posterior subdivisão em 1989, com a criação da Confederação Geral dos Trabalhadores e as propostas do "sindicalismo de resultados", com a reorganização política no campo da CGT, além da criação da Força Sindical, em 1991. Os esforços da OSM-SP dirigem-se à criação da CUT. Em agosto de 1981, após a greve prolongada do ano anterior, desenvolvida pelos meta-

lúrgicos do ABC, liderados por São Bernardo, os trabalhadores conseguem realizar a I Conferência Nacional das Classes Trabalhadoras (Conclat), reunindo cinco mil delegados de várias regiões do Brasil, comprometidos com a proposta do "sindicalismo combativo". Nessa conferência, é eleita a Comissão Nacional pró-CUT, destinada a manter a unificação do movimento sindical e preparar a criação da Central Única dos Trabalhadores. No ano seguinte, o bloco combativo – por meio de suas lideranças mais conhecidas: Lula, Jacó Bittar, Valdemar Rossi, Olívio Dutra – torna pública sua decisão de realizar o congresso e de criar condições que permitiriam a organização da CUT. Finalmente, em agosto de 1983, o movimento sindical combativo se reúne no seu Congresso Nacional e cria a Central Única dos Trabalhadores (Moraes, 2023, p. 9).

No contexto descrito, emergiu o Núcleo de Ensino Profissional Livre Nova Piratininga, posteriormente denominado Escola Nova Piratininga, inspirado pelas iniciativas educacionais dos(as) trabalhadores(as) e, mais especificamente, pelo Conselho de Escolas de Trabalhadores (CET), uma agremiação que congregava oito escolas profissionais ligadas ao movimento operário. Essas instituições surgiram, em fins da década de 1960, como resposta à vigência da ditadura militar, representando uma manifestação concreta de engajamento político em um período de intensa repressão (cf. Paulista; Bauer, 2013, p. 139).

A experiência desenvolvida em São Paulo pelos(as) trabalhadores(as) nos processos de educação popular assinala um movimento nacional de articulação dos(as) operários(as) das grandes indústrias, constituindo-se simultaneamente como ponto de interseção para a colaboração, inclusive, com educadores(as) das universidades e trabalhadores(as) do campo:

> A importância do Núcleo Nova Piratininga deve ser ressaltada, não só pela consistência e originalidade de sua proposta educacional, das metodologias de ensino que construiu ao longo de sua história e irão orientar as propostas de posteriores de educação do movimento, mas também pela combatividade e pioneirismo de sua atuação na defesa de uma concepção de formação profissional na perspectiva dos trabalhadores. A crítica persistente à gestão empresarial do Sistema S, mantido com recursos públicos, a proposta de gestão pública dessa instituição, assim como o projeto de Centro Público de Formação Profissional desenvolvido em conjunto com as demais "escolas operárias" do Conselho (Nacional) de Escolas de Trabalhadores, foram as questões centrais que levaram à constituição do Fórum de Formação Profissional, em 1993. O Fórum reuniu representantes sindicais, dos movimentos populares – urbanos e rurais, como o MST – e da administração pública, bem como professores e pesquisadores universitários, em particular do Grupo Trabalho e Educação da Anped. Suas concepções e reivindicações, posteriormente assumidas pelo movimento sindical, constam das resoluções aprovadas nos Congressos Nacionais da CUT, dos anos de 1990 (Moraes, 2023, p. 12-13).

Nos anos de 1990, a reconfiguração dos processos produtivos no Brasil alinhados ao redesenho dos processos gerenciais segundo os padrões da Terceira Revolução Industrial implicou uma reorientação dos papéis do movimento sindical. Essas mudanças resultaram em uma intensificação nos níveis de racionalização dos processos de produção, mantendo raízes significativas no racionalismo do tecnicismo liberal, o que delineou novas exigências quanto à qualificação dos(as) trabalhadores(as) envolvidos(as) na educação de seus pares (Moraes, 2023, p. 14; Novais; Akkari, 2024, p. 4-7).

Cícero Umbelino da Silva, sindicalista vinculado à Escola Nova Piratininga, relata com grande pesar as invectivas de liberais conservadores contra os projetos populares de educação e resistência operária que, nos idos de 1996, tentavam dar uma resposta organizada em favor dos trabalhadores diante da nova situação do mundo produtivo:

> Quando terminou a administração da prefeita Luiza Erundina, o nosso convênio não tinha terminado, o nosso projeto não tinha acabado. Então o governo de direita do Maluf decidiu destruir definitivamente não só o nosso projeto, mas todas as políticas de educação que beneficiassem os trabalhadores. A escola foi obrigada a vender todo o equipamento, tornos, fresa, os maquinários para arrecadar dinheiro para pagar os processos, inclusive os trabalhistas, claro que o pessoal tinha razão, porque não recebeu integralmente aquilo que a lei determina, mas a gente tinha um acordo, vendemos as máquinas e pagamos o que tinha de ser pago. Aí foi o fim da Escola Nova Piratininga, porque a escola se desestruturou definitivamente (Umbelino *apud* Paulista; Bauer, 2013, p. 152).

Cumpre destacar, portanto, que as lutas das trabalhadoras e dos trabalhadores organizados nos movimentos sociais pela educação integrada nas décadas de 1980 e 1990 representaram uma continuidade em relação às iniciativas de resistência desenvolvidas durante a Ditadura Empresarial-Militar, conforme demonstrado por Carmen Sylvia Moraes (2023), Maria Inês Paulista e Carlos Bauer (2013). Segundo Moraes, essas batalhas se estenderam ao tumultuado processo de elaboração da Carta Constitucional de 1988 e da Lei de Diretrizes e Bases da Educação Nacional de 1996, amadurecendo durante o movimento de resistência às políticas neoliberais (Moraes, 2023, p. 24).

Posteriormente, o Centro de Educação, Estudos e Pesquisas (CEEP)[45], incorporou as experiências e concepções desenvolvidas no Núcleo de Ensino Nova Piratininga, sob a liderança da membresia da organização anterior. A partir de 1998, sua atuação concentrou-se na resistência às contradições exacerbadas pelo contexto de globalização do capital na década de 1990. O centro articulou críticas contundentes aos princípios, políticas e práticas educacionais autoritárias do tecnicismo-liberal da época, especialmente em relação às reformas do ensino médio e técnico-profissionalizante implementadas pelo governo Fernando Henrique Cardoso (Moraes, 2023, p. 12).

Naquela conjuntura, como resultado dos processos de globalização do capital em consonância com as políticas econômicas recessivas experimentadas no Brasil, diversos organismos internacionais passaram a influenciar as políticas educacionais brasileiras. Notadamente, houve uma tentativa de impor os princípios tecnicistas que refletem o autoritarismo dos grandes conglomerados, materializados na consultoria de especialistas e tecnocratas alinhados às grandes multinacionais, em paralelo à atuação desses organismos multilaterais (Novais; Akkari, 2024, p. 8-16).

Assim, como mencionado anteriormente, os(as) trabalhadores(as) passaram a explorar novos campos para a ação sindical, adotando novas estratégias educativas em relação a si mesmos(as) (Moraes, 2023). Nesse cenário, pois:

> A Central irá promover, pela primeira vez em sua história, projetos de educação associando elevação de escolaridade e qualificação profissional: os projetos

---

45. De acordo com Carmen Sylvia Moraes, "nessa difícil conjuntura, o CEEP, herdeiro das experiências desenvolvidas pelo Núcleo de Ensino Nova Piratininga, inicia seus trabalhos no dia 1º de maio de 1998, sendo portador do mesmo ideário político-pedagógico e reunindo o mesmo núcleo de formadores da Nova Piratininga" (Moraes, 2023, p. 12).

> "Integrar", da Confederação Nacional dos Metalúrgicos (CNM/CUT), e "Educação de trabalhadores por trabalhadores", realizado por sindicatos da CUT pela Base, de seis diferentes categorias em seis cidades do Estado de São Paulo. As ações educativas dirigidas a jovens e adultos não reduziam os seus objetivos unicamente à dimensão profissional, mas visavam à conquista da autonomia dos trabalhadores em relação aos poderes econômicos e políticos. Os projetos de Ensino Médio Integrado, da educação profissional integrada à educação básica – sejam voltados para a idade adequada, sejam nas modalidades EJA – foram, como vimos, construídos em lutas, encontros e fóruns do movimento popular, sindical e de entidades representativas de educadores da escola básica e da universidade. Tais propostas contrapunham-se às reformas promovidas pelo Governo F. H. C., as quais moldadas, em geral, pelas orientações do Banco Mundial (Bird), além de focar o atendimento no ensino fundamental para a idade própria em detrimento de outras etapas da educação básica e, em particular, da EJA, propunham adequar o ensino às novas demandas econômicas. Dessa maneira, reformularam o ensino técnico, criaram o Sistema de Educação Profissional, aprofundando o dualismo estrutural no ensino médio e reforçando o caráter compensatório e assistencialista atribuído à formação profissional continuada (Moraes, 2023, p. 24-25).

Apesar dos progressos gradualmente alcançados e das conquistas frequentemente limitadas, esse histórico de resistência representa a perseverante luta dos(as) trabalhadores(as) por uma formação digna e humanizada que não os(as) reduza a meros números na insensível lógica tecnocrática, na qual o ser humano é medido apenas como um recurso para a exploração burguesa. Com efeito, o desdobramento imediato da abordagem neoliberal/tecnocrática são as nefastas políticas de austeridade, que relegam a classe trabalhadora à condição de penúria socioeconômica, perpetuando um estado de desamparo. Essas políticas reduzem os trabalhadores e trabalhadoras a meros subprodutos do mercado (Ball, 2001; Frigotto, 1995).

10.4 Considerações finais

Nessa perspectiva, a riqueza histórica das experiências de resistência dos trabalhadores e trabalhadoras aqui narradas se destaca pelo fato de que, retomando Paulo Freire, essas relações são tecidas na transversalidade dialógica, contra a qual toda forma de autoritarismo se ressente. Nesse momento, é imperativo salientar que as práticas freirianas, erigidas sob a unidade dialética da humanização com aqueles(as) que são desumanizados(as), harmonizam-se com o conceito marxiano de "omnilateralidade". Em outras palavras, a proposta de uma educação politécnica, reflexiva e sensível; uma formação que não reduz o ser humano ao seu aspecto produtivo, como se fosse máquina, mas que, inversamente e, para além disso, capacita-o para a formação culturalmente rica de sua subjetividade. Tal educação proporciona condições para que o indivíduo seja reconhecido como ser humano integral, desenvolvendo plenamente dimensões socioeconômicas, éticas, estéticas, políticas e culturais.

Se plenamente realizada, a pedagogia freiriana se tornaria de efetiva relevância para a concretização real, e não apenas idealizada, dos princípios contidos na Lei de Diretrizes e Bases da Educação Nacional de 1996 (LDB/1996). Segundo esse dispositivo legal, a Educação de Jovens e Adultos (EJA) tem como objetivo ser socialmente reparadora e economicamente equalizadora para aqueles(as) que não foram escolarizados(as) na idade apropriada, conforme idealizado anteriormente na

Declaração de Jomtien, organizada pela Unicef em 1990 (Frigotto, 2012; Unicef, 1990).

Devemos ainda sublinhar, conforme assinalam Merrill e Schurman (2019), que "a educação dos trabalhadores não pode ser confundida com a educação para trabalhadores", ou seja, não pode ser orientada por sujeitos que simplesmente não se encontrem, eles(as) próprios(as), na condição de trabalhadores(as). Posto que a

> educação dos trabalhadores pelos trabalhadores e para os trabalhadores há tempos tem sido inseparável e constitutiva da democracia, isto é, do governo pelo povo [...], a luta pela democracia é também a luta por uma educação democrática (Frigotto, 2012; Unicef, 1990, p. 191).

Em conclusão, destacamos que, passando em revista a história da resistência dos(as) trabalhadores(as) brasileiros(as) por sua educação, torna-se evidente que o percurso do diálogo criador e da transversalidade de experiências constituiu parte intrínseca desse processo. Cumpre salientar, nesse âmbito, a influência acentuada dos ideais freirianos na tessitura democrática das resistências operárias, na medida em que os(as) trabalhadores(as) procuraram posicionar-se tanto na condição de ensinantes quanto, dialeticamente, na de aprendentes. A influência freiriana confere, dessarte, um caráter eminentemente dialógico e recíproco às práticas educativas, promovendo uma educação que, conquanto instrua, preocupa-se em especial com a emancipação humana, alicerçada pedagogicamente na troca mútua de saberes e na construção coletiva do conhecimento.

Referências

BALL, S. Diretrizes políticas globais e relações políticas locais em educação. *Currículo sem Fronteiras*, v. 1, n. 2, p. 99-116, jul.-dez. 2001.

BRANDÃO, C. R. A pessoa de Paulo – memórias, depoimentos. *In*: CHACON, D. R. A. (org.). *Pedagogia da resistência*: escritos a partir da vida e obra de Paulo Freire. Petrópolis: Vozes, 2021. p. 367-419.

BRASIL. Lei nº 9394, de 20 de dezembro de 1996. Lei de Diretrizes e Bases da Educação Nacional, *Diário Oficial da União*, Brasília, 1996.

COMISSÃO DA VERDADE do Estado de São Paulo "Rubens Paiva". *Relatório* – Tomo I: O legado da ditadura na educação brasileira. Brasília: CNV, 2014. p. 56-63.

CPDOC/FGV. Centro de Pesquisa e Documentação de História Contemporânea do Brasil/Fundação Getúlio Vargas. *Dicionário Temático*. Mobral. Verbete. s.d. Disponível em: <http://www.fgv.br/cpdoc/acervo/dicionarios/verbete-tematico/movimento-brasileiro-de-alfabetizacao-mobral>. Acesso em: 25 jan. 2024.

CUNHA, L. A. O manifesto dos pioneiros da educação nova e o desenvolvimento da educação brasileira – Mesa-redonda. *Revista Brasileira de Estudos Pedagógicos*, Brasília, v. 96, n. esp., p. 269-277, ago. 2015.

FÁVERO, O. (org.). *Cultura popular, educação popular*: memória dos anos 60. Rio de Janeiro: Graal, 1983. [2001]

FÁVERO, O. *Uma pedagogia da participação popular*: análise da prática educativa do MEB – Movimento de Educação de Base (1961/1966). Campinas: Autores Associados, 2006.

FÁVERO, O. Lições da História: os avanços de 60 anos e a relação com as políticas de negação de direitos que alimentam as condições do analfabetismo no Brasil. *In*: PAIVA, J.; OLIVEIRA, I. B. *Educação de jovens e adultos*. Petrópolis: DP, 2009.

FREIRE, A. M. A. *Paulo Freire*: uma história de vida. 2. ed. Rio de Janeiro; São Paulo: Paz e Terra, 2017.

FREIRE, P. *Ação cultural para a liberdade e outros escritos*. 15. ed. Rio de Janeiro; São Paulo: Paz & Terra, 2015.

FREIRE, P. *Pedagogia do oprimido*. 60. ed. Rio de Janeiro; São Paulo: Paz e Terra, 2016.

FRIGOTTO, G. *Educação e a crise do capitalismo real*. São Paulo: Cortez, 1995.

FRIGOTTO, G. *Educação omnilateral*. In: CALDART, R.; PEREIRA, I. B.; ALENTEJANO, P. et al. (org.). *Dicionário da educação do campo*. Rio de Janeiro; São Paulo: Escola Politécnica de Saúde Joaquim Venâncio, Expressão Popular, 2012. p. 267-274.

GADOTTI, M. Educação popular e educação ao longo da vida. *Coletânea de Textos*. Confintea Brasil +6. Brasília: MEC/Secadi, 2016.

GENTILI, P.; FRIGOTTO, G. Educação e a crise do capitalismo real. *Revista Brasileira de Estudos Pedagógicos*, v. 75, n. 179-181, dez. 1994.

INSTITUTO BRASILEIRO DE GEOGRAFIA E ESTATÍSTICA. *Censo Demográfico de 1940 – população e habitação*. Volume 2. Rio de Janeiro: IBGE, 1950. Disponível em: https://biblioteca.ibge.gov.br/index.php/biblioteca-catalogo?id=765&view=detalhes. Acesso em: 20 fev. 2025.

INSTITUTO BRASILEIRO DE GEOGRAFIA E ESTATÍSTICA – Diretoria de Pesquisas, Coordenação de Trabalho e Rendimento. *Pesquisa Nacional por Amostra de Domicílios 2007/2015*. Rio de Janeiro: IBGE, 2015. Disponível em: https://brasilemsintese.ibge.gov.br/educacao/taxa-de-analfabetismo-das-pessoas-de-15-anos-ou-mais.html. Acesso em: 31 jan. 2023.

MARX, K. *Instruções aos delegados do Conselho Central Provisório*, 1868. Trad. de José Barata Moura. Lisboa: Editorial Avante; Moscou: Edições Progresso, 1982.

MARX, K.; ENGELS, F. *Textos sobre educação e ensino*. Coord. De José Claudinei Lombardi. Campinas: Navegando, 2011.

MERRIL, M.; SCHURMAN, S. J. Para uma teoria e uma história da educação dos trabalhadores. *Revista História Hoje*, v. 8, n. 16, p. 190-200, 2019. Disponível em: https://rhhj.anpuh.org/RHHJ/article/view/588. Acesso em: 30 jan. 2024.

MORAES, C. S. V. A luta dos trabalhadores pelo direito à educação e à formação profissional, em defesa da escola pública: um relato de experiência. *Revista Trabalho Necessário*, v. 21, n. 44, p. 1-38, 13 abr. 2023.

NOVAIS, V. S. M.; AKKARI, A. A Educação de jovens e adultos na perspectiva das agendas internacionais e no Brasil. *Ensaio: Avaliação e Políticas Públicas em Educação*, v. 32, n. 122, p. 1-22, jan. 2024.

ORGANIZAÇÕES DAS NAÇÕES UNIDAS PARA A EDUCAÇÃO, CIÊNCIA E CULTURA. *Declaração mundial sobre educação para todos* (Conferência de Jomtien). Tailândia: Unesco, 1990. Disponível em: https://www.unicef.org/brazil/declaracao-mundial-sobre-educacao-para-todos-conferencia-de-jomtien-1990. Acesso em: 22 jul. 2024.

PAIVA, J.; OLIVEIRA, I. B. *Educação de jovens e adultos*. Petrópolis: DP, 2009.

PAIVA, V. *História da educação popular no Brasil*: educação popular e educação de adultos. São Paulo: Edições Loyola, 2003.

PAULISTA, M. I.; BAUER, C. Formação política e profissional: um desafio do Núcleo de Ensino Profissional Livre Nova Piratininga (1979-1996). *Série Estudos – Periódico do Programa de Pós-Graduação em Educação da UCDB*, Campo Grande, n. 35, p. 137-156, jan.-jun. 2013. Disponível em: http://educa.fcc.org.br/scielo.php?script=sci_arttext&pid=S2318-19822013000100137&lng=pt&nrm=iso. Acesso em: 5 jul. 2024.

RIBEIRO, D. *Sobre o óbvio*. Rio de Janeiro: Guanabara, 1986.

SAVIANI, D. O legado educacional do regime militar. *Cadernos CEDES*, v. 28, n. 76, p. 291-312, set. 2008.

SILVA, R. A. Golpe militar e adequação nacional à internacionalização capitalista (1964-1984). *HISTEDBR* – Coleção "Navegando pela história da educação brasileira" – 2006. Disponível em: https://www.histedbr.fe.unicamp.br/navegando/artigos/golpe-militar-e-adequacao-nacional-a-internacionalizacao-capitalista-1964-1984. Acesso em: 31 jan. 2024.

SIMON, E. *et al.* Metodologias ativas de ensino-aprendizagem e educação popular: encontros e desencontros no contexto da formação dos profissionais de saúde. *Interface – Comunicação, Saúde, Educação*, v. 18, p. 1355-1364, 2014.

VARGAS, F. F. G. R.; VARGAS, G. C. R.; SANTOS, R. C. G. História da educação de adultos no Brasil (1549-1988). *In*: SANTOS, R. C. G. (org.). *Lutas e conquistas da EJA*: discussões temáticas acerca da formação de professores em Educação de Jovens e Adultos. Rio Grande: Universidade Federal do Rio Grande, 2013. p. 29-48.

11
Desafiando a cidade
Movimentos sociais urbanos e a educação emancipadora

Daniel Tojeira Cara
Caio César Sousa Marçal

11.1 Introdução

Talvez em nenhum outro momento os grilhões do sistema capitalista tenham parecido tão sufocantes quanto agora. O crescimento do neofascismo, as catástrofes decorrentes da crise climática, a naturalização da barbárie em escalas cada vez maiores e a crescente desigualdade social torna o desafio de construir um mundo igualitário uma tarefa que parece quase inalcançável. Cada vez mais próximos de uma hecatombe de proporções apocalípticas, a sensação de que não existem alternativas para evitar um colapso global como destino final da humanidade. Andar por nossas cidades é presenciar o caos cotidiano das diversas desigualdades que desafortunadamente assaltam nossa paz.

O que parece certo é que o sistema nos encurrala de modo que não se consegue vislumbrar qualquer saída. Não é à toa que, ao discorrer sobre o "realismo capitalista", Fisher advoga que estamos sob os ditames de uma lógica que se configura como uma camisa de força que visa sufocar todas e todos que sonham em construir um outro mundo possível. Em outros termos, se confere como uma espécie de dogma infalível a ideia que não há saída senão se dobrar os joelhos para os interesses do mercado, que, como uma mão divina, nos empurra para um único caminho e tenebrosa sina.

Uma chave importante é que se a crescente influência do espírito capitalista desumaniza o tecido social transformando tudo em mercadoria, na luta contra hegemônica é imperativo que se eduque para uma vida plena de direitos. Ou seja, é preciso cometer a "heresia" de não aceitar docilmente que nada é mais possível fazer para mudar o presente estado da nossa realidade. Desse modo, criar redes de resistência que se insurjam e criem alternativas para se opor ao violento processo de putrefação das relações humanas em todas as instâncias da sociedade é essencial para quebrar os grilhões da dominação do sistema da opressão capitalista presente em vida na cidade.

Enquanto um espaço de luta e resistência, uma das tarefas fundamentais nos movimentos sociais urbanos é o de promover espaços de formação que desafiem as pessoas serem agentes de mudança e transformação social. Nesse sentido, qual deve ser o papel da educação não formal como instrumento de agiornamento, sensibilização e conscientização da sociedade? Como podemos disputar a cidade frente ao poder das elites econômicas? Qual o lugar dos movimentos sociais e do educador social nos contextos de enfrentamento na luta política na conjuntura urbana? O que significa uma educação que não se amolde ao espírito capitalista? Por fim, a partir do legado de Paulo Freire, como coletivamente nos estruturamos para resistir no âmbito da vida nas cidades? Delinear tais questões e esboçar algumas respostas a partir da intercessão entre as lutas populares presentes na vida coletiva e no pensamento freireano é o vértice de nossa reflexão neste breve capítulo.

11.2 A Cidade do Capital e a insurgência dos movimentos sociais

Andar por nossas ruas é experienciar que, dependendo do território pelo qual caminhamos, há uma violenta diferença entre ricos e pobres. Entre cercas, muros fortemente edificados, "favelas e alphaviles", a marca da segregação socioespacial se desenha como um panorama de normalização pela ideologia dominante, o neoliberalismo.

Enquanto uma nova fase do capitalismo selvagem, a forma como esse sistema gerencia a vida coletiva se expressa como uma espécie de dogma religioso incontestável, onde há "[…] um novo sistema de governança que integra o Estado e os interesses corporativos e, através do poder monetário, ele assegurou que a disposição do excedente através do aparato estatal favorecesse o capital corporativo e as classes superiores na moldagem do processo urbano (Harvey, 2012, p. 86). Em suma, nos territórios submetidos ao espírito neoliberal, o Estado serve aos interesses das grandes corporações em detrimento do bem coletivo. Nesse sentido, o único papel do Estado é o de policiar os pobres a partir da mão forte de uma política de segurança punitivista que tem por objetivo proteger a propriedade e os seus donos, ou seja, os bens materiais acima da vida humana e da preservação do meio ambiente.

Gozar do acesso à moradia decente, usufruir dos equipamentos públicos de saúde e educação ou mesmo circular pela cidade deixa de ser um direito e passa a ser um privilégio que poucos gozam. Desse modo, aquilo que deveria ser básico para uma vida digna torna-se uma moeda de distinção social. Igualmente, que os descamisados, os sem-teto e sem proteção são tratados de forma corrente como ameaças que precisam ser afastadas do espaço público. Embora histórica e socialmente composta de um rico e grande patrimônio, a apropriação da cidade "é desigual e o nome do negócio é renda imobiliária ou localização, pois ela tem um preço devido a seus atributos" (Maricato, 2013, p. 26).

Na "Cidade do Capital" (Lefebvre, 2021), chagada por inúmeros modos de segregação, esses indivíduos são alvos das políticas higienistas, que têm um claro viés para a eliminação dos "indesejáveis". Se na ótica entorpecida do Capital o que vale é o dinheiro, a ostentação e o consumo desenfreado, aqueles que nada têm, nada valem; logo, são corpos desumanizados, descartáveis e matáveis.

Ainda conforme Lebrevre, a produção do espaço na Cidade do Capital é um produto das relações sociais constituídas de acordo com as necessidades do capital, priorizando a circulação de mercadorias e a acumulação de riqueza. Assim, a urbe e todos os seus aparelhos são mobilizados para o bem das elites econômicas.

Outro fator importante é que nessa forma como a cidade é organizada, o Estado exerce um papel crucial na produção do espaço via políticas públicas que favoreçam o capital e marginalizem os grupos mais vulneráveis. O próprio planejamento urbano é conduzido para controlar os pobres e reprimir as vozes dissonantes dos movimentos sociais.

Dessa forma, o que há é uma brutal fragmentação social, caracterizada pela segregação dos citadinos em bairros homogêneos de acordo com classe social e etnia. Esse desmembramento espacial reforça as desigualdades sociais e limita as possibilidades de mobilidade social.

Segundo Milton Santos (2007), o ideário do grande capital degenerou a vida na cidade de tal forma que até o direito fundamental de acesso à moradia digna tornou-se um objeto de consumo que poucos podem usufruir. Na cidade organizada a partir dos interesses do capitalismo, "...o dinheiro se torna a medida de tudo, a economização da vida social impõe uma competitividade e um selvagismo crescentes" (Santos, 2007, p. 26). Em outras palavras, o acesso à moradia digna tornou-se uma peça de desejo e de conquista social na vil disputa do darwinismo social. Como os pobres não dispõem de recursos para participar da mercantilização desse direito humano fundamental, apenas aos mais abastados é possível ter uma casa para morar com sua família. Assim, "essa 'maldição' é o que basicamente predestina quem de tão pobre ou rico, deve morar (ou não) em um determinado lugar" (Marçal, 2020, p. 47).

Desse modo, o estilo de vida segregacionalista promovido pela Cidade do Capital torna

> O direito à moradia se confunde com o direito de ser proprietário. Este termina imposto ideologicamente como o certo, como se fosse um objetivo do cidadão. A verdade, porém, é que ser dono de um terreno ou de uma casa nem mesmo assegura moradia estável. Os pobres que lutam desesperadamente para conquistar o direito à propriedade estão frequentemente mudando, dentro da cidade; são verdadeiros migrantes intraurbanos. Ser proprietário é um elemento essencial na ideologia do consumidor. (Santos, 2007, p. 206).

Outro fator importante é que, no contexto brasileiro, a clivagem raça e classe social demarcam também as dinâmicas de segregação presentes em nossas cidades. É inconteste que as marcas das desigualdades que permeiam as relações sociais no cotidiano da urbe assinalam que a questão do racismo é um fator que não pode ser inviabilizado. Conforme González e Hasenbalg (1982, p. 15),

> As condições de existência material desta população negra remetem a condicionamentos psicológicos que têm que ser atacados e desmascarados. Os diferentes modos de dominação das diferentes formas de produção econômica existentes no Brasil parecem coincidir num mesmo ponto: a reinterpretação da teoria do "lugar natural" de Aristóteles. Desde a época colonial aos dias de hoje, a gente saca a existência de uma evidente separação quanto ao espaço físico ocupado por dominadores e dominados. O lugar natural do grupo branco dominante são moradias saudáveis, situadas nos mais belos recantos da cidade ou do campo e devidamente protegidas por diferentes formas de policiamento que vão desde os feitores, capitães do mato, capangas, etc., até a polícia formalmente constituída. Desde a casa grande e do sobrado até os belos edifícios e residências atuais, o critério tem sido o mesmo. *Já o lugar natural no negro é o oposto, evidentemente: da senzala às favelas, cortiços, invasões, alagados e conjuntos "habitacionais"* […] *dos dias de hoje, o critério tem sido simetricamente o mesmo: a divisão racial do espaço* (Grifo nosso).

Por fim, Lefebvre conclui que é necessário lutar pela cidade. A cidade não é apenas um lugar que habitamos, mas sim um campo de batalha onde diferentes grupos sociais disputam o seu futuro. Para construir cidades mais justas e democráticas, é necessário questionar as lógicas do capital e reivindicar o direito à cidade para todas e todos. Nesse sentido, entender que a vida em sociedade apresenta múltiplos interesses e conflitos entre diferentes grupos e classes sociais é central para nossa análise. Por mais que os aparelhos ideológicos do capitalismo tentem naturalizar seus valores e crenças em mentes e corações, a realidade concreta e material oferece um cenário com diversas disputas políticas e sociais no espaço público. Na medida em que as contradições sociais produzidas pelo capitalismo se tornam incontornavelmente visíveis, emergem os movimentos sociais.

Gohn (1991) advoga que, ao longo do tempo, inúmeros movimentos sociais com diferentes demandas surgiram no contexto brasileiro e que foram se modificando à medida que sobrevieram transformações políticas no país. Após o fim da ditadura civil-militar de 1964, que durou intermináveis 21 anos, o retorno do processo democrático no Brasil desvelou inúmeras ações coletivas conduzidas por diversas demandas de movimentos sociais. Essa ebulição coletiva fermentou vários movimentos de contestação que foram minando a então mão forte e dura da ditadura.

Diante da ausência de equidade que possibilite uma vida digna de uma parte considerável das pessoas, uma consequência é a organização de movimentos sociais que se articulam em função da garantia do direito à cidade. Tal garantia envolve não apenas o acesso à moradia, mas as condições basilares para uma vida plena, digna e que possibilite o exercício da cidadania em sua totalidade. Assim, ser cidadão pleno é também direito à saneamento básico, saúde, educação, mobilidade urbana, emprego, segurança alimentar, viver não discriminado, respeito à diversidade, dentre outros. Contudo, na Cidade do Capital, tais condições para uma vida cidadã emancipada são transformadas em objetos de desejo que alguns poucos podem gozar. Não é à toa que, nas cidades, os serviços ou equipamentos públicos estão circunscritos em bairros onde moram os mais abastados, enquanto, no contexto da periferia, escolas de qualidade, postos de saúde e saneamento básico estão ausentes. A marca de nossas cidades é a segregação espacial e a divisão racial do espaço, onde pobres e negros são empurrados para sobreviver no relento das ruas ou em condições subumanas nas periferias. Desprovidos de cidadania, são vistos como um problema e uma ameaça pelos donos do poder e pelos veículos de comunicação da ordem burguesa.

Segundo Melucci (2001), os movimentos sociais contemporâneos carregam como signo não apenas uma postura disrruptora frente à realidade, mas cumprem também uma função profética, pois sinalizam com a práxis algo que está por acontecer e que ainda não se pode identificar. Diante a essa realidade, as ações coletivas decorrentes de suas lutas mostram que ser anunciador do novo tem seus percalços, pois, assim como os profetas, frequentemente os movimentos sociais são rechaçados, incompreendidos e atacados por todo e qualquer grupo que se oponha às suas causas. Não é à toa que os partícipes das causas desses movimentos sociais são comumente vistos como uma ameaça para uma determinada parcela da sociedade, especialmente para quem detém a hegemonia do poder.

Tarrow (2009) aponta que, como fenômeno mais relevante no mundo contemporâneo, o que mobiliza os movimentos sociais é o confronto político. O que demarca um movimento social são os desafios coletivos fundamentados em objetivos comuns, na solidariedade social de seus partícipes e na capacidade de responder ao conflito contra seus oponentes. Quanto maior for a capacidade de sustentar confrontos políticos, maior e mais duradoura será essa organização coletiva. Seu processo organizativo aproveita do descontentamento coletivo, isto é, tem como combustível da insatisfação de um grupo, posto que essa será a semente que fermentará o confronto político e as ações contenciosas do movimento social.

Conforme Blumer (1995), à medida que se vai se maturando e amadurecendo essa insatisfação, uma organização popular gera espírito de corpo, que é a capacidade de se reconhecer como um grupo. Além de desenvolver uma moral própria, na qual é possível definir seus alvos, objetivos, intenções e valores, bem como símbolos e signos que os identificam, é possível criar táticas para manter seus ativistas em condição de combate na dura disputa contra seus adversários.

No entanto, para que isso se torne algo palpável, um movimento social deve ter um trabalho de base focado na educação popular, pois só assim será capaz de criar objetivos comuns, identidades coletivas e desafios identificáveis por seus participantes e, mais que isso, gera uma força de resistência capaz de produzir resiliência frente aos riscos, ameaças e ataques que sofrerá de seus opositores.

Daí se demonstra o poder dos movimentos sociais com sua relevância singular para a coletividade, pois permite que os sujeitos inseridos em suas lutas por um objetivo compartilhado ressignifiquem suas histórias, trajetórias e sentido de existência. Se bem articulados, os movimentos sociais forjam nesses indivíduos uma nova gama de conhecimentos e práticas capazes de transformar a cidade. É importante notar que os movimentos sociais trazem novos saberes frutos de suas práticas cotidianas, sendo elementos fundamentais para a sociedade moderna (Melucci, 1994; Gohn, 2014).

11.3 Freire: da pedagogia do oprimido para o caminho da esperança

Seja no campo ou na cidade, é possível reconhecer que, ao longo do tempo, o pensamento freireano inserido nos movimentos sociais teve um papel importante na forma como a Educação Popular se desenvolveu no contexto brasileiro. A caraterística central da obra de Freire parte de uma pedagogia que vê os oprimidos como o ponto de partida para as suas concepções sobre o papel que a educação deve ter em um mundo cindido.

Reconhecer o rico legado de Paulo Freire é o desvelamento que seu pensar não maquia a realidade dura marcada pela exclusão do sistema capitalista. A pedagogia freireana parte da noção essencial de que há opressão e que, enquanto existem opressores de um lado, há oprimidos do outro. Assim, o passo consequente de sua artesania intelectual teve um impacto concreto nas lutas populares empreendidas por inúmeras organizações que contestam a Cidade do Capital. Streck (2009, p. 14) assinala que

> [a] Pedagogia do oprimido é essencialmente uma pedagogia daquele outro que se encontra na margem. Por isso, parece tão pouco pertinente perguntar se a pedagogia de Paulo Freire ainda tem validade ou se ela pode ser aplicada, por exemplo, em escolas da rede pública, em universidades ou em projetos de educação de jovens e adultos. O equívoco consiste em se perder de vista que se trata de perceber o movimento pedagógico recriado nesses espaços marginalizados da sociedade.

A influência da pedagogia freireana é possível de ser reconhecida, por exemplo, em organizações como o Movimento de Trabalhadores Sem-Teto (MTST). Ao apropriar-se da contribuição de Freire, o MTST reinvida construir um projeto de educação popular constituído a partir de sua base "[...] por meio da criação de ações conjuntas, do pensamento mobilizado a partir e para o coletivo e da construção de equipes de trabalho que fortaleçam o movimento" (Salvagni; Silva, 2013, p. 10).

Segundo Freire, o papel histórico de uma educação emancipatória como voz insurgente ante o cenário violento das desigualdades sociais. Educar não é o ato mecânico de usar metodologias descoladas da concretude da vida das pessoas, mas despertar para uma postura política ética que produz conhecimentos que submergem das contradições presentes na urbe.

Uma distinta dimensão basilar da contribuição de Freire é que não se pode aceitar o dogma fatalista do sistema capitalista de que não se pode mudar o mundo. De acordo com Freire, nossa ação no mundo é "[...] estimular e possibilitar, nas circunstâncias mais diferentes, a capacidade de intervenção no mundo, jamais o seu contrário, o cruzamento de braços em face dos desafios" (Freire, 2000, p. 28).

Contudo, isso não implica em ter uma atitude meramente voluntarista e inconsequente, mas em mobilizar forças insurgentes que tenham profunda consciência das condições históricas e materiais que envolvem a luta política presentes na urbe. Destarte, a utopia por um outro mundo possível não desiste de compreender a conjuntura que nos envolve e na qual estamos enredados. A esperança real que se move para mudar o mundo não se deixa encabrestar pelo mito neoliberal que proclama o Fim da História e que assinala vitória de nossos algozes:

> A tarefa progressista é assim estimular e possibilitar, nas circunstâncias mais diferentes, a capacidade de intervenção no mundo, jamais o seu contrário, o cruzamento de braços em face dos desafios. É claro e imperioso, porém, que o meu testemunho antifatalista e que a minha defesa da intervenção no mundo jamais me tornem um voluntarista inconsequente, que não leva em consideração a existência e a força dos condicionamentos. Recusar a determinação não significa negar os condicionamentos (Freire, 2000, p. 28)

Embora essa afirmação pareça pueril, o fato é que se coloca um elemento central para discutir qual o papel da educação frente a essa clara e evidente divisão da sociedade. A educação, seja nos espaços formais das instituições de ensino, nas igrejas, nas diversas mídias ou mesmo nos centros comunitários, são instrumentos que problematizam as relações assimétricas de poder ou são reprodutoras da ordem vigente. Freire não parte de uma dimensão idealizada e distante do drama social. Como sinalizamos anteriormente, sua pedagogia tem um lado na história, posto que o sentido ético de uma educação interessada na emancipação humana é o de se opor às estruturas que sonegam o direito de viver com dignidade. Em outras palavras, a pedagogia que não esconde as diversas facetas da desumanização também professa sua intenção política de superar o abismo social e, menos ainda, sublima os antagonismos presentes na Cidade do Capital, mas joga luzes no palco do conflito social nas suas diferentes e múltiplas dimensões.

Um ponto-chave para a perspectiva freireana é que a educação está intimamente vinculada com o objetivo de desenvolver um projeto histórico de emancipação social. Educação não será uma simples transmissão de conhecimento ou transmitir da bagagem cultural da sociedade. Desse modo, o ato de educar está na apropriação crítica do conhecimento pela classe trabalhadora e na capacidade de refletir coletivamente sobre a realidade concreta dos excluídos e as razões de sua marginalidade.

Entretanto, outra questão central para o pensamento freireano é compreender que os "desterrados desse mundo" e seus saberes são a base e sustentáculo para produzir mudança e transformação social. Assim sendo, educação é também o ato de incentivar a consciência do estado de opressão. Tal sensibilização não se dá empurrando um conjunto de ideias supostamente revolucionárias, mas reconhecendo que os oprimidos possam também expor sua leitura de mundo. É preciso despertar o interesse para que estes usem sua palavra, pois os oprimidos só serão capazes de construir um futuro completamente distinto do seu presente quando tomarem consciência de que constituem uma classe explorada, dominada e subalternizada por outra. Por sua vez, esse reconhecimento se dá nos termos presentes na sua vida. A palavra geradora brota do solo onde os seus pés caminham, e é a partir de seus contextos reais que poderão refletir e produzir coletivamente seus saberes e interpretar as condições em que está submetido com sua própria voz.

Na educação conservadora os indivíduos são (de)formados e ocupados para que consigam individualmente chegar ao topo da pirâmide social e para competir na frenética e vil empreitada do alpinismo social. Enquanto a educação tradicional é orientada por uma perspectiva utilitarista de formação de pessoas para satisfazer as exigências do mercado e manter mentes e corações cativos ao sistema de exploração capitalista, não há outro caminho ético para uma educação comprometida com os oprimidos a não ser valorizar uma racionalidade crítica empenhada na promoção de uma consciência democrática em defesa da dignidade e da emancipação integral da pessoa humana. Aqui entendemos que a consciência democrática deve ser perpassada por uma dimensão radical e visceral de plenos direitos fundamentais para a existência humana. Assim sendo, a democracia não termina com a possibilidade de votar a cada dois anos, mas em ter segurança alimentar, educação de qualidade, emprego, seguridade social, saúde, moradia, dentre outros direitos sociais. Contudo, a imposição do sistema capitalista exclui as pessoas da participação social, posto que grande parte da população hoje gasta todo seu tempo disponível para conseguir meios para sobreviver.

A pedagogia freireana é inequivocamente ciente que há um quadro de relações de poder que impõe o engajamento, posto que inexiste a possibilidade de um posicionamento neutro, ou seja, uma posição que se coloque em cima do muro que reflete a ideologia de um sistema que mascara e recalca a dinâmica opressor/oprimido presente no tecido social. Conforme Freire, nossa tarefa fundamental é estimular uma posição não conformista e que possibilite criativamente a intervenção no mundo. Uma educação emancipatória é necessariamente enredada em ser antifatalista e em trabalhar incansavelmente para promover mudança social. Nesse sentido, um modo concreto que Paulo Freire indica é a criação de círculos de cultura, que fomenta, a partir da educação popular, uma alternativa concreta de disputar uma narrativa social. Se a educação tradicional, que predomina na educação formal, visa encaixar as pessoas na engrenagem da máquina de moer pobres do sistema capitalista, a inspiração dos círculos de cultura utilizados em movimentos sociais como MTST trazem novas práticas pedagógicas que envolvem as questões dos excluídos e vulneráveis. Mas quais são os valores-chaves presentes nessa nova prática pedagógica?

Um elemento fundamental para os movimentos sociais é o seu poder de agregar vozes dissonantes, levando pessoas a se tornarem agentes concretos de sua história. Se a pedagogia opressora do sistema dociliza os corpos e entorpece mentes e corações, naturalizando o individualismo e as relações assimétricas de poder, a pedagogia popular e emancipatória nos envolve na compreensão de que todo processo de libertação parte de um projeto coletivo de emancipação humana. Segundo Freire, não é um ato heroico de um indivíduo iluminado que nos leva a gerar mudanças sociais, mas a revolucionária e singela dimensão de que "ninguém liberta ninguém, ninguém se liberta sozinho: os homens se libertam em comunhão" (Freire, 2005, p. 58). Nesse sentido, o lugar dos movimentos sociais torna-se o *locus* que cria vínculos com outras vozes dissonantes ao sistema de opressão da Cidade do Capital. Há aqui uma um aprendizado certeiro: é no encontro dos descontentes que ousam se insurgir que retomamos o sagrado projeto de nos reconhecer como irmãs e irmãos. É na recuperação desse laço social que somos humanizados. É nesse processo de encontro camaradesco presente nos movimentos de contestação que começamos a quebrar a insidiosa lógica do sistema vigente, que insiste em tratar uns aos outros como ameaças ou competidores na vil disputa do alpinismo social. Nos movimentos sociais, todos são convertidos em companheiros e camaradas, e é esse espírito de corpo que se torna a argamassa para gerar um outro mundo possível.

Nessa régua e compasso que se pode reconhecer no cotidiano dos marginalizados estão os termos e signos culturais utilizados na língua do povo oprimido. Nesse sentido, o educador não é um catequizador dos pobres, mas ele mesmo se converte a eles. Tal conversão rompe com o modelo colonial da educação tradicional e conservadora e se torna um caminho inicial para gerar sensibilização, conscientização e consequente emancipação humana. No caso do MTST, a implementação da lógica freireana nos processos de educação popular busca a construção de uma pedagogia sem-teto que o movimento pretende implementar, está em um olhar que parte da realidade das vivências com as populações vulneráveis em um contexto propriamente brasileiro.

Para a educação popular é basilar o rompimento com qualquer tipo de academicismo elitista concebido para um pequeno grupo de "iluminados". Se nas lógicas de reprodução social dos valores do capital, a posição do intelectual/educador/mestre é de se apegar às suas posições de distinção social, uma postura contra-hegemônica é esvaziar-se desse sentimento de superioridade frente aos pobres. Toda e qualquer mudança parte da necessidade de conhecer, dialogar e mobilizar os significantes culturais do povo. Qualquer atitude arrogante e de superioridade deve ser superada. É esvaziado de sua vaidade de "mestre" e "dono do saber" que o educador popular inserido na vida do povo pobre e periférico pode participar de um novo projeto coletivo de mudança social. Assim, Freire (2014, p. 34) assinala que

> [e]stes devem levar em conta homens e mulheres em seu contexto em transformação. Não podem ser meras narrações da nova realidade, nem tampouco revestir-se de sentido paternalista. Seu conteúdo, sua forma, sua extensão, suas complexidades crescentes devem ser seriamente consideradas quando de sua elaboração.

A partir dessa posição humilde (que é diferente de sulbaternidade) que o educador popular será capaz de se abrir para um novo mundo de possibilidades de interação com os marginalizados. Estes agora não são tábuas vazias ou seres que nada nos têm a dizer ou ensinar. Sua realidade, seus saberes e sua cotidianidade relatada em prosas, conversas e diálogos trazem um mundo em que a experiência real de opressão é experimentada em seus corpos. É a partir desses signos presentes na realidade objetiva dos oprimidos que se pode questionar as múltiplas dimensões que sustentam as lógicas de subalternização e de opressão presentes na cidade.

É preciso um diálogo que se constitui como alteridade, como esforço de desdobrar a cordialidade ao ponto de estar aberto e sensível ao outro, especialmente aos clamores daqueles que não se costuma ouvir. Um diálogo como o solo sustenta o lugar de encontro na vida cotidiana e no qual é possível construir e reconstruir o conhecimento sobre as bases da solidariedade. Nessa abertura para o próximo que o conhecimento se torna um saber com sabor diferente, como conhecimento compartilhado a partir de nossa presença na vida daqueles que estão sob a ameaça frequente de perdê-la, como uma verdade que nos une como uma experiência mística que nos eleva ao reconhecimento de que somos parte de uma mesma unidade cósmica.

Uma educação emancipadora e capaz de gerar mudança social não busca tutelar mentes e coração, mas incentiva a reflexão e a ação consciente e criativa das classes oprimidas sobre seu contexto com vias de superar as contradições da estratificação social. Numa perspectiva gramsciana, se a ideologia do sistema visa colocar na boca dos pobres o discurso das classes dominantes, o papel da educação popular empreendida pelos movimentos sociais é o de quebrar as cadeias que escravizam e semeiam a indignação e a capacidade de organização das ações coletivas.

Ao falar sobre o potencial transformador dos movimentos sociais que questionam a ordem do sistema vigente, Freire advoga que os movimentos são mensageiros de uma rebeldia que é capaz de gerar engajamento e mudança na sociedade. Assim, sua forma de atuação jamais será passiva ou conformada, porém, uma postura rebelde e carregada de indignação.

Igualmente, os movimentos sociais atuam em conformidade com demandas de grupos sociais que se percebem em desvantagem na dinâmica social. Se a lógica do capitalismo é a desumanização, a ação coletiva dos movimentos sociais é portadora de uma inquietação essencial de luta pelo bem comum que gera humanização. Se na Cidade do Capital os pobres são marginalizados, a atuação dos movimentos sociais transforma mulheres e homens em sujeitos capazes de afirmar sua voz e sua palavra na disputa política.

Educar não é um ato mecânico de repassar os conhecimentos sem que sejam antes embebidos pela realidade e pelo contexto do povo, mas, de acordo com Freire (1991, p. 16), é um chamado a

> [...] participar coletivamente da construção de um saber, que vai além do saber de pura experiência feito, que leve em conta as suas necessidades e o torne instrumento de luta, possibilitando-lhe transformar-se em sujeito de sua própria história.

Educar como um veículo que move os excluídos da cidade a se reconhecerem como protagonistas de sua própria história e como tecelões do futuro do mundo.

11.4 Considerações finais

À guisa de conclusão, indicamos que nossa reflexão deseja compreender como a herança freireana ainda pode inspirar novas utopias no chão da vida e de cada território onde as vozes críticas ao modelo excludente colocam seus pés.

É igualmente necessário considerar que é na urbe que se manifestam as lutas e iniciativas que desejam produzir mudanças sociais. A cidade é o palco onde se passa o drama da vida coletiva. Se a cidade é chagada pela lógica da segregação ao reproduzir as forças de trabalho que tornam o espaço urbano um grande negócio, é também nesse território que se testemunha o clamor de vozes dissonantes e o grito de protesto daqueles que não aceitam a lógica dos dominadores. Nesse sentido, reconhecemos que o lugar das ações coletivas dos movimentos sociais que brotam em cada luta social no âmbito da urbe é a matéria-prima e o vetor para o engajamento político em favor da emancipação humana. Igualmente, é preliminar discutir os conflitos presentes na cidade, bem como o papel dos movimentos sociais e da educação popular como elementos basilares para desafiar as forças da morte que agora imperam em nosso mundo. Para tentar responder a essas questões, essas múltiplas demandas são fundamentais para o incentivo dos processos sociais enredados com a emancipação humana.

Quando pensamos o lugar e o papel da educação na sociedade, argumentamos que se o sistema capitalista visa nos moldar à sua forma e semelhança, a atuação ética de uma pedagogia comprometida com a vida é retomar o lugar do sonho e da utopia como fundamentais para quebrar as correntes da opressão.

Não devemos nos enganar sobre os interesses de grupos reacionários e conservadores que estão imbuídos de destruir o legado de Paulo Freire. A pedagogia do oprimido, tão bem desenvolvida a partir da realidade dos marginalizados e esquecidos nesse mundo, sempre será uma ameaça a todos que desejam que o Estado de exploração atual em que a Cidade do Capital está alicerçada nunca seja devidamente inquirido e subvertido. Em outras palavras, o legado de Freire sempre será uma boa notícia para aqueles que não aceitam ser domados pelo modelo excludente do neoliberalismo e uma péssima notícia para aqueles que operam pelo espírito da antivida.

Referências

BLUMER, H. Social movements. *In*: LYMAN, S. M. (org.). *Social movements*: Critiques, concepts, case-studies. Londres: Palgrave Macmillan, 1995. p. 60-83.

FREIRE, P. *A educação na cidade*. São Paulo: Cortez, 1991.

FREIRE, P. Pedagogia da indignação: cartas pedagógicas e outros escritos. São Paulo: Unesp, 2000.

FREIRE, P. *Ação cultural*: para a liberdade e outros escritos. São Paulo: Paz e Terra, 2014.

GOHN, M. G. *Movimentos sociais e lutas pela moradia*. São Paulo: Loyola, 1991.

GONZALEZ, L.; HASENBALG, C. *Lugar de negro*. São Paulo: Editora Schwarcz-Companhia das Letras, 2022.

HARVEY, D. O direito à cidade. *Lutas sociais*, n. 29, p. 73-89, 2012.

LEFEBVRE, H. *A cidade do capital*. Rio de Janeiro: Lamparina, 2021.

MARÇAL, C. C. S. *Na casa de meu pai há muitas moradas*: a presença evangélica no movimento sem teto de Belo Horizonte. 2020. Dissertação (Mestrado em Sociologia) – Universidade Federal de Minas Gerais, Belo Horizonte, 2020.

MARICATO, E. É a questão urbana, estúpido. In: MARICATO, E. *Cidades rebeldes*: passe livre e as manifestações que tomaram as ruas do Brasil. São Paulo: Boitempo, 2013. p. 19-26.

MELUCCI, A. *A invenção do presente*. Movimentos sociais nas sociedades complexas. Trad. de Maria do Carmo Alves do Bonfim. Petrópolis: Vozes, 2001.

SALVAGNI, J.; SILVA, V. M. Escola de trabalho de base: um ensaio sobre a formação política do Movimento dos Trabalhadores Sem-Teto (MTST). *Educação por escrito*, Porto Alegre, v. 14, n. 1, p. 1-11, jan./dez. 2023.

STRECK, D. R. Uma pedagogia do movimento: os movimentos sociais na obra de Paulo Freire. *Revista de Educação Pública*, v. 18, n. 36, p. 165-177, 2009.

TARROW, S. *O poder em movimento*: movimentos sociais e confronto político. Petrópolis: Vozes, 2009.

12
Docência, relações e realidade escolar
A concretude, estereótipos e estigmas

Francisco André Silva Martins
Lucas Eustáquio de Paiva Silva

12.1 Para início de conversa

O capítulo ora apresentado se materializa a partir de conversas estabelecidas, no decorrer de muitos anos, entre dois amigos, pesquisadores da área da educação e professores de história em redes públicas de educação básica da RMBH. Dentre a grande variedade de assuntos discutidos, seja de maneira informal ou em encontros destinados a debates específicos, perpassando questões didáticas, questões de pesquisa e, até mesmo, oficinas formativas desenvolvidas nas escolas que atuavam, um elemento emergia de maneira reiterada: as imagens pejorativas amalgamadas no discurso social em relação à instituição escolar pública, como sendo algo ruim ou pior, a atuação dos(as) docentes, tidos como descomprometidos e inaptos, tal como as questões que abarcam a capacidade, o comportamento e a dedicação dos estudantes com os estudos.

Diante disso, vimos como significativo o interesse em debater tais aspectos, com destaque para a atuação do(a) docente como ator capaz de potencializar desequilíbrios e mudanças. Mesmo que saibamos se tratar de um movimento processual e marcado por uma complexidade ímpar, longe de romantizar o debate, nos parece tese irrevogável a força contida no ato de tentar provocar outras dinâmicas na arena social.

A compreensão das relações e interações estabelecidas no ambiente escolar, bem como da diversidade cultural presente nesse contexto, é crucial para uma abordagem holística da educação. A década de 1980 foi marcada pela emergência do debate com o foco em conflitos inerentes à interação professor-aluno. Esse fenômeno, embora multifacetado e influenciado por uma variedade de fatores contextuais e individuais, revela tensões que podem afetar significativamente os sujeitos, o ambiente educacional e o processo de aprendizagem. A escola, enquanto espaço dinâmico, é caracterizada por uma ampla gama de formas culturais que constituem uma teia de símbolos que afetam a percepção de sentidos e significados nas interações cotidianas (Geerts, 1980). Nessa perspectiva, a instituição escolar é moldada por conflitos e tensões, na medida em que os diversos sujeitos sociais que a compõem delineiam não apenas concepções de educação, mas também a configuração da escola ideal, legítima e eficaz.

Longe de idealizar uma realidade escolar inexistente, nos cabe destacar que os estereótipos do senso comum soam inverossímeis, superficiais e preconceituosos, mas que decorrem do imaginário hegemônico. Antes de qualquer mal-entendido, reforçamos que não estamos pregando que não haja problemas nas escolas públicas, que nunca tenhamos vivenciado um evento de posse de drogas ou armas, que nunca tenhamos presenciado agressões físicas entre estudantes, apesar de nunca termos visto agressões físicas contra docentes, mas isso é, sem sombra de dúvida, a exceção, e não a regra. As nossas experiências nos levaram a algumas perguntas: mas que escola é essa que o imaginário apresenta? Que profissionais de educação são esses? Que estudantes são esses? Por isso mesmo, este capítulo pode servir como instrumento de apresentação de uma outra realidade, com maior vínculo com o chão da escola.

12.2 Entre o passado e o presente[46]: debatendo a escola pública e suas representações

A escola pública é a única instituição do Estado brasileiro da qual podemos dizer ser de acesso à quase totalidade dos cidadãos do país, independentemente de seu lugar na estrutura social, sua classe, raça, orientação sexual, dentre outros elementos. Entretanto, apesar de podermos dizer de uma conjuntura nacional, no ano de 2024, no qual o Ensino Fundamental praticamente esteja universalizado, ainda há muito o que caminhar quanto aos ensinos médio e superior. Ao longo da história da educação brasileira, observa-se um embate entre diferentes percepções de escola, cada uma buscando legitimar sua própria perspectiva. No contexto escolar, um dos mecanismos frequentemente empregados para legitimar uma determinada concepção de escola é o uso de estigmas e rótulos sociais (Becker, 2019; Goffman, 2022). Contudo, é fundamental destacar a importância de se questionar, em relações sociais marcadas por hierarquias, quem detém o poder de definir e legitimar um rótulo ou estigma social e em que medida tais imagens condizem com a verdade.

Nos parece primaz destacar que partimos das contradições intrínsecas ao processo, o que embarga prontamente as

---

46. O título deste tópico tem inspiração no livro "Entre o passado e o futuro", de Hannah Arendt (2016), que conta com um capítulo nomeado como "A crise na Educação", que, apesar de passados tantos anos, ainda se mostra demasiado pertinente quanto à realidade ora debatida.

simplificações contidas no binarismo que comumente se resume em discursos que, em alguns momentos, dizem de uma crise total da escola, que não mais serve para educar e formar os sujeitos, e que, em outros, romantiza a escola a ponto de acreditar que a educação proporcionada por essa instituição é a resolução de todos e quaisquer problemas e mazelas de nossa sociedade (Luckesi, 2011). Nem tanto ao céu, nem tanto ao inferno. Trata-se de não fantasiar, mas também de não perder a dimensão das possibilidades, bem como trata-se de entender os problemas estruturais, mas sem perder de vista as potencialidades transformadoras da escola. A busca é por evitar apenas um caminho, que pela prisão à imagem do caos não sejamos capazes de mobilizar as pessoas a saírem da inércia, bem como também não é objetivo o caminho do paraíso que falseia algo que nunca existiu. Há que se entender e refletir sobre a educação e a escola hodiernas, que, por isso mesmo, têm de ser defendidas irrestritamente. Dito isso, sem o propósito de estabelecer tipos ideais, tal conjuntura nos cobra um foco que não se afaste de um compromisso político de defesa da educação pública como direito inalienável e ferramenta potencial de formação crítica (Freire, 2011a; 2020).

Podemos dizer que as instituições escolares de educação formal ainda hoje cumprem com a valiosa missão de perenizar os saberes e conhecimentos acumulados no decorrer da história, entretanto, tratam-se do que é considerado como válido por determinados grupos, ou seja, um processo de transmissão pouco maleável e pautado em um padrão de cultura, de um modo particular de enxergar e compreender o mundo e a associação dos indivíduos aos seus pares, bem como seu lugar como engrenagem para manter a ordem e o funcionamento desse sistema. Sobre a escola, pesa o fato de ser vista como responsável por transformar as crianças, seres ainda não racionalmente maduros de todo em adultos funcionais, que consigam sobreviver e cumprir com seu papel social, via de regra, por meio de uma ocupação produtiva. O entendimento da escola do ponto de vista funcionalista, com o intuito de proporcionar o acesso a um emprego no futuro, que sirva para que os estudantes "sejam alguém na vida", não nos parece dar conta, e nem sabemos se um dia deu conta, da complexidade contida no interior da instituição. O fato de nem todos os sujeitos sociais serem socializados à contento, tendo como base o ideal de socialização estruturado historicamente, em absolutamente nada tem a ver com uma responsabilização exclusiva da escola ou mesmo quer dizer que a instituição esteja em crise ou que não mais consiga alcançar seu objetivo de formar as gerações vindouras. Tem sim a ver com os ideais estabelecidos quanto aos sujeitos que se quer formar, pessoas submissas que aceitem o que soa como naturalmente estabelecido, isto é, indivíduos que não questionem a sociedade em seus problemas. Consideramos que o processo educativo/formativo pela vertente de aceitação ou assimilação de papéis sociais é, no mínimo, uma concepção lacunar, para não dizer rasteira e superficial, e que defende determinados grupos.

Cientes da diversidade dos indivíduos, de grupos sociais e de seus interesses, via de regra, distintos, podemos inferir que o próprio processo de socialização vai decorrer desses conflitos e do privilégio dos interesses de determinados grupos em detrimentos de outros. Outrossim, seria ingenuidade pensarmos que no decorrer da socialização toda a diversidade social seria contemplada em suas singularidades. Em outras palavras, há o estabelecimento de um ideal quanto aos códigos, símbolos e valores de uma sociedade. Educar, portanto, tem uma forte ligação com a conformação. O sujeito educado se comporta de maneira adequada, não quebra as regras, não rompe com as limitações que lhe são impostas. Educar envolve conseguir inserir no imaginário dos sujeitos a serem formados que existe um modo de ser naquela sociedade, independentemente de seu lugar social. Tudo o que possa contrariar o que está posto é errado, é quebra das regras, é quebra da ordem. São coisas de pessoas bárbaras, não educadas, sem o mínimo do que se espera para viver em sociedade, assim vemos que o mal está no outro, no que não adequa, os estigmatizados (Becker, 2019; Goffman, 2022).

Estamos tratando, por conseguinte, de uma educação estruturalmente vinculada à sociedade capitalista em que estamos inseridos. Uma lógica social que espalha pelos mais recônditos cantos do planeta a pobreza e a desigualdade, em benefício daqueles que almejam irrefreavelmente o acúmulo de capital. Nesse cenário, a educação, recorrentemente, serve como alternativa discursiva para aqueles que querem se distanciar da ignorância, pois aos ignorantes são destinadas ocupações menos "nobres". O saber e a erudição remetem a uma condição de privilégio, a ignorância ao trabalho pesado. No Brasil, essa imagem é potencializada pelo legado racista dos 400 anos de escravidão, trabalhos pesados eram vistos como coisa de negros escravizados e, ainda hoje, quantas não são as pessoas que preferem se sujeitar a uberizar[47] sua vida, se travestir de empreendedor, ser seu

---

47. O termo "uberizar" tem relação direta com o aumento exponencial nos últimos anos de empresas que, em prol da diminuição dos direitos trabalhistas e das garantias legais, dizem proporcionar aos indivíduos uma condição de empreendedores, que trabalham com maior liberdade e sem ter que se sujeitar aos desmandos de um patrão. Todavia, tal modo de funcionamento tem suas repercussões, a responsabilização total do sujeito quanto ao seu material de trabalho, sem segurança efetiva em caso de acidentes ou afastamentos das funções e jornadas extenuantes, que passam das 12 horas diárias, com metas a cumprir, para alcançar sua pretensão de ganho. Trata-se da materialização extrema da concepção neoliberal quanto ao trabalho e o pagamento cada vez menor por ele.

próprio patrão, exatamente para que ninguém possa "mandar" ou lhe dar "ordens". No bojo dessa busca por não ter patrões, tais pessoas perdem direitos trabalhistas mínimos historicamente garantidos, trabalham 12 a 14 horas por dia, são usurpadas nos ganhos proporcionados pelo seu trabalho, mas lhes parece mais importante não terem alguém acima delas, pelo menos não alguém que lhe seja visível à olho nu.

Salta aos olhos a capacidade de alienação e convencimento do discurso capitalista quanto à responsabilização das vítimas do próprio sistema, que reverbera em culpa dos indivíduos por não alcançarem riqueza ou sucesso. Essa concepção do confronto, da busca por vencer o outro, do individualismo, do consumo como forma de expressar êxito, obstaculiza a emergência de concepções mais humanas e cooperativas, uma realidade que tem se tornado mais comum em vários países pelo mundo. Nesse diapasão, as hierarquizações das instituições escolares atendem a um objetivo explícito, ou talvez um tanto quanto invisibilizados a alguns olhares, que é o de hierarquizar não apenas as escolas, mas os processos educativos. Uma formação clássica e complexa para as elites e uma formação rudimentar, menos qualificada, condizente com as classes populares que estão fadadas a funções e trabalhos subalternos, menos qualificados (Rancière, 2022).

Os processos de rotulação e estigmatização não são neutros, mas influenciados por dinâmicas de poder e controle social. Dentro do contexto escolar, esses processos podem ser utilizados para reforçar relações de dominação e subordinação, marginalizando certos grupos e reforçando desigualdades existentes. Portanto, é fundamental analisar criticamente quem está investido de autoridade para atribuir tais rótulos e estigmas, bem como as consequências dessas categorizações para os indivíduos envolvidos. Por isso, as escolas públicas são tão atacadas quanto à sua qualidade, quanto aos seus profissionais e quanto à capacidade de seus estudantes:

> [...] o fato dominante atualmente é uma hierarquização crescente de escolas, uma distinção cada vez mais forte entre as boas e as más instituições. Aquela onde se paga mais caro são mais bem-vistas do que as outras, e mesmo entre escolas públicas e gratuitas, as boas instituições são aquelas de bairros abastados, onde os ricos vivem entre si, e as escolas ruins são reservadas às populações migrantes, pobres e assim por diante (Rancière, 2022, p. 45).

No bojo dessa realidade, com total respaldo da concepção capitalista e neoliberal de sociedade, a desigualdade emerge como objeto de amor, a busca não é por uma sociedade melhor para todos, mas para mim. E nessa conjuntura de "paixão pela desigualdade" é que o ódio pelo outro ganha contornos de normalidade. As reflexões freireanas ilustram bem tal situação ao dizer que, quando a educação não é libertadora, o sonho do oprimido é se tornar opressor (Freire, 2011a). Uma "lógica dos inferiores-superiores" que consta de um processo no qual aquele que se vê inferior busca pela condição de ser superior a alguém e luta por manter essa superioridade (Freire, 2011a). Uma realidade que nos serve de elemento para melhor compreender os discursos de ódio contra as minorias, mesmo advindos de pessoas não pertencentes às elites, mas que buscam garantir sua posição unicamente. A questão não é almejar uma sociedade igualitária, mas mesmo em condição de inferioridade a tantos outros, manter meus pequenos privilégios, manifestando o ódio ao diferente.

Tais elementos jogam luz ao processo que vivenciamos no país de emergência de discursos de ódio, manifestados, inclusive, por pessoas que têm uma condição existencial mais próxima de quem odeia, ou seja, as classes populares, do que de quem nutre tais discursos, ou seja, as elites. O ódio aos pobres, aos negros, às pessoas LGBTQIAPN+, às mulheres, manifestações que defendem a morte ou a violência contra tais pessoas têm se tornado cada vez mais comuns, banais, normais aos olhos daqueles(as) que são "as pessoas de bem". E a educação nesse contexto? Cremos que nos cabe debater o que almejamos como sociedade e buscar o quão mais rápido romper com esse modelo que tem levado, há muitos anos, invariavelmente, à barbárie (Adorno, 2023). Nesse sentido, em que pese o bem comum, talvez o papel de escola seja deseducar para essa sociedade da qual estamos tratando (Martins, 2023).

Em tempos tão obscuros, há que se considerar que a defesa da democracia se manifesta como premissa do indivíduo pretensamente mais humanista, todavia a própria democracia, ao ser alçada como bandeira, simplesmente, em forma de discursos vazios, culmina em monopólio de determinadas classes e coopta a classe média povoada por sujeitos egoístas em defesa da manutenção do *status quo* e de seus privilégios. Qualquer movimento no sentido de tornar o Estado mais responsável pelos seus cidadãos é visto como desvirtuação de sua função institucional. O que nos permite uma maior compreensão quanto ao ódio hodierno à democracia como regime político (Rancière, 2014). Estamos convictos que tal conjuntura não se alicerça em um fracasso da escola em seu papel, mas sim da prevalência de uma concepção de humanidade pautada no ódio ao diferente, àquele que pode, com sua simples existência, colocar em questionamento a pretensa harmonia social historicamente falseada.

12.3 Fazer docente: sobre a ética e a politicidade

Compreender o fazer profissional de um(a) educador(a) sob o prisma de que a esse(a) cabe o desenvolvimento de uma atividade estanque, que se resume, única e exclusivamente, em ministrar aulas e "transferir" conteúdos a um coletivo de estudantes "ignorantes", no mundo atual se mostra uma concepção ultrapassada, isso para não dizer de uma concepção estereotipada. "A tradição pedagógica insiste ainda hoje em limitar o pedagógico à sala de aula. [...] Não seria esta uma forma de cercear, de limitar a ação pedagógica?" (Gadotti, 2011, p. 1). Somente quem já esteve à frente de um grupo de pessoas vai saber dizer o quanto o processo de formar o outro é dinâmico e, geralmente, imprevisível. A realidade concreta nos afeta e, ao nos colocarmos na posição de formar/educar o outro, lhe proporcionar o acesso a algo que ainda não é de seu domínio, estamos, incondicionalmente, também sendo formados por esses outros.

Dito isso, partimos da plena convicção que a educação, nos moldes como foi historicamente organizada, sendo privilégio de uns poucos, com uma nítida divisão hierárquica de acordo com a classe social do sujeito educando, muito pouco atende aos interesses coletivos e a busca de uma sociedade mais igualitária (Mészarós, 2008). Não se trata aqui de descartar tudo o que está posto em prática nas instituições escolares, mas de problematizarmos processos, práticas e valores que nos conduzem. Temos que nos colocar a pensar que se o educar está tão próximo da aceitação do que está posto, da desigualdade, da usurpação de direitos, dos privilégios de uns poucos, sob a égide de que um dia todos possam ser bem-sucedidos se trabalharem duro, mesmo que passando de duas a três horas no transporte coletivo lotado, mesmo que exercendo funções subalternas, na verdade, trata-se não de educar, mas de adestrar indivíduos para simplesmente cumprirem com sua função na engrenagem da ordem social e, de preferência, sem fazerem qualquer questionamento.

Nesse sentido, tomamos como alicerce as reflexões de Paulo Freire que nos diz do processo educativo como algo eminentemente político (Freire, 2020) e de um fazer docente como compromisso obrigatório com a transformação social e a luta em prol daqueles que são os oprimidos (Freire, 2011). Acreditamos que condição primeira para lutar contra tal realidade de uma sociedade desigualmente abissal, que violenta pessoas pobres e que criminaliza a pobreza, seja a compreensão de seus mecanismos de funcionamento, controle e perenidade. Ousamos dizer que o fato de ser pobre na sociedade brasileira incide diretamente no não reconhecimento de determinados sujeitos em sua condição como humanos, na violência sofrida, inclusive por parte dos aparelhos repressores de estado, nas condições mínimas de sobrevivência. Nesse contexto tão atroz, a educação e a formação crítica de nossos estudantes, egressos das classes populares, nos parece o caminho mais profícuo para lidar com as contradições sociais e buscar superá-las. E qual o papel do(a) educador(a) nesse cenário?

Em que pese o discurso funcionalista, estreitamente vinculado a uma concepção neoliberal de educação, via de regra, que retrata o fazer docente sob o prisma da otimização dos resultados em avaliações sistêmicas e que reverbera na imputação de incompetência dos(as) docentes quando as notas não estão à contento, que criticam os(as) profissionais pela suposta falta de formação adequada, que como funcionários públicos são acomodados e descompromissados, optamos, neste texto, por fazer uma discussão para além da obviedade inerente a tais estereótipos. Nesse sentido, sem qualquer demérito às disciplinas e à responsabilidade docente quanto aos conteúdos e ao currículo, conclamamos os(as) leitores(as) a uma reflexão que parta do desejo de alcançar uma sociedade mais humana e que para tal implica necessariamente uma atuação condizente a ser empreendida pelos(as) docentes no chão da escola. É importante explicitar que não se trata de uma abstenção das discussões sobre o método e a prática (Perrenoud, 2002a), que são vitais e continuarão sendo, mas inquietar tal profissional para que em seu pensar cotidiano sobre seu fazer, seja, na mesma medida, inquietado a refletir sobre sua responsabilidade política e social.

No que tange o debate da politização do fazer docente, não estamos tratando da política tacanha, pequena, que no cotidiano social tem se resumido a disputas de caráter partidário, estamos tratando da política na perspectiva ampliada, como conscientização dos sujeitos quanto a seu lugar em uma estrutura social fraturada e desigual. Portanto, politizar o processo educativo está em posição diametralmente oposta à doutrinação, seja ela qual for. Os últimos anos em nosso país, de emergência de discursos conservadores contundentes, inclusive em relação à escola (Lessa, 2019), têm projetado imagens pejorativas quanto aos(às) educadores(as), isso por cumprirem com sua função de educar os estudantes. Um cenário de perseguição, de filmagens de aulas, de políticos ridicularizando profissionais docentes, obviamente, impacta no processo educativo, a ponto de amedrontar alguns colegas, o que é plenamente compreensível, embora saibamos que a ousadia também nos serve de força motriz (Freire; Shor, 1992). Todavia, concordamos com Paulo Freire (2020) ao nos dizer da impossibilidade de uma atuação educacional isenta, sem vínculos ou posicionamentos que estejam ao lado das classes mais violentadas. Não se trata de eventualmente ser ou não politizado, mas orientar o olhar pelo compromisso ininterrupto com a mudança e o aprimoramento da sociedade (Freire, 2011b).

Temos a plena consciência de que não existem licenciaturas em heroísmo e de que não nos cabe tal papel. Não vamos resolver todos os problemas do mundo, quiçá de nossa escola. No entanto, na mesma medida que não somos heróis ou heroínas, sabemos também que nossa atuação, de acordo com o olhar estabelecido para com o processo educativo e com nossos estudantes, tem um enorme potencial de desequilibrar o que está estabelecido, de inquietar quem está inerte, de fomentar ao nosso redor posicionamentos menos egoístas e violentos. É exatamente por isso que não se pode educar sem promover a conscientização política por meio de um fazer ético.

12.4 Entre o ideal e o real: sobre os modos de ser aluno/estudante

As imagens erigidas em torno dos modos de como ser um aluno/estudante adequado bebem, em grande medida, em idealizações que se perpetuam no discurso social através dos tempos. Quem seria esse aluno/estudante ideal para estar na escola? Aquele que segue todas as regras sem questionar, que levanta a mão na sala para pedir a palavra, que se coloca na fila, que é bem-comportado, que não se levanta da cadeira sem permissão, que não conversa ou grita durante a aula, que tem compromisso com as atividades em sala e com os deveres de casa, que tem todos os materiais em perfeito estado de conservação e asseio, que não se contrapõe à autoridade do professor, que não fala palavrões (Sacristán, 2005). Essas não nos parecem características de alguém que chega a uma instituição para aprender algo, mas sim nos remetem a um sujeito que já chegaria para a escola praticamente pronto quanto aos modos, só precisando, talvez, em uma pequena medida, de aparar poucas arestas, um "retoque final" quanto a conteúdos, se muito.

Tais modos de representar o como deve ser um estudante estão alicerçados em prescrições construídas pelos adultos. Trata-se de um processo para incutir comportamentos desejados pela sociedade (Foucault, 2007), principalmente em se tratando dos egressos das classes populares. No século XVIII a educação pretensamente republicana, advinda como legado da Revolução Francesa, já dava sinais do que seria um ideal de educação, uma educação ilustrada para as elites e uma educação rudimentar, de caráter tecnicista, para aqueles que iriam ocupar os postos de trabalho nas fábricas. Nesse sentido, algumas práticas, que ainda hoje são habituais em algumas escolas (McLaren, 1992), como o uso do sinal para determinar os horários, as filas para sair da sala e trafegar pela escola, os lugares em fileiras de carteiras, o uniforme, o cumprimento de tarefas, contribuíam e contribuem para o que se espera dos sujeitos pobres na ordem social, se porventura conseguirem um emprego, que sejam capazes de cumprir com suas funções sem questionar. Nunca se tratou de fomentar a educação como direito social.

Mesmo diante do anteriormente apontado, no Brasil, por exemplo, muitos estudantes egressos das classes mais pobres eram alijados da escola, seja pela falta do uniforme, pela falta do livro ou por não terem um caderno. Muitos foram aqueles que pelas reprovações recorrentes acabaram abandonando sua formação. Reforçamos que não abandonavam por entender que a escola estava errada ou era injusta, mas por se entenderem como inaptos, incapazes, despreparados. Um processo de culpabilização das vítimas, no qual quem sofria a violência assumia esse falso papel de ser mesmo inferior aos outros. Essa era uma realidade tida como normal, adequada. Apesar da universalização do acesso ao Ensino Fundamental ter caminhado a passos largos após a constituição de 1988, ainda há muito o que se debater quanto a tais questões. A ocupação da escola por sujeitos que antes eram extirpados de sua realidade fez com que o discurso da inferioridade da escola pública ganhasse força nos últimos anos. Imagens saudosistas dizem de uma escola que era melhor no passado, mas que escola era aquela? As imagens idealizadas sobre os estudantes se quebraram (Arroyo, 2005), estamos tratando de uma escola que hoje tem que cumprir com sua obrigação de educar, independentemente de quem seja. Afinal, essa é sua obrigação como instituição social.

Mas e os estudantes? Estão mesmo piores na atualidade? Não acreditamos em tais discursos, assim como não estamos dizendo que os estudantes das escolas públicas incidem em problemas muito diferentes dos alunos das escolas privadas. O problema está no processo de pasteurização quanto às escolas, seus/suas docentes e estudantes, como se toda escola funcionasse com um ponto de venda de drogas em suas dependências, como se todos os alunos usassem drogas, como se todos os estudantes não se importassem com os estudos, como se todos os professores não ministrassem suas aulas e promovessem todos os alunos mesmo sem saberem as matérias. Não queremos dizer que não existam problemas nas escolas, mas essa escola construída pelo discurso do senso comum, nunca vimos.

Da mesma forma, não se trata de anuir com indisciplinas e casos de violência, que quando ocorridos devem ser tratados com o rigor que cabe à escola (Estrela, 2002; Vasconcellos, 2009), contudo, nos cumpre relativizar aspectos relacionados às questões disciplinares que recorrentemente são tratados como questões de ordem cognitiva, inclusive como critério para reprovações. O discurso saudosista remonta a uma escola na qual praticamente não havia indisciplina, na qual todos respeitavam o professor, mas às custas de quê? Palmatória, chapéu de burro, castigo atrás da porta? Uma sociedade mais humanizada não nos parece ser alcançada a esse custo. Mas o que tem sido apontado como indisciplina na atualidade? Falar palavrões? Mas quantas são as músicas tocadas que eles estão presentes? O não cuidado com o caderno ou o não fazer atividades? Mas quantos não são os primeiros de suas famílias a alcançarem a conclusão do Ensino Fundamental? Defender uma educação homogeneizada, que em tese coloca a todos em posição de igualdade, que é meritocrática e não é defensora do mérito, contribui para a reprodução do que está vigente.

A escola, na atualidade, está diante de outras responsabilidades, assim como seus docentes. Estamos dizendo de uma sociedade na qual a enorme maioria das pessoas tem em mãos, diuturnamente, um computador portátil, o celular. Nos parece demasiado ultrapassado pautar nossa prática em capacidades mnemônicas e já não nos cabe fazer com que os estudantes decorem quem "descobriu" o Brasil, mas construir junto a eles o entendimento de ser esse um processo violento, dialético e que tem reflexos nos dias atuais. Estamos falando de sujeitos que estão embebidos de informação, mas nem toda informação acessada por eles implica em qualidade. Torna-se mais importante saber sobre o que se acessa, do que se lembrarem prontamente de fatos e datas, ou fórmulas e nomes de capitais de países.

Outrossim, nos cabe reforçar que ainda prevalecem práticas educativas que privilegiam o decorar em detrimento do refletir. O que, em alguma medida, contribui para que os significados construídos pelos sujeitos em relação à escola e sua educação sejam marcados por uma compreensão funcionalista, que faz com que vários desejem que os estudos acabem logo, que não se preocupem com o processo, mas com a média para serem aprovados (Perrenoud, 2002b). Diante de um cenário tão complexo, o papel do docente se investe de importância ainda maior se quisermos formar outros sujeitos para um futuro próximo.

12.5 Quem é você? Eu sou professor(a)!

Toda e qualquer identidade é construída (Brzezinski, 2002). Esse processo de construção implica nos atributos culturais que se inter-relacionam e que são inerentes a uma determinada sociedade. A identidade é composta no âmbito pessoal e no âmbito coletivo. O primeiro se caracteriza pela história pessoal e implica um sentimento de unidade, originalidade e continuidade. O segundo diz respeito à construção que se processa no interior dos grupos que estruturam a sociedade e que conferem à pessoa um papel e um *status* social. A identidade docente, nesse sentido, é fruto das inter-relações desenvolvidas durante o percurso histórico, demonstrando suas lutas, conflitos, movimentos.

Para Antônio Nóvoa (1991; 1995), a identidade não é uma propriedade, não é um produto, identidade é um lugar de lutas e conflitos, é um espaço de construção de maneiras de ser e estar na profissão. Desse modo, o autor ainda ressalta que a identidade é uma construção histórica, o que significa que ao longo do tempo vem recebendo influências da época e passando por mudanças. A identidade docente só faz sentido quando pensamos no caráter dinâmico da profissão docente, ou seja, quando pensamos numa ação do professor que tem por objetivo a prática social, a formação de sujeitos críticos em relação aos problemas da sociedade contemporânea. O ponto central da profissão docente está exatamente em promover a educação em situações de interação e promover interações culturais, sociais, de saberes sobre o mundo e o conhecimento como resultados educativos. O professor é aquele que precisa relacionar sua experiência de vida, seus saberes específicos, sua comunicação para alcançar sempre o outro. O objetivo principal da educação é sempre o outro.

Assim, o saber e o saber ensinar podem ser considerados duas dimensões no processo de educar que caracteriza a profissão docente. No entanto, para que essa ação aconteça, ao professor implicará um controle e autonomia, mesmo que relativas, sobre seu processo de trabalho, uma vez que é ele que dirige e organiza a dinâmica da sala de aula. A instituição escolar, reconhecida como um espaço multifacetado de interações sociais, políticas e culturais, transcende sua função primordial de transmissão de conhecimento. Dentro desse contexto, os professores assumem uma posição central, desempenhando não apenas o papel de mediadores do saber, mas também se configurando como agentes de resistência em diversas esferas. Tal fenômeno é corroborado por uma gama de estudos e teorias que examinam a dinâmica da educação e suas relações com a sociedade.

Uma manifestação proeminente de resistência no âmbito educacional reside na contestação à padronização do ensino. Em face à crescente ênfase em avaliações padronizadas e currículos uniformizados, os educadores ajustam suas abordagens pedagógicas com o intuito de atender às necessidades individuais dos estudantes, o que representa uma forma de resistência à simplificação e à homogeneização do processo educativo. A resistência é essencial para preservar a diversidade e a criatividade no ambiente educacional, promovendo assim uma aprendizagem mais significativa e engajadora. Outra forma de resistência se manifesta na recusa à desvalorização da profissão docente, em meio a condições de trabalho precárias, baixos salários e falta de reconhecimento. Uma das principais manifestações da desvalorização docente no ambiente escolar está relacionada à falta de reconhecimento da *expertise* e da experiência dos professores. Muitas vezes, políticas educacionais centralizadoras e padronizadoras impõem currículos e metodologias de ensino que limitam a autonomia dos professores e desconsideram suas habilidades e conhecimentos individuais. Isso pode resultar em um sentimento de desmoralização e desengajamento por parte dos educadores, que se veem subjugados a uma abordagem burocrática e despersonalizada do ensino.

Além disso, a sobrecarga de trabalho e as condições precárias nas quais muitos professores operam também contribuem para a desvalorização da profissão. A falta de recursos adequados, salas superlotadas, infraestrutura inadequada e a constante pressão por resultados podem gerar um ambiente de trabalho estressante e desmotivador para os educadores. Isso não apenas compromete o bem-estar dos professores, mas também afeta diretamente a qualidade do ensino e o desenvolvimento dos alunos. Outrossim, os educadores desempenham um papel crucial na promoção do pensamento crítico e da alfabetização midiática, resistindo à desinformação e à manipulação ideológica. Por fim, mas não menos importante, há que se reconhecer que os professores resistem à alienação e à apatia ao envolver os alunos de maneira significativa, estimulando sua curiosidade, sua criatividade e seu senso de responsabilidade cívica. Nesse contexto, reforçamos a importância da pedagogia crítica, que promove uma educação libertadora e transformadora, capaz de desafiar as estruturas de poder e promover uma sociedade mais justa e democrática.

12.6 E a conversa continua: uma pedagogia do conflito, e não do confronto

Debates estabelecidos nos moldes do que foi proposto neste capítulo, dada sua complexidade, não se findam rapidamente, e, por isso mesmo, não nos propomos a finalizá-lo. Tentativas abruptas de alcançar soluções mirabolantes, que com o tempo se mostram paliativas, pouco ajudam à educação. Trata-se de uma mudança quanto ao modo de compreender a educação e sua vital função social. Historicamente, nos deparamos com repetidas políticas milagrosas, a cada governo novo, o que nos permite afirmar que em nosso país a educação ainda é vista, em grande medida, como política de governo, e não política de Estado.

O entendimento da tão propalada crise da educação, que reverbera nos ataques à instituição escolar, principalmente as públicas, de criminalização do fazer docente, de inferiorização e culpabilização dos estudantes pobres e periféricos, não é algo que podemos naturalizar como verdade cabal. Tal processo, socialmente erigido, atende a um intuito explícito de manutenção das coisas como estão. Há quem termine de ler este texto e entenda se tratar de uma reflexão utópica, ufanista, fantasiosa, e, apesar de a esperança nos servir de força motriz, acreditamos que as propostas apresentadas estão distantes disso. Pensar em uma sociedade mais humana não prescinde que nessa sociedade existam conflitos e disputas, contudo, quando falamos de conflito, estamos apontando, inclusive, para seu potencial educativo (Gadotti, 2003), de divergências de ideias, que podem ser objeto de consenso por meio do diálogo e do respeito ao próximo, respeito ao diferente em sua diferença.

Infelizmente, nossa realidade ainda tem fortes traços de confronto, situação na qual a pessoa da qual se diverge tem se tornado inimiga, muitas vezes pela sua singularidade. Acreditamos que não há mais espaço para que a escola sirva de reforço para discursos machistas, racistas, classistas, LGBTfóbicos, sob a falsa justificativa de serem apenas opiniões ou posicionamentos. Se nós, docentes, ainda não nos atentamos para o compromisso peremptório de defesa irrestrita da escola pública, como instituição de maior acesso por parte das classes populares, se não nos implicamos em educar/formar nossos estudantes ou não nos indignamos com atos de violência, seja contra quem for, nos cabe refletir sobre uma situação de alerta, pois nos parece que essa realidade nos coloca a um passo do retorno à barbárie. Para transpor o pessimismo, advogamos que a crença no humano como sendo ontologicamente propenso a aprender, se aprimorar, se tornar melhor, é um dos pilares a nos servir de orientação. O que nos resta? Continuar lutando, usufruindo de experiências como essa para nos fazer ouvidos(as) e que possamos inquietar outras pessoas e colocar tais questões no centro do debate social. Resolver todos os problemas? Não vamos! No entanto, certamente, iremos provocar fissuras na estrutura social e, por menores que elas sejam, servirão como oportunidade de intervir socialmente.

Referências

ADORNO, T. *Educação e emancipação*. São Paulo: Paz e Terra, 2023.

ARROYO, M. *Imagens quebradas*. Petrópolis: Vozes, 2005.

BECKER, H. *Outsiders*. Rio de Janeiro: Zahar, 2019.

BRZEZINSKI, I. *Profissão professor*: identidade e profissionalização docente. Brasília: Plano, 2002.

ESTRELA, M. T. *Relação pedagógica, disciplina e indisciplina na aula*. Porto: Porto Editora, 2002.

FOUCAULT, M. *Vigiar e punir*. Petrópolis: Vozes, 2007.

FREIRE, P. *Pedagogia do oprimido*. São Paulo: Paz e Terra, 2011a.

FREIRE, P. *Educação e mudança*. São Paulo: Paz e Terra, 2011b.

FREIRE, P. *Política e educação*. São Paulo: Paz e Terra, 2020.

FREIRE, P.; Shor, I. *Medo e ousadia*. São Paulo: Paz e Terra, 1992.

GADOTTI, M. *Educação e poder*: introdução à Pedagogia do Conflito. São Paulo: Cortez, 2003.

GADOTTI, M. Prefácio. *In*: FREIRE, P. *Educação e mudança*. São Paulo: Paz e Terra, 2011.

GOFFMAN, E. *Estigma*: notas sobre manipulação da identidade deteriorada. Rio de Janeiro: LTC, 2022.

LESSA, S. *Escola sem Partido e sociedade sem ideologias*. Maceió: Coletivo Veredas, 2019.

LUCKESI, C. C. *Filosofia da educação*. São Paulo: Cortez, 2011.

MACLAREN, P. *Rituais na escola*. Petrópolis: Vozes, 1992.

MARTINS, F. A. S. Deseducar é preciso! *In*: ALMEIDA, F. A. *Desafios de ensinar e educar na contemporaneidade*: escola, família e professores em pesquisa. São Paulo: Editora Científica Digital, 2023.

MÉSZÁROS, I. *A educação para além do capital*. São Paulo: Boitempo, 2008.

NÓVOA, A. (org.). *Profissão professor*. Porto: Porto Editora, 1991.

NÓVOA, A. (org.). *Vidas de professores*. Porto: Porto Editora, 1995.

PERRENOUD, P. *A prática reflexiva no ofício de professor*: profissionalização e razão pedagógica. Porto Alegre: Artmed, 2002a.

PERRENOUD, P. *O ofício de aluno e o sentido do trabalho escolar*. Porto: Porto Editora, 2002b.

RANCIÈRE, J. *O ódio a democracia*. São Paulo: Boitempo, 2014.

RANCIÈRE, J. Entrevista. *In*: SÉRGIO, J.; CARVALHO, F. (orgs.). *Jacques Rancière e a escola*: educação, política e emancipação. Belo Horizonte: Autêntica, 2022.

SACRISTÁN, J. G. *O aluno como invenção*. Porto Alegre: Artmed, 2005.

VASCOCELLOS, C. S. *Indisciplina e disciplina escolar*. São Paulo: Cortez, 2009.

Sobre os autores

Adriano Toledo Paiva
Professor visitante no Instituto Federal de Minas Gerais (IFMG), Campus Congonhas. Doutor em História pela Universidade Federal de Minas Gerais (UFMG), com estágio pós-doutoral concluído no mesmo programa de pós-graduação, com bolsa do PNPD/Capes – UFMG (2016-2021). Autor de *Os indígenas e os processos de conquista dos sertões de Minas Gerais* (2010, 2016) e de *Uma tradição paulista nas Minas: descobridores e conquistadores nos sertões dourados* (2016), obras publicadas pela editora Fino Traço.

Aline Choucair Vaz
Professora permanente do Programa Pós-Graduação em Educação e Formação Humana da Faculdade de Educação da Universidade do Estado de Minas Gerais (PPGE/UEMG) e professora efetiva da FaE/CBH/UEMG do Curso de Pedagogia. Tem graduação em História, especialização em História da Cultura e da Arte e mestrado, doutorado e pós-doutorado em Educação. É fundadora e editora-chefe da revista científica *SCIAS. Direitos Humanos e Educação*. Coordena a Linha de Pesquisa do PPGE/UEMG: Trabalho, História da Educação e Políticas Educacionais. É vice-coordenadora da Rede Brasileira de Educação em Direitos Humanos – REBEDH – coordenação Minas Gerais/MG.

Antonia Marlene Vilaca
Historiadora, mestra em Educação e doutora em Ciências Sociais. Membro titular da Academia Cascavelense de Letras e do Fotoclube de Cascavel. Foi presidente do Conselho Municipal de Cultura de Cascavel e conselheira estadual de cultura. Autora do livro *Uma incursão nos domínios das Ciências Sociais: inquietações e reflexões do cotidiano social* e *Gata poética: brincando de escrever*. Coautora dos livros *História da escola pública no oeste do Paraná*, *Ciências sociais e sociedade: políticas e práticas sociais na contemporaneidade*, *Educação, tecnologias de informação e comunicação e outros olhares* e *Antologia da Literatura: liberdade poética – volume II*.

Caio César Sousa Marçal
É educador popular, cientista social e teólogo. Mestre em Sociologia pela Universidade Federal de Minas Gerais, doutorando em Educação na Faculdade de Educação na Universidade de São Paulo e coordenador da Rede Fale, uma organização cristã ecumênica de Direitos Humanos. Representa a Rede Fale Conselho Nacional de Segurança Alimentar e Nutricional (Consea). Também atuou por 8 anos na Rede de apoio das Ocupações na Izidora, Belo Horizonte. Atualmente faz parte do Comitê Ceará da Campanha Nacional pelo Direito à Educação e do Grupo de Estudos e Pesquisas em Direito à Educação, Economia e Políticas Educacionais da Universidade de São Paulo (Deep – USP).

Daniel Ribeiro de Almeida Chacon
Professor e pesquisador no Departamento de História da Faculdade de Educação da Universidade do Estado de Minas Ge-

rais (FaE/UEMG). Tem uma formação diversificada: graduação em Filosofia, História, Pedagogia e Teologia; especialização em Ciência da Religião e Educação (Inspeção Escolar e Supervisão Escolar); e mestrado e doutorado em Filosofia. Atualmente, cursa Ciências Econômicas na Universidade Católica de Brasília. Suas investigações acadêmicas concentram-se nas áreas de Filosofia Política, Filosofia da Educação, Pensamento Social Brasileiro e Filosofia da Religião. Ademais, conta com uma valiosa experiência internacional como professor visitante na Escola Universitária Católica de Cabo Verde (EUCV).

Daniel Tojeira Cara
Professor da Faculdade de Educação da Universidade de São Paulo (USP), doutor em Educação (USP), mestre em Ciência Política (USP) e bacharel em Ciências Sociais (USP). É coordenador honorário da Campanha Nacional pelo Direito à Educação, membro do Conselho Universitário da USP e fundador e coordenador do Grupo de Estudos e Pesquisas em Direito à Educação, Economia, Educação Comparada e Políticas Educacionais (Deep – USP). Em âmbito internacional, fundou a ReLus (Rede Lusófona pelo Direito à Educação), dirigiu a Clade (Campanha Latino-americana pelo Direito à Educação) e a Campanha Global pela Educação.

Elias Canuto Brandão
Docente associado da Universidade Estadual do Paraná (Unespar – Campus Paranavaí, PR) – Colegiado de Pedagogia. Doutor em Sociologia pela Universidade Estadual Paulista (Unesp – Campus de Araraquara, SP), mestre em Educação pela Universidade Metodista de Piracicaba, SP (Unimep) e graduado em História pela Universidade Estadual de Maringá, PR

(UEM). Coordenador do Grupo de Estudos e Pesquisas em Educação na Diversidade do Campo (Gespedic – Unespar – CNPq) e integrante da Articulação Paranaense por uma Educação do Campo (Apec, PR).

Francisco André Silva Martins
Doutor em Educação pela FaE – UFMG. Professor efetivo da Faculdade de Educação da FaE – UEMG nos cursos de Pedagogia e História. Professor permanente do Programa de Pós-Graduação Stricto Sensu. Tem mestrado em Educação e Formação Humana pela FaE – UEMG. Professor efetivo de História da rede municipal de educação da cidade de Belo Horizonte. Coordenador do Grupo de Pesquisa e Extensão Observatório das Juventudes, FaE – UEMG (CNPq).

Florêncio Almeida Vaz Filho
É indígena do povo Maytapu e frade franciscano, com estudos em Filosofia e Teologia. Tem graduação em Ciências Sociais (IFCS/UFRJ), mestrado em Ciências Sociais em Desenvolvimento, Agricultura e Sociedade (CPDA/UFRRJ), doutorado em Ciências Sociais/Antropologia (PPGCS/UFBA) e pós-doutorado em Antropologia (PPGA/UFPE). Professor no Curso de Antropologia e no Programa de Pós-Graduação em Antropologia e Arqueologia na Universidade Federal do Oeste do Pará (Ufopa), estuda povos indígenas e comunidades tradicionais na Amazônia, ações afirmativas, pajelança, Cabanagem e festas populares. Criou o Grupo Consciência Indígena (GCI), coordenou o Curso de Extensão de Nheengatu (GCI/Ufopa) e foi diretor de ações afirmativas na Ufopa.

Guilherme Goretti Rodrigues
Doutor em Educação pela UFRRJ. Professor e coordenador pedagógico da Prefeitura Municipal de Juiz de Fora/MG. Atua com as seguintes áreas temáticas: Geografia Agrária, Educação Quilombola, Educação do Campo e Movimentos Sociais Populares.

João Victor Jesus Oliveira Nogueira
Natural de Belo Horizonte e sabarense de criação, é doutorando em História pela Universidade Federal de Minas Gerais (UFMG) e desenvolve estudos sobre Teoria da História. Mestre em Educação, na linha de História da Educação, pela mesma universidade (2020); é, também; licenciado (2014) e bacharel (2017) em História, pela UFMG. Ainda, é licenciado em Pedagogia pela Universidade Estácio de Sá (2023). Atualmente, participa dos grupos de estudos "Estudos em Teoria da História, Arte e Literatura", orientado pelo Prof. Dr. Douglas Attila Marcelino, e "História dos Processos Educadores", coordenado pela Profa. Dra. Cynthia Greive Veiga.

Lia Machado Fiuza Fialho
Doutora em Educação Brasileira pela Universidade Federal do Ceará e tem pós-doutorado em Educação pela Universidade Federal da Paraíba e pela Universidad de Cádiz – Espanha. Professora do Centro de Educação da Universidade Estadual do Ceará e docente permanente do Programa de Pós-Graduação em Educação (PPGE/Uece) e do Mestrado Profissional em Planejamento e Políticas Públicas (MPPP/Uece). Líder do Grupo de Pesquisa Práticas Educativas, Memórias e Oralidades – Pemo. Editora da revista *Educação & Formação* e da revista *Práticas Educativas, Memórias e Oralidades*. Pesquisadora produtividade CNPq.

Lucas Eustáquio de Paiva Silva
Doutor em Educação pela FAE/UFMG. É procurador institucional do Grupo Fontella de Educação. É também professor titular da Faculdade de Administração, Ciências e Educação – Famart nos cursos Pedagogia, Educação Especial e Psicopedagogia. É professor efetivo da Rede Municipal de Contagem, MG. É membro titular do grupo de pesquisa Rede Argonautas, coordenado pelos antropólogos Anderson Tibau e Sandra Pereira Tosta. É membro titular do Grupo de Pesquisa Observatório da Juventude – Universidade do Estado de Minas Gerais (UEMG). Pesquisa nas áreas de Antropologia e educação; juventudes e violência escolar.

Marcus Vinicius Fonseca
Graduado em Filosofia pela PUC-MG, mestre em Educação pela UFMG e doutor em Educação pela USP. É professor associado IV do Departamento de Educação da Universidade Federal de Ouro Preto (Ufop). Autor do livro *A educação dos negros: uma nova face do processo de abolição do trabalho escravo no Brasil* (2002), *População negra e educação: o perfil racial das escolas mineiras no século XIX* (2009), é um dos organizadores das obras *Educação e relações étnico-raciais no Brasil* (2011) e *A história da educação dos negros no Brasil* (2016).

Maria Aparecida Alves da Costa
Professora do Instituto Federal de Educação, Ciência e Tecnologia do Ceará (IFCE) e do Programa de Pós-Graduação em Educação da Universidade Estadual do Ceará (PPGE/Uece). Doutora e mestre em Educação pelo PPGE/Uece. Especialista em Psicopedagogia Clínica e Institucional pelo Instituto de Ensino

Superior São Judas Tadeu. Graduada em Licenciatura Plena em Pedagogia pela Universidade Estadual do Piauí (Uespi). Pesquisadora no Grupo de Pesquisa Práticas Educativas, Memórias e Oralidades (Pemo). Editora da revista *Ensino em Perspectivas*.

Marlon Silveira da Silva
Doutor em Educação pela Universidade do Estado do Rio de Janeiro, mestre em Educação pela Universidade Federal do Rio Grande e licenciado em História pela Faculdade Porto-Alegrense. Tem experiência como professor nas disciplinas de Currículo, História da Educação, História da Educação Brasileira e História da Profissão Docente. Atualmente é pesquisador de pós-doutorado em Educação pelo Programa de Apoio à Fixação de Jovens Doutores no Brasil (Faperj e CNPq) e é membro do Grupo de Pesquisa "Giros Curriculares: Cultura e Diferença" (ProPEd/Uerj), desenvolvendo também pesquisas nas áreas dos Estudos Curriculares, Políticas Educacionais, Gênero e Sexualidade e História da Educação.

Nilson Fernandes Dinis
Nilson Dinis é doutor em Educação pela Universidade Estadual de Campinas (Unicamp). É professor titular no Departamento de Educação e no Programa de Pós-Graduação em Educação da Universidade Federal de São Carlos (Ufscar). Realizou estágios de pós-doutorado na York University e na University of British Columbia, ambas no Canadá. Entre os interesses de estudo e pesquisa estão os seguintes temas: alteridade e educação; estudos culturais e educação; estéticas da diferença; estudos de gênero e sexualidade; currículo; subjetividade e cultura; e subjetividade e artes (literatura e cinema). É co-coordenador do Grupo de Pesquisa "Educação e Estéticas da Diferença".

Ramofly Bicalho dos Santos

Professor associado IV na UFRRJ – Universidade Federal Rural do Rio de Janeiro, Campus Seropédica. Lotado no Departamento de Educação do Campo, Movimentos Sociais e Diversidade. Docente na Licenciatura em Educação do Campo, no PPGEA – Programa de Pós-Graduação em Educação Agrícola e no PPGEduc – Programa de Pós-Graduação em Educação, Contextos Contemporâneos e Demandas Populares. Atua com as seguintes temáticas: Políticas Públicas de Educação do Campo, Movimentos Sociais e Educação Popular. Líder do Grupo de Estudos e Pesquisas em Educação do Campo, Movimentos Sociais e Pedagogia da Alternância, no CNPq.

Conecte-se conosco:

f facebook.com/editoravozes

◉ @editoravozes

𝕏 @editora_vozes

▶ youtube.com/editoravozes

☎ +55 24 2233-9033

www.vozes.com.br

Conheça nossas lojas:

www.livrariavozes.com.br

Belo Horizonte – Brasília – Campinas – Cuiabá – Curitiba
Fortaleza – Juiz de Fora – Petrópolis – Recife – São Paulo

EDITORA VOZES LTDA.
Rua Frei Luís, 100 – Centro – Cep 25689-900 – Petrópolis, RJ
Tel.: (24) 2233-9000 – E-mail: vendas@vozes.com.br